文化哲學與歷史哲學
的對話詮釋

吳汝鈞等著

臺灣 學生書局 印行

序

　　這是我在 2016-2017 年度下學期替國立中央大學中文研究所與哲學研究所開的文化哲學和歷史哲學的課程的現場錄音記錄。我把整個課程分為若干個課題，由同學報告他／她所負責的課題，在必要的地方，我作為授課老師，會即時提出修正、補充、提問，負責報告的同學作回應，其他聽課的同學也會提出質疑，或表示自己的想法。整個講課是在一種對話的方式中進行，氣氛相當輕鬆，同學不會感到有壓力，因而能暢所欲言。我把每一課的記錄彙集起來，作某種程度的修改，在其中也會考慮及保持同學自己的記錄的個人作風。最後作一參考書目，拿到書局印行出版。

　　整個課程的中軸是以思想家所提出的文化哲學觀點和歷史哲學觀點作為問題意識，順著一定的程序來處理。這些思想家包括黑格爾、馬克思、史賓格勒、戰國策派學者（以林同濟和雷海宗為代表）、京都學派（以高坂正顯、高山岩男、西谷啟治為代表）、佛洛伊德、馬一浮、唐君毅、勞思光、史懷哲、杭亭頓、米勒，而以梁漱溟先行。之所以把梁漱溟放在首位，是由於他所提出的文化三分法：中國文化、印度文化、西方文化，乾淨俐落、理解性與接受性高；同時，我也把文化與文明的分別的總綱，放在梁的章節中首先討論。

　　參予課程的同學有六位：黃奕睿、華靜慈、廖純瑜、瞿慎思、

吳嘉明和方麗欣。黃奕睿、華靜慈、瞿慎思是中央大學哲學研究所
的博士生，廖純瑜是同校中文研究所的博士生。吳嘉明則剛從市立
臺北大學拿到博士學位，論文是有關晚明心學的，我當他的指導教
授。方麗欣博士則畢業於英國的杜倫（Durham）大學，研究佛教
中觀哲學，目前在中研院中國文哲所做博士後研究。

　　至於工作的分配方面，華靜慈負責黑格爾、馬克思和史賓格
勒；廖純瑜負責戰國策派、馬一浮和唐君毅；黃奕睿負責佛洛伊德
和京都學派；吳嘉明負責梁漱溟和勞思光；方麗欣負責杭亭頓和米
勒；瞿慎思負責開首的文化哲學與歷史哲學的通俗詮釋。本來瞿慎
思也安排負責史懷哲部分的，後來由於工作忙，和要趕寫博士論
文，因此免了役，我從拙著《新哲學概論：通俗性與當代性》中抽
取有關部分來填補。另外，有關黑格爾與史賓格勒部分的內容比較
弱，我便臨時寫了兩篇特稿：〈黑格爾對中國哲學的理解〉和〈史
賓格勒的文化形態史觀：從戰國時期到帝國時期〉來補充。另外也
選取了唐君毅在其鉅著《哲學概論》上、下中所附的〈論黑格爾之
精神哲學〉一文放在書中，俾讀者對特別深邃的黑格爾哲學有進一
步的理解。

　　大體上，除了少數篇章外，同學整理他們的錄音報告而成一篇
獨立的文字來閱讀都不錯。特別是麗欣君的報告清晰流暢，可讀性
高；純瑜君做得很認真，有專業精神。在這裡，我也要向中央大學
及中研院文哲所的有關人員致謝忱，這讓我可以在文哲所上課，減
少舟車勞頓之苦，有更好的健康狀態來上三、四個鐘頭的課。但這
又委屈了住在桃園特別在中壢的同學了。臺灣學生書局的員工的辛
勞，在此也一一謝過。

　　最後，我要交代一下書名《文化哲學和歷史哲學的對話詮釋》

中的「文化哲學」與「歷史哲學」兩語詞。這兩者分別指以哲學的角度或維度（dimension）來看文化和歷史的問題。文化與歷史有很多相互重疊的地方：歷史中有文化這一重要內涵，而文化也不能脫離歷史的脈絡來說，故兩者時常混在一起。例如史賓格勒那套學問，有時叫歷史形態學，有時也叫文化形態史觀。在文化與歷史的交集上，孔夫子的業績便是一個明顯的例子。在哲學與文化上，他提倡德性哲學，開拓出中國的道德文化傳統。同時，他也是一個偉大的教育家，開展出歷史上的平民教學。在他於魯國主政、作司寇時，有顯赫的政績。他在中國的歷史與文化中，有非常重要的聲譽，可以說是中國歷史與文化的偉大的締造者。依於此，在拙書中，我並不對這兩個語詞作嚴密的區分，只是順著人們一般的稱法，把兩者更替地說，有時說文化哲學，有時則說歷史哲學。

　　是為序。

吳汝鈞

中央研究院中國文哲研究所

2017.9.30

文化哲學與歷史哲學的對話詮釋

目　次

第一章
文化哲學與歷史哲學的通俗詮釋

　　這門課有個特別的地方，這是研究生的課程，所以與我們在大學開課不一樣。大學是老師講課程內容，同學把重點記下來。每個學期考試就是交一篇報告，依照報告來評定成績。在這裡上課的情況，我們先把要講授的主要題材，事先列出來，然後分配給同學，由同學預先對特定題材做一些研究，看一些有關的參考書，然後在課堂上，口頭做這個報告。主要是同學做報告，然後我們在報告上面，由同學提出一些問題或是由老師的修改、補充，同時老師也會向同學問一些問題。那麼，做報告的同學要有回應，其他同學也可以發言提出質疑，讓這位報告的同學，做一些回應。如果有補充的需要，老師就會做一些補充。整個報告講完以後，我們會根據課程的錄音，將老師、同學的提問，以及報告者的當場回應，加以筆錄、整理。整個課程以對話的方式進行，這是和我們在大學上課時最大的不同。

　　整個報告做成一份逐字稿，交給老師看一下，看看有沒有問題，老師做一些修改與補充。後續就是老師處理主要的工作。修改過後，同學再進行一次修改。這就是報告內容。另外，在報告文字上，同學可以做一些工夫，讓文字流暢一點，讀起來通順一些，提高可讀性。都改好了，老師會再看一遍，查看是否需要再修改。最

後根據逐字稿來評分。

　　逐字稿完成之後，可以給出版社印刷成書，過去我們陸續出版了七本書，這次也是以這樣的模式來做。所以，我們講課雖然只有少數人參加，可是如果把講課內容整理好，拿到出版社印出來，書就成為一個客觀的東西，很多人可以拿來參考。讀這本書的人，都可以接受這樣聽講的內容，而不限於現場參加的人，因此聽課的人，範圍就可以擴大。每開一門課，就有一本書出版。另外一點，這課程所採取的方式，不是講授，而是在一種學生提報告，老師補充，其他同學參與的過程，所以氣氛比較輕鬆，同學也不用專心記錄要點。這對同學們來講，也可以減少一些壓力。如果這本書印出來，而且發行，讀者讀這種對話性的著作，也會感到比較輕鬆。再加上內容上的通俗性，影響上反而比較大，書的銷路比起學術研究的書，還要更好。

　　這門課程文化哲學（Philosophy of Culture），在內容方面是文化哲學與歷史哲學一起講，文化在歷史中展現出來，歷史又繁衍文化內容，有時候會有重疊的情況，所以我們講文化哲學會有歷史的問題在裡面。德哲史賓格勒的說法有時稱文化形態史觀，有時也稱歷史形態學，便顯示這種情況。我們盡量以通俗的方式來進行講課。我們這門課，定為文化哲學與歷史哲學的對話詮釋。本來我在編排這門課的內容有十六項，主要是從不同的內容、講法、學派在文化哲學和歷史哲學方面，所做出的研究成果這一點來考量，把要探究的十六個課題一一討論，不過因為修課的同學人數不夠，而且有時候同學會缺席，把十六項都處理，比較不可能。只能挑比較重要的部分，或是同學比較感興趣的部分來進行講課。

　　所以在裡面，同學可以依照個人的興趣與了解，自己挑選報告

的題材。因為這個課程包涵的範圍非常廣，所以這裡是有一些基本的參考書，推薦給同學。我希望同學有空的時後，盡量去參考這幾本著作。這裡我只列了四本書：1.施韋澤（史懷哲）著《文化哲學》；2.唐君毅著《文化意識與道德理性》；3.勞思光著《文化哲學講演錄》；4.吳汝鈞著《新哲學概論：通俗性與當代性》。

史懷哲一方面是研究宗教與神學，另外，他在音樂方面有很深的學養。他在醫學這方面，也花了很長的時間攻讀醫學學位，成為一位外科醫生。他一生主要是進行一種文化的研究與重建的工作。他大半生都是在非洲那裡度過，因為他是醫生，他專門替非洲貧窮國家的人們治病，提供藥給患者服用。最後他得到諾貝爾和平獎，是一位很了不起的人物。所以推薦這本書，這是一本中文翻譯的書。

另外，唐君毅的《文化意識與道德理性》是他早期的著作，可以在他的全集找到這本書。他在文化哲學這方面提出具有高度、深度、廣度的觀點。他認為我們人類一切的文化活動，包括道德、藝術、宗教、文學、政治、軍事、家庭、經濟等多個面相，又強調文化活動是由我們的文化意識作為原動力發展出來，進一步反省文化意識的基源是在我們的道德理性。他就是這麼一種立場。

第三本是勞思光寫的《文化哲學講演錄》，這本書是他替中文大學哲學系做的一連串的演講，對文化哲學做了相當有代表性的一些探究。他是比較強調當代研究文化問題、社會問題的學者們的一些見解，主要是哈伯瑪斯、派森斯，以及他個人的見解。這本書也是中文的，因為是演講錄，所以是容易讀的。

最後一本是我去年出版的《新哲學概論：通俗性與當代性》。這本書基本上是一本講哲學概論的書，包括的範圍非常廣，一般重

視的形而上學、宗教哲學、倫理學、美學、歷史哲學、文化哲學，很多方面都有詳細的說明。其中有關歷史哲學與文化哲學所佔的篇幅特別多，幾乎涉及我在這裡所提出來的十多種的題材。所以同學們如果不能馬上找到閱讀的資料，可以拿我這本書裡面提的歷史哲學與文化哲學，裡面有不同的學者的觀點與見解，加以參考。這幾本書都是用中文寫的，如果你要看英文或是其他語文寫的，你要自己想辦法。一般來講，最全面，最深入，最有概括性的就是唐君毅所寫的《哲學概論》，可以在《唐君毅全集》裡找到。雖然是概論，但是裡面談的比其他專門性的還要專門，所以看起來會比較吃力，要花點時間。我的這本書，是他的篇幅的一半，比較容易看。

下面是有關文化哲學的通俗詮釋的一些綱要，我把參考的讀物列出來，你們可以拿來參考。

在裡面可以看到哪些方面比較有興趣，可以選擇做報告。

一、歷史與文化的關係：史觀與文化觀

這是一個比較具概論意味的題材，涉及歷史的根源與文化之間的關係。像我剛剛所說的，歷史與文化這兩種活動，本來就有很多重疊的地方，兩者是分不開的。有些觀點可以說是文化的觀點，也可以說是歷史的觀點。像英國的學者湯恩比（A. J. Toynbee），他寫的一本大書，有關歷史的，書名是 *Study of History*，裡面內容以文化為主。文化是怎麼一回事呢？要通過挑戰與回應來講。所謂文化是我們人類對自然界種種不同的挑戰的回應而得的成果。文化就是對挑戰的回應的活動。這一點我在十四項裡沒有提到，這十四項也不能完全概括歷史觀與文化觀的全部內容。

二、黑格爾的精神發展史觀

黑格爾（G. W. F. Hegel）的史觀是從形而上學的精神發展出來，就是精神在我們人類發展的路線、航程裡面所展示出來的文化活動。他這樣以形而上學的精神來解讀歷史與文化的發展，就是所謂精神史觀。發展到最後，到了德國日耳曼帝國，就到了成熟的階段。精神到了日耳曼，德國，是不是就到了最高峰呢？不能再往前發展呢？像佛教的圓教，是不是往後就沒有路走了？這是黑氏哲學的大難題。

三、馬克思的唯物史觀

馬克思（K. H. Marx）講人類的歷史文化發展，原動力是在物質這方面，以物質做為基礎，影響生產的工具、生產的階級，再下去就是階級的畫分，再下去就是階級鬥爭。資本階級滅掉了，無產階級起來了，進行了無產階級的專政。無產階級在裡面有幾個重要的元素，就是工農兵，就是工人、農人、軍隊。在社會的各個角落，最能相應的就是工農兵。這影響到中國，有工農兵的畫分。以前中國也有士農工商，但是老共一出來，就提了工農兵。讀書人位置放在哪裡呢？沒地方放，放在最後啊！把讀書人放在乞丐上面。元朝把社會各階層分成九等或十等，最後一個階層就是乞丐，那就是無產階級。乞丐是無產階級，乞丐上面是讀書人，講學問的人。

馬克思的唯物史觀影響非常廣，遍及各個階層與角落。現在這種分別漸漸衰微。因為自從蘇聯分裂以後，中國不再強調純粹的共產主義，或社會主義，而返回到有中國特色的社會主義，一種共產

主義。他們把重點從共產，無產階級，轉移到中國特色。那你講中國特色，就一定會涉及歷史文化社會這些方面，那再進一步就會講到中華民族，重振民族的聲威，像是習近平講的「中國夢」。但是那是什麼意思呢？有不同的解讀。這種中國夢，可不可以跟儒家連結來講呢？也完全不是沒有關連，因為儒家是中國思想的主流，對東亞方面，像日本、韓國、越南，這些漢文化的國家，儒家有一定的影響。從中國夢再往前發展，就成了「中國熱」。世界上有很多地方，都有孔子學院，它不是教孔子思想，是教中文，先教中文，再教其他的。如果中國強大起來，有興旺的發展，中文的地位就會越來越重要，最後可能取代英文成為國際的語言，讓我們拭目以待吧。所以，將來，中國還是很有希望，取美國而代之。不是有人說嗎？十九世紀是英國的，二十世紀是美國的，二十一世紀是中國的，這件事情我們就慢慢看。

四、史賓格勒的歷史形態學

史賓格勒（O. Spengler）研究西方歷史的發展。他提出人類的歷史和文化，是有機體，會經歷生長老死，像一個人，有出生，有長大，有衰老，有死亡。他就是從這個觀點來看西方文化，提出西方沒落的口號。他說西方世界的高峰期過了以後，西方就會消滅，由別的國家代它而興起。他的《西方的沒落》（*Decline of the West; Der Untergang des Abenlandes*）是很重要的歷史學與文化學的著作。他原本是一位教員，後來出版了這本大書，引起關注。他認為西方文化就像是有機體，經過這幾個階段，最後就滅亡了。

中國、埃及、印度、巴比倫，那些古代偉大的歷史傳統，都像

是有機體一樣經過生長老死，在歷史裡面沉澱下去，而消逝。他預言下一個興起的民族是俄羅斯民族，跟現實是不是有真的關聯呢？那也很難講，俄羅斯以後會怎麼發展？好像也不是很樂觀。俄羅斯人窮得很。那些做官的，都很窮，薪水很低。他們都要用另外一種方式，去賺外快。比如說，我的兒子，有一次到莫斯科，他跟幾位朋友從酒店出來，碰到兩位警察，警察要他們出示身分證或護照，他們沒帶出來，只是出來逛逛。那兩個警察就說，這樣不行，你們犯了規矩，出入沒帶證件，要罰錢。每個人都被罰了一筆錢。所以，警察就趁這機會佔取一些非法的錢。

五、戰國策派論力與中國文化獨具二週說

《戰國策》是一本刊物，是上個世紀流行的，專門探討歷史文化的刊物，在當時有一定的影響力。他們吸收了 Spengler 的歷史形態學，認為人的歷史文化，像一個有機體的生長老死階段，但是特別提出中國是一個特例，不在這特性範圍內。因為中國文化已經有兩個週期了，春秋戰國時代是一個週期，隋唐宋是第二個週期，到了近代，中國文化要進入第三個週期，從五四運動往後，他們覺得這是中國文化第三週期的起步點。其中有兩個學者是有代表性的，一個是林同濟，另一位是雷海宗。這兩位學者基本上是歷史學家，研究歷史和文化。曾在西南聯合大學講學。他們兩位採取了 Spengler 的文化形態史觀。在當時來講，他們認為中國文化有深意。可是 1949 年後，因為政治形勢改變，Spengler 的那套說法，在中國大陸便不能再提，所以這兩位在中國大陸的教學活動就受到很大的限制，來自中央的壓力也很大。林同濟後來只好將學問興

趣，轉為研究莎士比亞的文學，而成為專家。

六、史懷哲的文化哲學

剛才講過史懷哲（A. Schweitzer）一位非常了不起的人物，學問非常廣博，又有濟世的情懷，他有一半的時間都是在非洲度過。他在多方面都有學養，他是醫生，也是 Bach 的專家，也是耶穌研究的專家，對東西方的文化也研究，特別寫過中國思想史，不過他所根據的資料都是翻譯。這本書是一般性的著作，不是專家的著作。他在文化哲學裡，有他的洞見，對生命尊敬，提出生命哲學。他提出「敬畏生命」，表示我們對生命要有一種敬畏，不能隨便傷害它。即便是要宰殺動物，要利用它來治病，也要遵循敬畏生命的原則，讓動物不受那麼大的痛苦。如果非要犧牲一隻動物不可，如果真的沒辦法避免，也需要用一種方法把動物裡面一些器官拿出來，讓動物在這種過程裡，減少痛苦。例如說需要動物的器官來治病，那要先對動物注射麻藥。

七、佛洛伊德的精神史觀

佛洛伊德（S. Freud）本來是一位精神科醫生。他的精神分析的講法，對西方的思想，有非常大的影響。只有達爾文的思想可以跟他比較。他對人類歷史文化的發展，從一個非常奇怪的方式來講，他說人的中心點，就在性方面的滿足。整個生長的過程，不能與性分開。所以他就把歷史的文化說成是人對性欲的滿足的處理方式。這種講法是有很大的偏見。很多重視精神生命那方面的人，都

不同意他的講法。連他的徒弟榮格（C. Jung）到後期也不同意他的說法。榮格後來自行發展深層心理學，這與佛教的潛意識或是阿賴耶識有很大的關係。

八、京都學派的絕對無史觀和世界史觀點

這裡有兩種看法，一是絕對無史觀，久松真一提出來的，他是接受西田幾多郎絕對無的觀點，以絕對無來解讀終極真理。萬物，包括人類，最後都要化歸到絕對無，有普遍性的終極真理。絕對無是京都學派的絕對真理。在層次上可以和上帝或儒家的天道天理相提並論。這是一種新的史觀。另外一種講法是世界史史觀。這問題越來越受到學術界的注意。

第二次世界大戰，東方以日本為中心，西方以德國為中心。有些人認為軍國主義或納粹主義，背後有它的理論依據，特別是世界史和文化史的依據。其中一個很明顯的例子就是海德格，與納粹主義思想有一定的關連。海德格是否有支持希特勒進行霸佔整個歐洲的軍事心理呢？海德格在言談的記錄裡，也展示了對德國納粹主義的支持。東方的軍國主義，有人認為與京都學派有關連，不是直接，也算是間接，支持日本軍國主義的興起。所以他們就提出世界史的觀點。認為日本要成立大東亞共榮圈，是世界史發展的重要步驟。

如果京都學派與這觀點有關連，那我們就可以提出京都學派是日本軍國主義的支持者。這種講法對京都學派作為一種世界性的哲學是有傷害的，可以被質疑的地方。可以引起這方面的批評。京都學派與軍國主義的興起，海德格與納粹主義的關連，東邊與西邊兩

邊都有關連，都可以被質疑而影響京都學派與海德格的聲譽。

學生：我不太懂，既然講無，講空，那跟世界史觀有什麼關聯呢？

老師：中國政治從清末以來不斷下滑，最後成為半殖民地。中國周圍的國家也不見得好。所以日本在那時候，就找一種藉口，成立大東亞共榮圈來救中國，拯救中國周圍的國家。日本侵略中國不是為了要害中國，而是救中國，很狡猾。像南京大屠殺這樣的狀況，到現在日本人的解讀還是充滿許多謊言。所以過去日本昭和天皇，有一次西方記者訪問他，提問「日本對第二次世界大戰，特別對中國的侵略，要不要負政治上與軍事上的責任？」昭和的回應是「對中國對世界的宣戰是首相提出的，投降是他提出來的。」結果就把他的責任推開了。

九、馬一浮論文化自心性中流出

馬一浮是近代研究儒家很有學養的人物，他一生相當低調，所以沒有名氣，但是不影響他的學問。他住在西湖，有一次蔡元培邀請馬一浮去北大教哲學。馬一浮的回應是「只聞來學，未聞往教」，結果就推辭了。他講話是有點技巧。他把文化看成是人的心性的活動的成果，所以他的立場與唯物主義完全想反，他認為人類文化的根源在我們的心性。這成為流行的文化哲學觀，文化自心性中流出，文化關連著道德的心性，不過也與形而上學相通。人跟天是沒有分隔的，是相通的。他講的文化，是拿一些具體的例子來講，講中國的六藝，禮樂射御書數，可以概括文化的全部。道德的心性不光是主體性，也有絕對、客觀的意味。這就像黑格爾的客觀

精神，這是可以相通的。他這麼一講，就把歷史文化的根源從外在的物質收回來，放在道德的心性裡來講。

十、唐君毅論文化、文化意識與道德理性

唐君毅基本上是繼承馬一浮的觀點，不過他是進一步發揮這意思。就是說我們的歷史文化，基本上是基於一種意識的作用，就是文化意識。每一個人都有文化意識，只是高低不一樣，發展的階段也不一樣，有些人發展得比較成熟，有些人是初步發展。文化意識的根源在道德理性，就是道德主體性。所以在這裡，基本上他的文化哲學的方向與馬一浮是相像的，不過他講得比較具體。他寫了一本相關的著作，《文化意識與道德理性》。牟宗三在他去世的追悼會上，講唐君毅的學問與事業，而給出一個評價「唐君毅是文化意識宇宙的巨人。」你要到這種高度與深度才講得出唐君毅在這方面獨特性。

十一、梁漱溟的中、西、印度的文化分階發展說

梁漱溟的文化哲學的觀點表現在《東西文化及其哲學》，還有《中國文化要義》。他認為不同民族在發展不同歷史文化方面分不同的階段。他把世界的文化三分，一是中國，一是印度，一是西方。他認為中國文化是早熟的形態，強調道德實踐，以道德理性作為基礎的文化。可是我們人類在心理的成長方面，這種道德心性的成長不是在早期，而是在後期，前期應該在科學中對自然世界建立

種種知識，然後才把重點放在道德，最後才發展宗教。所以他認為文化發展有三階段，一是對自然世界建立知識，二是在道德理性發展，最後歸向宗教，是與形而上的終極真理，一種合一的關係。所以這裡可以講天人合一。這種天人合一與道德理性的發展不是在第一階段，而中國民族一出來就強調道德理性，所以他批評中國文化是早熟，它應該先經過第一階段，對自然世界作知識上的追求，然後才能說道德與形而上的階段。印度文化是第三階段，它的核心是宗教文化，哲學也是在宗教範圍裡講。在印度，宗教與哲學常常不分開，沒有界線。宗教即哲學，哲學即宗教。所以印度文化也可以說是早熟，比中國文化還早熟。西方文化的發展，則符合他所提出的三個階段的次序。

西方很早已經發展它們的科學，對自然世界構成多元的知識。所以他們在科學哲學、自然哲學在西方文化來講，比較成熟。而且它的方向比較順，沒有那麼多困難。所以他覺得中國文化是早熟，缺了科學這一環節。中國文化應怎麼發展下去呢？要補足對科學知識和自然世界的探究，所以他在這脈絡下，認為中國人要這樣補足。採取西方人著重現實世界的態度。

學生：他的時代背景是在五四的年代嗎？

老師：五四是 1919 年發生的，年代是差不多。對呀！五四提倡要學習西方文化，要反傳統，梁不反對傳統，主張要回到孔孟那套模式。他認為中西文化不是優劣問題，而是發展階段的問題。我們不能說哪方面比較好，他不是這樣看。在這裡，他是表現一種文化哲學的智慧。當時的思想家都環繞著中西文化孰優孰劣，有兩派不同的主張，一派主張全盤西化，另一派主張中國文化最優秀，西方文

化雖然現在興盛，但是限於物質的知識，不在道德宗教方面用心。西化派與保守派都把文化看成優劣的問題。梁這麼一轉，就把優劣問題作為階段性的轉向。你如果遵循正常的程序發展，先發展知性的，再發展道德理性，最後沉澱在宗教方面，這就是正常的發展階段。當時人總是以優劣問題來看文化問題，梁漱溟就提出另一種看法。要學習西方科學，也要保留傳統文化，我認為這看法比較合理，有深度、高度、廣度，很周延。

十二、勞思光論文化生活即價值自覺生活（新基礎主義）

　　勞思光講文化生活，講文化、價值、自覺的生活，發展新基礎主義的思想。他有一本專書《文化哲學講演錄》，另外還有一些文章。他的觀點認為文化跟自然不一樣，自然以物質的發展為主，文化則以自覺的活動為主。這種自覺是有價值性的，譬如說道德價值、藝術價值、文學價值等等。根據他的講法，所謂文化就是人的自覺心在時間空間下的表現。如果是這樣講的話，那唯物主義或馬克思列寧主義就毫無文化可言，因為他們完全不講心性，不講自覺價值，而隨著物質的腳跟轉，對整個世界的種種活動，都沒有自覺的反省。

　　所以在這裡也可以看出他的文化哲學的觀點有馬一浮與唐君毅的想法，不過他是進一步講得更確定。因為他強調價值自覺，這只能在倫理學、藝術和這些方面來講，不能從科學來講。在他眼中，科學與價值自覺沒有直接的關連。直接關連到價值自覺的是藝術、道德、文學和音樂等等。他又參考西方的思想、社會理論家如哈伯

瑪斯（J. Habermas）、派森斯（T. Parsons）的講法，來證成、補充他提出的文化觀點。

十三、杭亭頓的文明衝突說

杭亭頓（S. P. Huntington）認為兩個文明主要是衝突的關係，他有一本大書《文明衝突與世界秩序的重建》（*The Clash of Civilizations and the Remaking of World Order*），強調他這種講法。不過他的講法是基於美國的政治、軍事立場來講，可以說是替美國文化在這世界不同的文化系統開一條新路。所以美國與蘇聯，永遠是處於一種敵對的狀態，是冷戰狀態。蘇聯倒台之後，中國興起，也與美國形成敵對的狀態。他們不是說要強調大國外交麼？所謂大國外交就是東西方兩大超強權國家，以他們為中心，來主宰世界的趨勢。

學生：這就是習近平的中國夢嗎？

老師：我想習近平也不一定是對中國傳統文化有什麼好感，只是要號召中國人團結起來，而轉出中國夢。所以現在政治的情勢，已經進入一種微妙的關係，世界上有三個強權，美國、中國、日本。從經濟上來講，由它們帶領，在政治方面，美國與日本有連繫，中國比較孤立，它也想盡辦法與外界溝通，與印度連繫，以及俄羅斯，來平衡美國與日本結盟的壓力。

學生：歐洲的力量呢？

老師：歐洲的力量目前來看，比較分散，還不能維持結盟體。而且

在經濟方面遠遠落後美國與中國。所以現在沒有人講歐洲夢。我想，中、日難免一戰，這對兩個國家的人民沒有好處。中、美總是在冷戰的狀態。你看美國的航空母艦常常在西太平洋出現。美國對南中國海的領土紛爭，也不會旁觀，它不斷密切注意南海諸島的發展。

十四、米勒的文明共存說

米勒（H. Muller）是德國學者，不同意杭亭頓的講法，認為不同文明的方向不是衝突，而是融合、共存，這就給全世界開一個新的眼界，不要用衝突的眼光來看世界。整個世界總結起來還是走融和的路。這是典型的德國人思考方式，德國人就喜歡綜合，把不同的元素都加以結合起來，展開一種內容更豐富、多元的發展。杭亭頓的觀點在於分，米勒的觀點在於合，不是分，這從黑格爾的辯證法就可以找到一些線索。正反合，最後是以合為終點。這是德國人的思維方式。

第二章　梁漱溟的
中國、西方、印度文化三系說

一、文化與文明

吳汝鈞：在吳嘉明講述梁漱溟中國文化概念以前，我們要先研究一下，「文化」這概念的意義在哪裡。我們通常講文化，常常關連到文明。文化，文明這兩個概念，在內容上有很多方面都是重疊，但是還是有很多分別。我請一位同學說明一下，何謂文化？文化和文明又有什麼分別？華靜慈同學可不可以說明一下？

華靜慈：我知道他們所關心的點不同，在內容上也有些差別，之前有看過一些資料，可是現在臨時想不太起來。

吳汝鈞：沒關係，就妳自己所了解，不一定要照著本來的資料來說。我們通常也會說到文化、文明，按妳知道的來說就好。

華靜慈：文明有些時候會牽涉到書寫跟紀錄，然後文化……，這邊我不太確定是否是顛倒，似乎兩者之中一個是有記錄的，一個是沒有記錄，只是純粹時間性跟脈絡性的演變。

吳汝鈞：妳這裡好像是從外延方面來說，我要問的是內容。在內容上這兩個概念相同的地方在哪裡？不相同的地方又在哪裡？在這方

面弄清楚。妳慢慢講沒關係。

華靜慈：相同的點在於，它們通常會沿著時間點延續。不同之處在於有時可能會有排斥，相對的會在融合上有接受，會隨著時間有新的發展。可是卻又會因為時間上的影響，讓好的繼續延續，排斥壞掉的，並且由口傳或記錄流傳下來。

吳汝鈞：妳這種講法，好像還是環繞外延（extension）這一邊來說，我是要內容的部分。當我們說文化的時候，我們心目中會浮現什麼？文化到底是一種什麼樣的東西，另外我們也有文明這個概念，它又有什麼內容？這兩方面有相同的地方，也有不同。妳先把文化跟文明的意義分別出來，然後再比較兩者的同異，這是基本內涵。兩者有什麼密切的關聯呢？現在大陸不是到處豎立一個牌子「要講文明」、「要在穩定中發展有中國特色的社會主義」嗎？他們喜歡提文明這觀念，可也有很多人比較強調文化這觀念。

　　文化哲學就是從哲學的角度來探究文化是什麼樣的東西，這是文化哲學，跟歷史哲學、藝術哲學和宗教哲學都是同一個等級。我們可以說這都是文化活動，我們怎樣從哲學的角度來了解，這問題我們先弄清楚，然後再看文化是什麼，它的內涵是如何，跟文明有什麼地方相同，不同的地方又在哪裡？為什麼我們要用這兩個概念呢？如果內容完全一樣就不需要，可是在我們生活裡面，看書或是看報就常常出現這兩個概念，有時候是說文化，有時是說文明。

　　我舉個例子：很多人說中國科學在古代有一定的發展，就是火藥、造紙、印刷術，還有指南針那些。通常我們說這四方面都是文明，很少說文化，是吧？譬如說儒家常常談仁、忠恕，孟子說良知良能，下來到宋明理學，就很強調形而上那方面，天道、天理、良

知這些。然後王陽明沿著這樣的傳統繼續講良知，進一步又說致良知。那何謂良知？何謂致良知？這一些通常我們是以文化來概括，很少用文明，這中間有什麼差別？為什麼以前中國有很多科學的發明，我們通常是連上文明，可是在思想、觀念、理論上，我們卻又稱之為文化這一方面，所以這裡肯定是有分別。

　　我在內容上已經講出來了，文化就像儒家講那一套道理、形而上的觀念，或者是道德意義上的觀念；文明我們就把它關聯到中國古代四大科學發明。華靜慈，妳現在有什麼想法？就妳個人的看法跟理解，這兩者的異同分際是如何？

華靜慈：我覺得文化是就整個脈絡而言，跟科舉蠻有關連。

吳汝鈞：為什麼關連到科舉？

華靜慈：因為中國都採考試方式來……

吳汝鈞：科舉是一種制度，就是你想當官就要考科舉，考上了，你就可以做進士，可以當大官。如果考不好，就沒有機會被錄用。這好像還不是內容這一方面。科舉就是選拔人才的方法，通過考試來選拔人才。

華靜慈：我就網路資料來看，文明方面在中國歷史似乎比較少提倡。在歷史脈絡中，皇帝似乎比較不重視。就中國的歷史來看，中國好像還是比較著重像儒家、道家、佛教這些……

吳汝鈞：妳這樣還是在外延說。廖純瑜同學，妳能幫她一點忙嗎？

廖純瑜：從老師這樣分析，文化好像是比較重精神方面的，文明就

是說我們看的到，比較進步的表徵。

吳汝鈞：可不可以舉例？

廖純瑜：比如老師剛剛講到火藥、造紙這些實際具體的表徵。然後文化就像是形而上思想內在精神方面的，它們都是記錄人類生活的軌跡。

吳汝鈞：這樣說比較到位，已經有提到重點，就是文化比較偏於精神發展這一方面，文明是比較具體的一些科學項目。以我們今天的詞彙來講，就是科技。科學跟技術，是偏向文明這一方面。精神、道德、藝術、宗教這些我們就比較多用文化這概念，這大體不錯。

廖純瑜：那像大陸常說，不要亂吐痰，顯示我們是個文明的人，這就是屬於比較表象的東西，是這意思嗎？因為他們很多標語，就是說文明的表現，而不會說是文化的表現。

吳汝鈞：嗯，沒錯。

廖純瑜：那麼老師，人類學也談文化，這與哲學所談的文化有什麼不同？

吳汝鈞：他們是關聯到社會學方面來講。我們在哲學上說文化，主要是從精神的發展來講，尤其是道德、宗教、藝術。我們通常是用文化來概括這些活動，所以我們也可以說這是文化活動、文化開拓。然後文明就是跟野蠻、未開化相對，我們是比較傾向這方面說文明。我記得好像在兩年前，龍應台有一次在北大演講，她講了一句話：「請你用文明來說服我。」有印象嗎？她這裡說的文明，你

可以說應該是兩方面都有涉及，有精神這方面，也有現代化這方面。

　　所以我們暫時可以這樣了解，文化有兩面的發展，一方面是文化精神，另外就是現象這一方面，是文化現象。精神跟現象如果關連到文化跟文明上，我們就會把文化聚焦在精神，文明聚焦在現象。可是精神是不可見的，你只能感到，現象是可以見的，而且有一種很強的實用性。例如就學科來說，哲學、宗教跟醫學，雖然是三種學問，可是我們就可以用文化跟文明來做一種區別。這三項學科來說，何者是靠近精神這一方面？

吳嘉明：哲學、宗教。

吳汝鈞：對，醫學呢？它是幫人治病，是比較實用的，跟文明關係比較密切。文明是可以看到的，有比較強的實用性。文化比較抽象，它不容易給你感覺到，因為它存在的層次比較高。天地萬物存在的層次不一樣，有形而上學的，像上帝、天道、天理、良知；也有一些層次比較低的，像科學的發明。我們說中國有好幾種科學的發明，就是剛才我們所說的那幾種。可是那是古代，現代中國有什麼科學的發明，就比較難找到。像李約瑟（J. Needham）講《中國科學技術史》，就是偏重在文明方面，可哲學、宗教是關連到人的良知、人對終極關懷的追求。

　　科學的發明是層次比較低的，我說低不是說不重要，只是層次的不同。我們要了解哲學、宗教、藝術，如果從精神來說，那是比較難的，不一定能夠透過表象，而是要以心來了解。而科技那一方面就比較偏向現象，比較容易覺察。所以在人的精神發展方面，文化是屬於根源性那一方面，層次比較高。文明就是從根源的文化

上，開拓出比較具體的成就。我們通常都說西方人有很高的物質文明，為什麼要用文明不用文化？因為那是科技，屬於物質方面，是淺而易見的。所以物質跟科技常常連在一起，科技就是研究物質裡面種種的原理、成素，譬如物理、化學與醫學，這些都是科技，實用性很強，而且你比較可以感知到它的存在。可當我們談到宗教、道德、藝術時，我們就很少用文明，常常是用文化。

這裡我們將文化跟文明做了分別，然後更進一步看。英國有一位知名的歷史學家，陶恩比（A. J. Toynbee），有一部巨著叫做《歷史研究》（*A Study of History*），當中談到文化是以挑戰與回應來描述，他說人類為了求生存，受到大自然種種挑戰，因而設計出種種應付方法。挑戰是來自大自然，回應是來自我們的智慧。他這麼說也有他的道理，不過如果我們進一步看，問題就來了。

不是只有人類才會受到大自然的挑戰，其他動物也會受到大自然的挑戰，那些動物也會有反應與回應，不過跟我們人類不太一樣，我們人類明顯的回應方法就是透過語言來溝通，討論如何處理這些來自大自然的挑戰，當然除了語言以外，還有別的做法。而動物也有牠的回應，各位有沒有具體的例子？就是動物如何抵抗大自然？

吳嘉明：像水獺建築水壩？

吳汝鈞：這似乎是一種，可以說是動物對大自然的一種回應。

華靜慈：動物的遷移，像是鳥類在季節的遷移。

吳汝鈞：對，這也是，或者像是動物的保護色，或者像是壁虎（四腳蛇）斷尾求生，就是一種逃避跟保命的方法。

黃奕睿：從演化的角度來說，動物所有的一切，可以說都是為了對應自然而生的，所以我們可以在不同的島嶼上找到特有的種類。可是動物本身並沒有自然的概念，如果你打一隻蜥蜴，牠也會自然斷尾。牠在大自然中遇到天敵，也會斷尾。

吳汝鈞：所以你說蜥蜴碰到外面有侵犯，就自然斷尾，然後？

黃奕睿：我要說的是，《歷史研究》指出人類文明跟自然對抗，可是對動物而言並沒有自然的概念，所以牠就不會有文明，牠只是在生存。

吳汝鈞：不過人對牠而言也可以成為威脅，就是外來的一種侵略。我們人常常在環境中會碰到這些生物，像蜥蜴或是老鼠，這樣人對牠而言也是一種自然。

黃奕睿：可是對牠來說，牠並沒有辦法區別自然與非自然，那麼我要們如何說牠可以理解自然的概念？

吳汝鈞：你要如何去證明牠沒有區分這兩個概念？例如螞蟻有沒有語言或溝通的方法呢？當你在吃飯時掉了食物碎屑，一陣子後你可以看到很多螞蟻圍著食物，然後運走它。如果你要說牠沒有語言或是溝通的方法，那麼幾百隻螞蟻要如何聚在一起？對一個目的做同一件事情。

黃奕睿：我覺得像是蜜蜂的飛行，像是八字飛行或是螞蟻，這並不能稱為溝通，牠只是傳遞訊息。溝通是兩方面，有可能否定或是肯定，是雙方面的，而不是單向的。例如埃及在石板上的字畫，我們會說它是訊息，而不是溝通。像這樣的情況，譬如螞蟻或是蜥蜴，

對於人類的反應或是自然的反應，牠並不會去追究原因，在科學研究上，牠們的反應只是現象性，就像蜥蜴斷尾，牠並不能去控制要不要斷尾。

　　以人類的實驗來看，你讓狗每天同一時刻搖鈴餵食，一段時間後牠聽到鈴響就會流口水，這就是自然反應。如果牠有理性或是認知能力，牠就可以去判斷什麼是自然跟非自然，也就可以理解到搖鈴是非自然的狀況，如果搖鈴沒有食物，牠就不會流口水。

吳汝鈞：狗流口水是不自覺的一種活動，是自然的反應，是保護自我的方式，這樣的活動是不自覺的。

黃奕睿：嗯，所以人類是理性的，就算太陽每天都從東邊升起，我們還是會懷疑地球有一天會毀滅。就是我們很清楚的區分自然跟非自然、恆常跟非恆常，可是動物並沒有辦法這樣做。

吳汝鈞：這可能需要更進一步討論。物競天擇，適者生存，比如蜜蜂、螞蟻這樣脆弱的生物應該會有自我的生存方式，是透過聯繫而非獨立的方式，將同類聚集在一起來解決問題。

廖純瑜：方才聽學長說，我自己倒有不同的看法。提到自然與非自然，這是從我們人類的角度去看，但方才學長提到牠們無法回應與互動，這我們要如何去證實？又比如談到狗流口水，這是生理現象的反應，是學習理論的說法，應該沒辦法對應到自然與非自然。談到溝通，其實就像我們跟寵物之間，也會有自我的一套溝通方式，透過聲調、動作，來互相了解對方的想法。加上動物也有分低等跟高等，剛剛提到的蜜蜂、螞蟻，都是比較低等的生物，是靠著很直覺的反應來回應大自然。有一些比較高等的動物是有思考能力的，

當然或許不像人類那麼細緻，因此方才所說的自然與非自然，是我們人類站在自己的角度去看。

黃奕睿：對，所以我要說的是，撇除人類這個角度，對牠們來說外在現象界就是現象，沒有自然與非自然之分。雖然寵物很聰明，但是牠們依然沒有辦法去區分自然與非自然。

廖純瑜：透過學習的過程，牠們還是有一個機制來回應自然，牠們可以意識到外在環境的變化來提出回應的方法，這樣才有可能如達爾文所說適者生存，儘管這樣的學習機制可能跟人類不太一樣。

吳汝鈞：我也認為動物的層次不同，在溝通的方法上也有不同。但礙於科技尚不能達到某個程度，我們只能推測，認為螞蟻的聚合生存一定也有牠的溝通方式，即便有所謂螞蟻的語言，也只能由牠們自己了解，我們似乎很難去理解，這是由於我們在這方面的知識了解的還不夠。

廖純瑜：其實傳遞訊息，也是牠們溝通的一種方式。

吳汝鈞：對啊。

黃奕睿：比如說兩台電腦在對話，你可以把它稱為溝通嗎？

廖純瑜：這程式也是由人類來設計的，需要透過人類來進行。

黃奕睿：那這也只是人類在溝通，兩台電腦之間⋯⋯

吳汝鈞：這是指人類透過電腦來溝通，就像電話若沒有人你要如何溝通？

黃奕睿：我是指兩台電腦自己溝通，就像AI（Artificial Intelligence；人工智慧）一樣在自己聊天，有一個影片做過這樣的實驗，它們沒有辦法理解語意，只是針對某種制式化的訊息在他們的程式庫進行回應。因此我們現在常常看到機器人在走路、合作，這可以稱得上是某種溝通嗎？

吳汝鈞：你說的機器，也是人做出來的一種可以幫助人自己的工具，在背後也還是要由人來設計與製造來運作。

黃奕睿：因此它們的對話很難產生有實質的語意。

吳汝鈞：人類有辦法提供給它們嗎？

黃奕睿：目前的科技應該是沒辦法。

吳汝鈞：那麼像昆蟲我們能不能直接說牠們無法溝通呢？這或許也是因為科技的限制，如果中研院在幾十年後有學者找到牠們溝通的方式，那或許可以證實這一點。中研院裡面有很多臥虎藏龍，每次我晚上回家的時候，看到這些大樓裡的燈火通明，學者們都還在裡面徹夜做研究，相當認真。

　　現在我們可以提一般性的想法，文化就是指生活裡的一切，包含我們所製作的工具，例如裝水的水瓶。或像是我們通常的行為，都有一定的規矩，由社會所共同訂立下的規矩。所以你說文化是生活的一切，這話沒有錯，卻講的很空泛。你說拉屎拉尿是不是文化？它是我們生活的一部分，但有沒有文化的意義在裡頭？因此說文化是生活的一切是相當表面而寬泛的，並沒有明確的意涵，因此這說法並不是相當好。

　　因此有人做了區分，例如唐君毅寫了一本書《文化意識與道德理性》，他在裡面講到文化項目，舉了很多例子。我這裡列出十種八種，家庭、政治、藝術、文學、宗教、道德、體育、軍事、法律、教育。這些項裡又有不同的關係，例如在家庭中談到父慈子孝、兄友弟恭、夫婦相敬如賓、朋友之間的信用關係，這都是家庭這一大項目裡所包含的不同關係，每一項都有很複雜的內容。這裡舉那麼多的項目，我們可以說是相當空泛的，雖然他說的也沒錯，家庭有家庭的文化，主要是在人倫上表現。家庭裡有母親、父親、子女、丈夫、妻子，每種關係都有一種相處的態度。

　　對於這些項目，我認為可以概括為幾種具有代表性的文化活動，就是科學、道德、藝術、宗教這四種文化活動。科學是求真，道德是求善，藝術是求美，宗教則是求神聖。這真、善、美、神聖都有普世的價值，它們的活動型態都不太一樣。而且科學、道德、藝術、宗教，你可以說都是人類自覺生活裡面所累積出來的成果。這幾個項目都是從自我自覺開拓出來，這表示是我們的自我在面向上有好幾方面，各自在這些方面發展，就成就了科學、道德、藝術、宗教這些文化活動，這便涉及對自我的設準問題。我們的自我是多面的，譬如說科學，我們透過科學去謀求真的知識，這裡面包含了我們觀照普遍的面向，另一面是觀照具體的事物，因此涉及的是所謂總別觀照我，總是普遍的，別是個別的，這樣的自我能夠了解事物普遍的相狀，也可以了解個別的相狀。

　　然後在道德方面，根源是發自同情共感的一種自我，這自我作為所謂道德主體，含有同情共感的意涵。同情共感指的是對人具有同樣的愛的想法。

廖純瑜：這算是同理心嗎？

吳汝鈞：對啊，那麼如果有同理心，是否有非同理心？我這裡強調同情共感，你知道某一個人不喜歡那種東西，你也不喜歡它，那麼你就不要送給他。

廖純瑜：就像是己所不欲，勿施於人。

吳汝鈞：就是，然後己之所欲施之於人，所以己所不欲，勿施於人只說了一半，後一半由我們講出來。你愛自己的孩子，別人也愛別人的孩子，所以你就不要只是疼愛自己的孩子，完全不理會別人的孩子，我們的道德意識就是這樣表現出來。

以前我們在中學念文學的時候，唸到有一篇陶淵明寫給兒子的一封信，因為陶淵明請了一個傭人來照顧他的兒子，裡面他說這個傭人也是別人的兒子，因此不能虐待他，彼亦人子也。我因為愛你，所以請傭人來照顧你，可你也要知道這個人也有父母，也是別人的孩子，因此你不能虐待他，要以一種寬恕的心來對他，這就是同情共感，就是推己及人。這推己及人是誰說的？

廖純瑜：孔子。

吳汝鈞：對啊，出自《論語》，這是一種道德的表現。大家都明白，你不想要的東西就不要施於其他人，這就是推己及人。所以在道德方面的自我設準，是所謂的同情共感我。

在美學、藝術方面，我們有一種審美的情懷，像莊子所說的靈台明覺心，是觀照萬物的美的姿態，是另外一種自我，所謂靈台明覺我，是美感的自我。主要表現在我們生活上那些美感經驗上。何

謂美感經驗呢？你做為一個美學的主體，你對於對象很傾向，覺得它有美感，那是通過心理學上的一種移情（empathy）的作用來成就美感經驗，就是把對象的美態吸收過來，然後個人的感情也流到美感對象，這就是所謂的移情，empathy，就是對象那種美的型態移到心理面，心裡的美的感覺也流到對象，這種境界也就是美感主體與美感對象融合為一，而成為無分別的關係。這基礎是在移情作用上，讓美感主體與美感對象有所交流，在這種交流經驗裡面，沒有主體跟客體的分別，在這裡就可以說主客合而為一。因為沒有主客的分別，所以就沒有了我物之別，我是美感主體，物是美感對象，通過移情作用後，就再沒有物我之別。

　　這讓我們想起王國維的《人間詞話》，裡面談到美感有兩種層次，一種是有我的美感，一種是無我的美感。有我就是有主客的分別，這境界不是最高的，美是一種美，但還是比較低的層次，你要到了無我這種境界，那才是美感的最高境界。是主客合而為一，主體跟對象沒有分別的那種關係。在這裡王國維舉了一些例子說，陶淵明有兩句詩：「採菊東籬下，悠然見南山」，這兩句詩所展示的美感是無我的美感。這裡面可以引起一些爭論，在美感經驗裡面，一個是見南山的主體，一個是被見的南山這一個客體，兩者合而為一，是無我之境。南山的美流到我的心中，我的感情也流至南山，因此在美感經驗中，我與南山合而為一，因此沒有物我之別，這是無我之境，是美學的最高境界。所以這是另外一種自我，表現一種美感觀照的自我的能力。朱光潛與宗白華這兩位現代比較出色的美學家，在談到這樣的美感經驗時，也說要通過移情的作用表現出來。

　　再提兩句，「我看青山多嫵媚，料青山見我應如是」，我看到

青山嫵媚這樣美感的形象，料青山跟我也有一種聯繫，是一種在美感經驗中的聯繫。這是誰說的？

廖純瑜：辛棄疾。

吳汝鈞：嗯，辛棄疾是屬於豪放派，「金戈鐵馬，氣吞萬里如虎」，這人非常不簡單。

　　另外在宗教方面，宗教也是一種自我的行為，也具有自覺的表現，我們通常說宗教的目的、終極關懷就是解脫，是從世間裡種種苦痛煩惱解脫出來，達自一種超越苦痛煩惱、超越善惡二元的境界。在這裡談到解脫的理想，一種是自力解脫，一種是他力解脫。自力就是憑自己的力量從苦痛煩惱解脫出來，達到一種無善無惡、無障無礙、無生無死、無理性無非理性、無存在無非存在，這些種種的二元性。這種自我可以說是本質明覺我。就是對於環境有一種本質上的明覺、一種自覺。這如果從佛教來講，對象是我們在情識上的展現，是緣起的，沒有實在的自性，如果你能看透這一點，顯現你對事物的明覺觀照，這是一種宗教上的自我。另外一種是他力，是覺得自己無能，不能解決生命的苦痛煩惱，因而皈依外在的大能：阿彌陀佛，由祂發慈悲的心願，把你引渡到極樂的世界，他就是極樂世界的主人：在那種環境裡面，有種種方便法門讓你最後得到覺悟，這可以說是委身他力我。

　　自力覺悟是很難的，他力覺悟似乎很容易，因為不用自己努力，有一個他力大能阿彌陀佛、耶和華、上帝來幫你忙。可是嚴格說起來，這種他力主義、救贖的活動，其實也不是那麼容易，因為你要無條件、徹底消除個人的自我意識，全心全意皈依外在的他力大能，才能成就。那就表示你要完全放棄自己的主體性，放棄自我

的執著，全力皈依他力大能才行。嚴格來說這也是不容易的，誰沒有自我意識、自我中心的想法？誰沒有個人的主體性？你要徹上徹下、徹裡徹外排除對自我的執著，放棄自我的主體性，把自己整個生命全部都交託給他力大能，這是很不容易的。

所以我們這裡說文化哲學，主要講這四點文化活動：科學、道德、藝術、宗教，這幾種文化活動怎樣從哲學的角度來看。有其他問題嗎？

廖純瑜：老師您剛剛說文明跟文化有很多不同的地方，那麼有沒有相同的地方？

吳汝鈞：就像孟子所講性善的心。不管是文明也好，文化也好，都是一種有創造性的作用，文化、文明都能展示人心靈的創造性。文化是偏向內在的，文明是外在的。所以這兩者嚴格講起來就是不能完全分隔，要有內在的文化精神，才能創造外在文明的現象，這是基本的內涵。不過我們通常講起文明，多半是在科學的脈絡下說，說物質文明，那精神文化就放在一邊。說到文明多著重在物質文明，文化就是精神文化，兩者有很多重疊的地方，也有分別之處。其實你說在大陸，我們常常看到要人講文明，不要隨地吐痰。我問你，不隨地吐痰是一種文化活動還是文明活動？

廖純瑜：我覺得是文化，因為涉及到道德性。

吳汝鈞：我覺得兩者都有。你先要自覺到隨地吐痰會造成環境汙染，會造成公眾環境的影響，有這樣的自覺，才能夠停止這行為。隨地吐痰是一種現象，這些現象發自你的公德心。你罔顧整個大環境，沒有讓環境美好的心態，只順於個人的方便，所以這裡就涉及

到道德上的同情共感。

　　像臺灣有所謂的垃圾分類，這做法非常好，很多人會自然的依著這樣的規定去做，在家裡去分出垃圾為可回收跟不能回收，我們日常用的很多工具都可以回收，就是再利用的價值，大陸好像也有學到這點，也開始做分類。有人有其他問題嗎？

黃奕睿：我想問一下老師：相對來說，文化是一個比較價值疏離的概念，文明是有價值判斷的概念。我們常常說：他是野蠻或是文明，或是進步的文明。但在文化上我們好像比較少有價值判斷成分，這是不好的文化，或是這文化比較好，有沒有這樣的現象？

吳汝鈞：我想文明跟文化都離不開價值判斷，文化跟文明當然都有價值的意味，不過重點不一樣。文化是在精神這一方面，你也可以說文化是精神的文明，文明就是比較趨向現象這一方面。

黃奕睿：在語言上，大家好像對文化特別的寬容或是特別的尊重，但對文明就例外。當我們批判別人時會說，你這人文明不好，我們不會說文化不好，講這好像牽涉到政治上正確不正確的問題。這是為什麼呢？我們在使用兩個不同的詞彙或是不同的概念上，好像有落差，是因為文明比較物質，文化比較精神，我們批判一個人道德敗壞，或是批判一個人褲子沒穿好，似乎前者更有傷害性，是不是有這樣的意味呢？

吳汝鈞：所以褲子沒穿好就是沒文明，有禮貌就是文化。我覺得是有這種分別。

黃奕睿：譬如說我們今天批判一個民族是野蠻的民族，像以前的高

盧人……

吳汝鈞：一般我們說野蠻是相對於文明，說這人沒有教養，是說行為並不符合社會的規矩，野蠻不講理，這就比較趨向文明這一方面，野蠻就是不文明。文明就是不野蠻。

黃奕睿：這是肯定的嗎？

吳汝鈞：一般會這樣說。我們現在是將兩者分開，文明跟文化畢竟不完全一樣。

黃奕睿：那文明跟野蠻呢？

吳汝鈞：兩者就是相反的。

黃奕睿：所以食人族有食人的文化，他們是不文明的。這是不是有些奇怪？或者美國人喜歡搶別人的石油，這是他們的文化，但是這是不文明的？

吳汝鈞：這例子可能有些極端。

黃奕睿：就是說這是他們有霸權，可以實行霸道。

吳汝鈞：如果要說，就是他們只想到自己，沒有顧慮到其他民族。像曹操說，寧可我負天下人，休叫天下人負我。很多美國人有這樣的心理，尤其是是政府。

黃奕睿：那這是他們的文明或是文化。

吳汝鈞：都不太算，應該是一種只顧自己的利益，罔顧他人福利，

是一種不文明的想法，當然也不算是一種文化的表現。這是不義的行為，所以要有人出來替天行道。

黃奕睿：如果文明是一種肯定的、與野蠻相對的東西，它是否一種歐洲中心主義的價值判斷？例如種性制度是一種文明或是文化，或以歐洲中心主義來看，這是野蠻而不人道的，這是因為他們沒有經歷過相同的變遷，由莊園制度到現代的民主制度，因此對他們來說種性就不是文明的，可以這樣說嗎？

吳汝鈞：如果你從精神方面來說民主，當民主發展成為一種制度，那就是文明。制度是比較具體的東西，我們通常是關連到文明這一方面。民主是一種思想、自覺，由一種自覺性的思想發展而來，你可以說是一種道德精神。可如果它要表現在制度上面，像是選舉，那就可以說是文明。我的意思是說，文化是一種比較內在，比較難看到，文明則是表象、外在的。

黃奕睿：文明我們剛剛說到它好像有價值判斷。

吳汝鈞：是啊，如果你比較文明跟野蠻，當然是有價值判斷的問題，說這文明是好的，是有價值的，野蠻是不好的。

黃奕睿：那價值判斷準則是從何而來？

吳汝鈞：從內心，從你的良心提出來。基督徒將良心放在上帝，可儒家將良心放在自己的道德主體裡面，這是兩種不同的文化傳統，這是思想背景的不同。

廖純瑜：老師，那佛教是？

吳汝鈞：佛教的終極關懷是解脫。

廖純瑜：那是放在自我還是？

吳汝鈞：眾生自渡、普渡眾生。大乘佛教是要普渡眾生，以慈悲心去普渡世人，這我們可以在他們的行動中看到，你可以說是一種表現在外的文明。文化、文明兩者是分不開的，我們通常用這兩個概念，用的人常常混用，所以我們現在先分清楚這兩個概念，再來談文化哲學。文化哲學就是以這文化作為一個研究的核心主題，你也可以說文明哲學，我們也可以弄一套文明哲學出來。可如果沒有文化就無法說文明，文化始終是比較基本的，文明是外緣的。

　　所以內外是有分際的，兩者有很多相通的地方，可是有內外的分際。我們好像比較少聽到文明哲學，只是說文化哲學。因為你說文明哲學，它的基礎就是在文化哲學，文明的基礎就是文化。你不能將這兩者一刀割開，好像是互不相干。

吳嘉明：老師，這樣聽起來文明似乎是進步史觀的一種概念。如果它是相對於野蠻來說，那就是不斷在進步的情況下所產生的結果，例如對於西方文明或是東方文明的講法。但是如果我們向外吸收文化進來，那麼文化與文明之間是否本身就是有衝突的，比如說中國文化反而造成中國文明無法再往前推進。

吳汝鈞：你這問題倒是很不錯。就是說中國在古代有文明，像是四大發明跟其他科學發明，但是近代中國民主跟科學都發展得不好，或是尚未起步。你說中國人有科學的成就，這句話沒錯，可是你要限制在古代。可近代以來在這方面就停在某個階段，沒有再前進一步。而西方在這裡就起步發展他們的科學，西方文化早期也不是很

重視科學，像古代希臘哲學、中世紀宗教神學，科學的發展要到哥白尼（Nicolas Copernicus）、伽利略（Galileo Galilei）那些學者，才走上科學研究的道路。所以從歷史上來說，很多西方學者反而對中國的文化有比較深刻的印象，而且有比較高的評價。可那是著眼在古代，如果你說現代就一直沒有積極的發展。這跟科舉考試也有關係，因為人的前途主要是在能否當官，能夠待在官場裡頭才能致富。

不過萊布尼茲（Gottfried Wilhelm Leibniz）其實也是很重視中國文化的，他在中國古典的階段，看到了好的那一面的文化，中國歷史文化發展到唐代以後就不太行，宋代勉強還可以，明清就完全不行。

最後來說，習近平還是要靠傳統文化，來做為凝聚各方的力量，像馬克思主義大陸已經很少人信，毛主席大家也不太愛了，那還剩下什麼？沒有了。共產主義垮台了，大陸人人都在罵毛澤東。

廖純瑜：所以他們會走向資本主義嗎？

吳汝鈞：對啊，現在中國人的驕傲就是古代的文化，所以他們說中國夢，就是一個大招牌，凝聚各方面的力量。到底中國夢具體的內容是什麼，他還是講不出來。你不能把重點放在馬克思主義、毛澤東思想裡面，因為現實上，他們已經喪失了本來有的地位，所以你中國不講馬克思主義，不講毛澤東思想，那你要說什麼？現在很多大陸人都知道，中國人沒有民主那種選舉的制度，沒有宗教信仰的自由，現在劉曉波還關在牢裡，你頒給他諾貝爾和平獎，他也不能出國領獎。

我記起一件事，湯一介在大陸蠻有影響力，他是北大的教授，

是中國文化書院的院長。他在 2014 年病重快要離開人世，習近平就去探望他，聽說他們談了半個鐘頭，談了什麼沒有人知道，習近平當然不說，湯一介也過世了。在湯一介病重的期間，有一位記者去訪問他，問湯一介在離世前，有沒有什麼話要對中國人民講，他提了一句話，說：「自由思想是很重要的。」所以他在政治上的終極關懷，是思想自由。他念茲在茲還是在思想自由這一方面，如果思想不開拓、不讓老百姓有思想自由，中國就沒有前途。

　　也不光是中國大陸，在威權主義的社會裡面，威權政府是不容許思想自由、言論自由的，大陸是毛澤東，臺灣是蔣介石。大家這邊還有問題嗎？沒有的話，我們就請吳嘉明來報告。

二、梁漱溟的時代環境與學術定位

吳嘉明：老師、各位同學，我今天所負責的是梁漱溟先生對文化哲學的說明。因為梁漱溟的著作蠻多的，因此我只就目前三本書：《東西文化及其哲學》、《中國文化要義》以及 2013 年中信出版社推出，由後人集結的《中國文化的命運》，由於這是遺稿，因此在內容上較為片段化，比較少完整的論述，也收錄了前兩本書的一些內容。基本上我這份報告分為三個部分，第一部分是梁漱溟所身處的時代環境與其學術定位的說明。後兩部分，第一是談其最著名的文化三進路的說法，最後總結其說，說明中國最後為什麼無法開出民主與科學，以他的中國文化早熟論作為總結。

　　我先就前言的部分來說。梁漱溟先生主要關懷的兩大問題就是文化問題與人生問題。於五四之後，中國始終陷入民族自我懷疑的論調，不斷的思索我們要如何去拯救中國文化，在那時論述主要分

為兩派，一派是全盤西化，就是完全捨棄中國原有的文化，而接受西方科技文明。第二則是中體西用，這一派爾後多被新儒家所繼承。他們的論調在於思考我們應當承繼與發掘中國原有的文化價值。這兩派於當時主要是以西化派較為佔優勢，為什麼呢？因為這問題牽涉到五四運動的背景。在當時梁漱溟被歸於保守與守舊派，這點我是蠻訝異的，因為閱讀他的作品後，我們會發現，他相當堅定的認為，我們必須全盤的掌握西化的方法，但不是全盤的西化，而是要把握東西文化不同之處，再思索我們要如何採用西方知識或是科技的部分，才能夠使民主與科學在中國文化裡頭扎根。這並不是完全的守舊派，在當時為何會被歸類於此，這或許牽涉到意識形態與梁先生思想變遷的過程。

在五四運動前期與後期，他的思想可以分為兩個階段，第一是在當時因為人們始終無法決定是要全盤西化或是中體西用，梁先生直接表示我們應該捨棄中國文化中不良之處，接受全盤西化。而到後期，因西化的勢頭已經超過了界線，因此他又返回來，強調中國傳統文化。這樣的轉變使人們覺得梁先生的思想並沒有一個很確切的說法。

在當時，他的思想主要是與陳獨秀和胡適對立起來，並被加以批判。這是由於他認為中國文明最後必須還是要回到中國文化中才會有發展，這點在其文化三路說有相當多的描述。梁先生認為，我們要解決中西文化的問題，達到引進西方文明科學的目的，就必須要深入探討中西文化的異同，把握他們的本質差異，這樣才能使科學與民主的花朵在中國的土壤綻開。因此曹耀明教授認為，梁漱溟先生的特點在於，在中國近代思想史中建立具有文化相對論意義的文化類型，開創了中國近代思想史在東西文化討論的一個新時代。

為何稱之為開創？因為梁先生並不選擇以片面式或是片段的方式來接受全盤西化，而是採取深入探究東西文明之不同，再依此系統化的選擇西化的方法。

吳汝鈞：這邊我們先停一下。你方才提到有三本書，當然《東西文化及其哲學》的重要性最高。梁漱溟的全集似乎出版了很多年，你所根據的幾本書是否從他的全集選出？由於後來陸陸續續的，有人根據他的講話出書，這並沒有包含在全集之中。有些是訪問的，有些是他對於外界的回應。你在文獻的選擇上原因是什麼？這要交代清楚。

吳嘉明：基本上，梁先生關於文化哲學的談法，較多集中在《東西文化及其哲學》、《中國文化要義》上，所以我主要也是針對這兩本書來談這問題。另外他還有一本較著名的談論他如何實際操作，去進行鄉村建設的書籍，由於在翻閱後，我感覺相關性不強，因此這裡沒有引入。第三本則是在 2013 年出版的《中國文化的命運》，這是由他的兒子幫他整理的遺稿，這本書當時梁先生並沒有要出版的打算，但後來還是印製出來。

　　這裡面的內容有一些他叫後期的看法，例如他以印度哲學來詮釋中國文化、西方文化的部分，由向量、現量、比量三者分別說明印度、中國、西方文化的不同。但這樣的說法始終遭受許多人的抨擊，因此在他的遺稿中就曾經捨棄這樣的說法。我認為這本書可以代表梁先生在晚期的想法，因此引入了這本書。其他地方，我也引入了在《梁漱溟全集》卷二的一段談話，也就是其他人對於梁先生針對五四運動的想法進行訪談。

吳汝鈞：你方才提到關於鄉村建設這本書，你覺得他不是很重要？

吳嘉明：我覺得可能跟他的生平有關，由於後期他在鄉村建設上失敗，晚期又慢慢的向共產黨靠攏，因此如果說真的要去進行他的鄉村建設，我覺得並不能說明他的主要思想。

吳汝鈞：可是進行鄉村建設，提倡這樣的運動，是梁先生在事功方面比較具體的表現，儘管結果是失敗了，共產黨一來就垮台，但我覺得不能輕輕放過，因為這本書反映出梁漱溟不光是在談哲學跟人生問題，也涉及到他親身去率領群眾，在山東鄒平這地方辦鄉村建設，你可以說這是一種社會運動。因此你可能要說明這裡面的內容是如何？經過如何？為什麼失敗？雖然是毛澤東一來，運動就不能維持下去，但是它還是有實質的意義，因為在中國近現代學者裡面，他們的工作主要是在著作方面，說明他們的立場與思想，提出具體的作法來解決中國問題。

可梁漱溟是親身參與，這與其他思想家完全不同。他為什麼最後失敗，是他運動搞得不好？還是當時整個大時代都趨向社會主義？尤其是毛澤東的想法影響相當大，所以他最後還是擋不住共產主義的大運動，所以我想你還是要注意一下，他跟其他思想家不同的地方。他本來是應蔡元培邀請到北大教書，但由於後來覺得不能兼顧，而請辭北大教職，專心致力在鄉村建設上，並思索如何組織鄉村幹部，改變鄉村結構，並以鄒平為中心，慢慢拓展出去，可惜運氣不好，做了兩年共產黨就來了。近現代中國，講學問的人很多，講思想的也不少，可實際上參與改造運動的人並不多，梁漱溟是其中一個，他寧願放棄大學教授的教職，去進行挽救中國文化的運動，從這點來看，梁漱溟有他獨到之處，反而大家都以《東西文

化及其哲學》為他的代表作，在裡頭他對東方印度、中國、西方歐洲進行探討與說明，但嚴格說起來，他的理解並不是很到位、深入。

他將世界思想分成三個向度，分為中國、印度、西方，這分法是很有創意的，是梁先生自覺地提出，並沒有受到他人的影響，這是這本書的價值，因此我們可以從中看出他的文化哲學的觀點。所以他說鄉村建設的思想，雖然在實際上不成功，可是他的意義應該還在，你也可以說這是外王的作法。中國人一向只說內聖，很少說外王，一直到明末王船山、黃宗羲才提出一些外王的思想，並對中國歷史與政治提出批判，從中展示出他們思想的方向，在這裡我們就可以看出他們是有外王的內容。到梁漱溟提出鄉村建設理論，我們在這裡也可以看到一些外王方面的想法，雖然時間很短，並且失敗了，但它還是有其重要價值，這裡有他自己的代表性意味。

吳嘉明：對各位比較抱歉，因為我在挑書上還是以哲思意味較重的為主，因此就放棄了這本書。感謝老師的指正，我會趕緊補入。

吳汝鈞：這本書我看過，你也不能說他完全沒有理想，他有他想要進行的理想，他覺得中國農村的教育不行，要讓農村的教育走上有事功意味的功能。在這裡他可以說是跟同時代的思想家不同，他有他實踐這方面，無論是在政治實踐或是社會實踐上，結果是失敗的。失敗主要的原因是由於他鬥不過共產黨。這一點可以在下一次補充一下，你有這本書嗎？應該是在全集之中，你可以找到嗎？

吳嘉明：可以。

吳汝鈞：那你就去找來看一下。

吳嘉明：好的。那接下來我要說明的是梁漱溟與五四運動之間的關係。這說法其實相當粗糙，因為在大時代的浪潮下，幾乎所有學者與五四運動都有或多或少的聯繫，尤其是後來科學精神影響到了像顧頡剛的古史辨派，他們都開始以科學的方法來研究中國哲學或是中國文化。而這時梁漱溟到了北大，他看到了一個問題，就是研究東方哲學的教職員們，沒有辦法在更深入的或是更有時代的氛圍下，去了解中國哲學或思想，他們只能依著傳統作研究，這是他們不能理解的事情。這點在其《東西文化及其哲學》當中有提及，他說原本想要招聘一位關於東方文化的職員進來，但他發現程度完全不行。梁先生覺得，如果中國再以這樣的方法來做研究是無濟於事的。然而有趣的是，在當時進行東方文化哲學的職員招聘時，反而遭受到了當時全盤西化學者的抨擊，說梁先生還是要維護中國傳統，這是相當弔詭的。

在這樣的情況下，我只提一段在五四運動中的事件，來表現梁先生對於五四精神的一個說法。在五四運動裡，有一樁相當出名的事件，就是燒燬趙家樓的事件。在當時，學生們進行示威遊行，當他們遊行到趙家樓時，他們想要將當時親日的交通總長抓出來，所以學生們就衝了進去，但因為總長已經逃了，就隨手抓了些人毆打一頓，並燒毀樓房。藉著愛國主義的浪潮，大家都認為這是一種民族精神的表現，並且在政治正確的氛圍下，似乎打人燒樓就展現出了救國精神。但梁漱溟先生提出他的想法，他說：「我的意思很平常，我願意把學生事件交付法庭處理，願意檢廳提出公訴，審廳去審理判罪，學生去尊判服罪。檢廳如果因人多檢查的不清楚，不好辦理，我們盡可一一自首，就是情願犧牲，因為如不如此，我們所失的更大。在道理上講，打傷人是現行犯，是無可諱言的。縱然曹

章罪大惡極，在罪名未成立時，他仍有他的自由。我們縱然是愛國，也不能侵犯他，加暴行於他。縱然是國民公眾的舉動，也不能橫行，不管不顧。絕不能說我們所做的都對，……在事實上講，試問這幾年來哪一件不是借著國民意思四個大字不受法律的制裁才鬧到今天這個地步？……最好我們到檢廳自首，判什麼罪情願領受，那真是無上榮譽。這好榜樣，可以永遠紀念的。」

因此，對梁先生而言，無論你是以愛國主義或是民族主義當作藉口，你始終要面對與服從法治精神，這就像是預兆性政治的說法，就像是人民選擇怎麼回應社會與面對政府，當人民起來成為政府時，就會遭受到相同的對待。梁先生清楚地意識到這點，就是中國想要走向未來，就必須要拋開人治走向法治，這是他在五四運動裡遠超乎其他學者之處。在這裡，我們才能說中國是否有走向民主的可能性，所以這事件相當重要，他堅定的認為學生必須要面對司法，這就使得其他人認為梁先生相對是保守的。

吳汝鈞：我有個問題，就是你剛剛說政治運動，那跟太陽花運動是不是有什麼關聯？能不能說明一下你的想法。

吳嘉明：其實我必須說，我也要冒著在政治不正確的想法下來談這問題。無論如何，學生以自己的方式進行公民不服從運動，是相當合理的，這是公民的權利，但在事件結束後，就要讓法治精神來處理。不是說當一個意識形態或是政治勢力起來，達到政治的正確性，就可以拋開所有法治而走向人治。我並沒有說他們是做錯的，他們後來也接受了司法，林飛帆或是陳為廷，都願意接受法律的審判，無論是衝進立法院，或是衝進行政院。但後來卻由行政院直接撤告，這點我認為是有問題的，由這點來免除他們的刑法，這似乎

有些過分。回到公民運動來看，他們的學生運動，是公民的權利，
但事後要接受法治精神來審判。

吳汝鈞：你說在行動本身是正確？

吳嘉明：我認為這是公民權利。

吳汝鈞：但必須要在遵守法律的大前提下，他們才可以進行政治運
動或是社會運動。

吳嘉明：我認為要在事件之後，依法律接受審視，不是制裁而是審
視。

吳汝鈞：太陽花運動是這樣？

吳嘉明：對，所以我覺得要由法官來決定，而不是由意識形態來決
定。不能由人民來公審，要以法治精神來解決。我們可以支持他
們，我們可以同情，但不能由此就斷定他們是無罪的。我必須說，
在內心我是相當支持這次學運的，我也希望他們不需要去接受刑
法，但是在法治精神下，他們還是要面對這樣的審視。

吳汝鈞：他們是不是一定要佔據立法院？是不是一定要走到這一
步？或者是還有其他不違法的方式？你怎麼看？

吳嘉明：我認為事件發生有其合理性，但我們是不是可以從結果
論？例如當時燒毀趙家樓的確有被拿來與太陽花比較，而主使燒毀
趙家樓的學生，後來卻投入了汪精衛的偽政權之中，的確也有人拿
這樣的例子來批評林飛帆等人，不管你有多大的愛國情操，後來還
是走向了錯誤的道路。這就是誤用結果論，要先拋開這樣的觀點，

我們才能比較客觀的來審視這次學運。我們還是必須說，太陽花學運的確造成了一股浪潮，讓社會產生同情共感，進而與其一起行動。社會注意到這樣的情況，如果不認同，我們就會去批判它。但現實情況卻是越來越多人到立法院外，陪他們一起守夜，也就是群眾一起用他們的公民權利來維護他們。他們的手段讓其他人意識到了問題的所在，並重新讓即將被決定的政策再被檢視，這就是他們行動後被認為是合理的地方。

黃奕睿：我想問一下，就是關於法治精神，就像是革命一樣，國民黨推翻了滿清政權，你是否也是要讓他們接受法治的制裁呢？這是在理想的情況下，法治的確可以給我們公平公正的結果。但是社會現實並不是如此，像太陽花學運，他們最後用行政命令或是行政院出面，有時候就是成王敗寇的結果。其實我們看到很多其他的社會運動不被重視，沒有媒體關注，號召的人數也不夠，結局卻被帶上警局留下前科。所以你說法治是很理想的，可我們實際上面對的問題，他們無法去考慮到法治社會的成立與否。

　　第二個問題，我想詢問法治的合理性。當時我在場，那時警察打人之凶狠，事實上已經超出法治社會的基本限制，可是沒有人為這些被打的人申訴，法治權力的核心最後還是在政府。如果政府不出面，以它的權力抓出打人的警察，那麼法治社會就只是空講。對我們一般生活在這島上的百姓來說，法治精神可能只是安慰劑，在國家機器底下其實是很黑暗的，我對太陽花行動後有深刻的體悟，法治可能只是理想，尤其是對社會運動來說。

吳汝鈞：林飛帆他們是否有受到六四運動的影響？你們看六四運動的結果，最後是由政府以武力，用坦克跟機關槍來解決這大規模的

學生運動。從開頭時來看的話，太陽花有點像是六四那個情況，可是到最後，結果很不一樣。最後就是中共政府到處追捕參與運動的那些領袖，像吾爾開希、柴玲、王丹這些人，但林飛帆這些學生最後還是沒有像他們一樣變成被通緝的人物，你怎麼看這兩種學運？

吳嘉明：我覺得兩個運動關鍵性不同，應該是看我們身處什麼政治制度底下。因為當時六四天安門他們運動前半截幾乎可以說是非常明朗而成功的。一直到後來中共政府以武力來鎮壓，這就透顯出來一個問題，就是在當時的政治制度底下，始終無法接受開出民主一個最大的主因。六四運動是坦克出現，太陽花學運則是警察打人，兩相比較之下，太陽花這邊至少不是軍隊鎮壓，當然這是非常消極而悲觀的講法，但至少不是軍隊。在這樣的情況下，就顯現出兩個體系的不同。

吳汝鈞：沒錯，如果是警察，他的責任是維持社會安定，當有什麼暴亂時他們就必須要處理，軍隊就不一樣了。他的對象不是國內的學生與老百姓，應該是國外的敵人，你從六四這點來看，他們就將對付外來敵人的那些軍人聚集起來，對付國內的學生，所以他們拿解放軍做為解決問題的媒介，這點其實已經越權了。解放軍是沒有權利這樣做的，但是中央像李鵬他們就要他這樣做，臺灣就沒有，這是很大的不同。

吳嘉明：所以在這點上，我認為因為政治體制上的差異性就造成了兩種不同的結果，從這裡來看臺灣跟中國始終還是有隔閡在。你說文化根源是相同沒有錯，而且也受到相當大的影響，但你說為什麼太陽花會成功而六四會遭到鎮壓，這就有了分歧。如果拿五四來做

比較的話，五四可以掀起這樣巨大的浪潮，裡面有民族主義也有所謂的愛國情操，也包含了當時政治體系相當不明朗這樣的因素，軍閥、中央政府的分立，這都讓五四運動有了可以發聲的機會。

吳汝鈞：當時解放軍高層也有一些很不贊成以軍隊來鎮壓學生運動。像徐向前、聶榮臻，都是十大元帥裡的人物，他們都認為不應該以軍隊來鎮壓學生運動，結果他們的意見不被接受，於是軍隊鎮壓成了事實。在這裡面解放軍分成兩派，一派是李鵬要鎮壓的，另一派則是徐向前、聶榮臻，他們認為不可以用軍隊針對學生運動。所以我想這一點，或許對太陽花運動有一些啟示，他們是怕大局可能控制不住，最後只能靠軍隊來干預，所以就不敢鬧大。這裡好像就沒有聽到有學生死亡，可六四就不同了。

吳嘉明：那最後我為此做個小結。總的來說，後人將梁先生置於反對派或是保守派這一說法，我認為是不太公允的，他始終認為要以民主與科學精神來反省中國舊有的禮教傳統。他認為只有在反省中國舊有文化的情境下，才有可能接受西方的科學與民主。因此梁漱溟儘管強調中國文化與民族性，但我們不能直接的將其歸類於保守主義者或是五四運動的反對者。與之相反的，這正是梁漱溟與其他新派學者的差別。梁先生透過反省的方式作更為深入的發展，並滲透入中國文化最根本的部分，以思考西方文明要如何對接於中國的民族性格，所以他這樣的說法，包含馮友蘭也認為，我們不能直接的說梁先生就是守舊，而是在五四運動中，梁先生的思想體系使得五四運動對西方文化、文明，有更深一層的理解。

　　然而，我們考慮到當時學者所面臨的民族困境，面對西方龐大的思潮與科技文明，要使中國能夠面對世界，乾脆的全面接受西方

文化似乎是一個較為簡單而快速的方式，因此梁先生能夠在這樣的困境下做深入的思考，實為相當不容易的。這是關於他在五四運動裡的立場與影響。

吳汝鈞：梁漱溟在思想轉變上自然有他的歷程，本來是對中國傳統文化有批判，後來信奉佛教，認為佛教是解決中國文化的一個良方，到了最後還是回歸到儒家，特別是孔子。所以在很多政治運動上，很多人說要批判孔子，他始終反對，不參與這個運動，他始終對儒家思想有著堅定的忠誠度，一直維持到晚年。所以在這裡我們可以把他的思想分成三個階段，第一階段是前期西化的，認為中國傳統文化不太行。第二階段是在宗教上，他專心研究佛教。到最後還是回到孔夫子，認為只有儒家才是正確的途徑。

　　不過這中間轉變的歷程是如何，這還要花點工夫來研究，為什麼會有這種轉變？為什麼西化跟宗教的對反性是這麼強的？他能夠從這裡有所轉化，分成兩個階段，最後又回到儒家，儒家沒有佛教那麼消極，也不是西化派，他還是傳統儒家的內涵。所以這邊梁先生在思想上是有所掙扎的，就是內部在心裡有一個思想上的掙扎，到最後才找到自己的立場，就是回歸到儒家。認真來說，要從學問來說梁漱溟的話，他是不夠的，他是從另外一種型態來處理，像《東西文化及其哲學》這本書就有很多問題，但他在大處把握的很緊，尤其是中西印三個文化方向，他在這裡就抓的很緊，尤其是後期、或者說晚年的時候，他表現出不屈服於共產主義，就算是面對當前緊張的政治情境，他也能夠站的很穩。

　　他有一次說過，三軍可以奪帥，匹夫不可以奪志。這句話是在毛主席面前說的，因為這句話讓許多人對他敬佩，所以也有人說梁

漱溟是中國的脊梁，我覺得這說法對他是一個相當恰當的定位：講學問，他是不行的，可說到堅持儒家，尤其是孔夫子的道德理想，他就抓得非常緊。

另外一個人就是熊十力，他表現得很高很有骨氣。人不能有傲氣，但不能沒有骨氣。有一個傳說，說有一次開政協大會，有一群委員聚在一起開政治協商，熊十力也在裡頭，後來有人說毛主席來了，所有人都站了起來鼓掌。可只有熊十力坐著，穩如泰山，一動不動，就是不給毛澤東面子。熊、梁這兩人是相當了不起的，誰不怕殺頭？這樣做是非常危險的，最後這兩個人都平平安安生存下來。所以這兩個人的重要性是在這裡，我們把他們稱為國士，這樣的人才值得我們敬佩。

三、文化的三種進路

吳嘉明：我接著上禮拜要談的是梁漱溟先生的幾個重要的思想概念。從第三到第四節部分，是關於梁先生在文化哲學上的思想系統，他與過去思想家不同，是在於文化意欲說的內涵。何為意欲？這觀點是受到西方文化的影響而產生的，他提出最初的問題是「何謂文化？」。梁先生如此解釋，文化是一民族的生活樣法罷了，何謂生活？生活就是沒盡的意欲，和那不斷的滿足與不滿足罷了。

總的來說，梁先生的意思就是，就人類生活來說，每個人都試圖通過滿足意欲而展現往前開拓的動力，他透過這樣的想法表示，人類文明社會之所以會不斷進步，都是意欲往前投射的結果，不管是中國文明、西方文明或印度文明都一樣，只是因阻礙不同，從而開出三個面向。西方是奮勇向前，中國是調和持中，印度是反身向

後。所以第一個問題是，意欲對我們的生活有何影響？他認為意欲是我們人生最開始的問題，是文化最初的本因。意欲奠定了文化發展的方向，這樣的理論模式我們可以理解，從意欲影響生活，而生活影響文化，因而不同的意欲方向就會決定不同的生活方式，進而導致不同的文化精神。

到這裡，我想到了最近一本蠻有名的書，叫做《西方憑什麼》。從工業革命之後到現在，有許多學說都在探討，到底為什麼西方文明會比東方強悍，在這本書中也說明了可能的原因。不過我覺得他所提出的一套思路還蠻有趣的，他說人類文明的發展，主要是根據貪、懶、懼三個要件，因為這三個本能，人類開始不斷的去滿足自我的需求。這想法就跟梁漱溟先生所言蠻有相近之處，人類會不斷去滿足自我，進而使文明向前邁進，這就形成了一個基本的文化發展動力。

只是當我們遭遇到更強大的文明時，勢必要有所覺悟與學習，因此在當時「西方化」這一個態度就成為了學者們所必須要面對的問題。何謂西方化？梁先生言，西方化是以意欲向前要求為其根本精神，由此而開出科學與民主兩種重要的文化內涵。西方的意欲是往前要求的，因此可以開出科學與民主，但中國則不同。因意欲活動在世界上遇到的阻礙可以分成三種，第一為滿足意欲所要求的物質世界，也就是說，我是透過因為對於物質世界不滿足，而不斷進行自我活動，比如說今天走路很累，那我就發明像是腳踏車這樣的東西來代步，從而滿足自我的需求。過去人類文明從獸力文明開始，進化到現在所謂機械力的社會，這就形成了兩階段的文明分界。但中國則不著重於此，所重是第二種意欲。梁先生認為中國人的意欲相當有趣，是著重於人與人之間的聯繫，由他人對於自我的

不滿產生反省與協作。他認為人跟人之間的連結是意欲最重要的部分，所以發展出儒家的倫理社會，強調人倫的互動關係，由於這樣，使中國意欲發展為另一種面向。

　　第三是絕對不可滿足的宇宙間因果法則，這是關於生死問題。凡人皆要面對生死，所以印度佛教直接拋開這一切，強調形而上的問題，是以更為重視超驗的部分。

吳汝鈞：你在這裡提出的幾個概念，第一是意欲，第二是西方化，或者是說西化。我們在這裡先檢討一下到底這些概念內容為何？首先我們要注意「意欲」，這一概念不好說，因為通常把意跟欲是分開的，意是意志，靠近理性方面的，好像有一個目標在前面，然後你就趨向那個目標，希望能夠達成目標。可是這欲就是欲望，屬經驗、感官的。這意跟欲，在我們通常運用文字的時候意思不同，意是比較高一點的，像意志。欲是比較低一點，像欲望，涉及感官、主觀的一些想法。梁漱溟在這裡將兩字合起來，用意欲的概念概括，他的意思跟原本兩字的不同層次的東西，關聯於何處。這就讓人想起叔本華的一本名著《意志與表象世界》，可能梁漱溟提這意欲跟叔本華有點關聯，這裡我不能確定，要仔細研究叔本華的思想才能理解。不過因為叔本華跟尼采這些後期德國觀念論的人，在中國思想界非常流行，所以我想梁漱溟提意欲，跟思想可能有些關係。

　　那到底是靠近理性方面，還是靠近情感、欲望這一方面？我的看法是兩方面可能都有，不過應該有一個先後的次序，就是先有一個意志，然後再說欲望。意就是要求一個理想，屬意志方面，然後你就有達致理想的欲求與欲望。所以我們不妨先分為兩者，先有意志與目標，下一步才是要如何去達成這目標。特別是這目標對我們

來說有一種吸引力，讓我們產生欲望去完成這意志。所以我們在這裡比較仔細的把這概念、名相弄清楚一些。

再來說文化，上一次已經花了不少時間來說這問題，不過在這裡梁漱溟所說的文化，是將重點放在生活上，是在生活上所表現種種的活動，或者是成就了種種不同的事情。這都是從我們具體的生活這一方面來說文化。上一次我們好像提到文化有一個意思，就是我們在生活上所展示一切來了解。梁漱溟對文化的了解可能比較精確一些，尤其是跟我們理性思考、哲學思考意味比較接近，所以在這裡他就提出你所說的一個模式，就是意欲、生活、文化。再來就是西方化，這意思比較清楚，主要是指那些種種的活動，通過這些活動，我們就能夠吸收西方那些優良的部分，或是我們中國文化所缺少的，像是科學、民主。這在當時西方文化之所以有一定的成就，就是因為他們發展出了科學跟民主，所以所謂西方化主要就是針對這兩點來說中國不足的地方，是比較落後、還沒有起步的，我們就要學習西方這兩方面的成就。

下面就有所謂全盤西化的口號，在西方化或者是西化再往前進一步，就是全盤西化，這不是部分的，要我們先暫時放開我們所有的，專心一致的學習西方文化最明顯、最有理想性這些方面，科學是學問，民主是政治。所以我們在這裡把這些概念稍微清理一下，下面會比較容易說。

吳嘉明：老師我有個疑問，在這裡他提意欲的不同，是否是傾向以理智來解決意欲是否滿足的問題，那以物質來說，是否就是情感物質較強的，純粹是以欲望為主？

吳汝鈞：這裡提出有關意欲方面的三種不同面向：向前要求、調和

持中、反身向後。他在提出這三種不同的方向時,在心理已經有了一個指向,來對應這三個方向的文化。所以比較具體的說,就是這裡展示出我們要體現我們意欲的幾個階段,或者是說有幾個不同的做法,向前要求就是有一種對西方文化的想法,以對應這樣的形態。第二調和持中,就是指中國。第三反身向後,或者說向後要求就是印度那種文化的方向。這三種面相背後都涉及一些基本的學問,譬如意欲向前要求,這就是要求建構科學的知識,就是最先所意欲的。第二調和持中,是採取從容的態度,不走躁進、極端,這很明顯就是指道德這一方面,是為持中。我們上次所說的同情共感,就有這樣的意思,不怠慢、不激進,用一種比較合理、寬容的態度去進行種種的活動。第三種就是反身向後,很明顯是指宗教這一方面,這是印度文化所長,是宗教的文化。

由此我們可以看出這三種不同的方向,是不能分割開來,要把這三者聯繫起來,同時在實踐上有一個次序,並將三者集中起來,從向前、持中、再超越,從這個無常的世界超脫到一個有永恆性、普遍性的境界。所以第一個是西方的,第二是中國的,第三是印度的,這次序的連結性在於先走第一種方向,先發展科學,然後再發展道德,最後發展宗教。科學是求真、道德是求善、宗教是求神聖,這就是我們所說文化開拓三項重要的項目。他這裡沒有提到藝術,其實也應該放進去,可能他對藝術不太感興趣。

吳嘉明:那我們接下來就可以從三個部分,所對應出的三個路向來看。第一個就是本能的路向,像剛剛老師所說為人本來的需求,是最基本的需求,依此來面對社會與人生時,所必須先滿足的。在面對這些問題時,我們可以有直覺的反應,比如說:今天我錢不夠

了，我就努力賺錢，今天我餓了，我就買東西來吃，我今天冷的話，就加衣服，這是以積極與直接的態度來改變生活，所以第一路向就是我以直接的方式來改變與滿足我的生活。

第二路向則是著重於自我精神的境界，也就是在這樣的境界上去改變自我心境，或是與他人的關係。這是屬於第二種。第三種則是遇到問題直接取消它。其實對梁先生而言，這三路向並不是完全分開的，而是有次序的問題，第一個次序是我們面對生活的時候一開始所提出來的方法，但當我們逐漸滿足物質後，就會轉到第二路向，就是以跟他人協作的方式來滿足精神上的需求，再由第二路向發展到第三路向。梁先生認為這三個路向，是相當自然的發展過程。西方文化直接的去改變當前社會文明，因此西方文明具有強大的適應能力，以滿足目前社會當下的需求。第二路向與第三路向分別對應中國文明與印度文明，都有發展較為早熟的文化趨向，於目前並不符合，不適應當下社會的發展情況，因此無法符應世界的潮流，如此便理所當然的受到西方文明的排擠，這是梁先生所提出的。

由此來說西方文明屬第一路向「向前要求」，中國文明屬「調和持中」，印度文明則是「轉身向後」。在目前的發展趨勢上，由於西方文明較能符合當下的需求，它自然能夠排擠掉其他的文化型態，但是接下來梁先生認為中國文明逐漸吸收與西化，滿足現階段的科學與民主的發展後，這勢必會走向第二個路向，也就是走向儒家所說自強不息、奮進向上的態度，當第一路向發展完後，勢必會走向第二路向，而這路向是未來整個世界所必須要走的，到那時候中國文化便會被提出來，而得到重視。他認為這是接下來要發展的過程，等到這階段結束，再來就是印度文化內涵的興起，這也就是他文化三路向的基礎框架。

　　他透過三個路向，表達出三個不一樣的次序，當然在現代人的角度來看，這是相當有問題的，你說中國文明就不需談第一路向？梁先生認為是這樣，但是發展到一個階段後，逐漸開展出第二路向，我認為這是蠻奇特的說法。所以梁先生從社會學與心理學出發，由意欲立論，分析與推導出人類文化產生與發展，論述中西印三種不同文化的發展取向，提出文化三期說。關於這三期說，梁先生最主要是想提出，我們在面對文化與社會文明問題時，我們人類是如何發展與適應，以及在面對全盤西化後，未來中國的出路是什麼？他拋出一個大問題，也就是在中國全盤西化之後，接下來要走向何處此一論題。其實他在東西文化哲學的探索中，就提出一個觀點，在當時的西方文明也拋出疑問，當西方物質文明不斷往下發展後，要如何找回精神價值。當時有一些日本學者認為也有西方學者來中國找解決的方法，他們認為可以在中國文化上找到解決方法，或是在印度文化上找到解決方式，因此他們也認為中國文化此時不需要太過徬徨，或是過度鄙視自己，當中國西化之後，也可以在中國文化中找到自我的價值。

　　依此來看，三路向也就是梁先生對於人類文化提出的三大問題，第一問題是我們在滿足物質生活後，人與自然相處的問題。第二則是人與人之間的問題，由此探討人與人之間的和諧而導出第二階段。第三則是生與死的問題，要如何獲得生命的解脫與自由。所以當人類在生存的原始階段，人類會以輕率的方式來解決基礎需求，當我們在基礎滿足之後，就會感受到情感上的開展，當情感豐富後，我們就會開始重視如何與他人協作，以達到和諧共生的狀態，這就屬於第二階段。第三面向則是當我們在物質生活與社會協調的精神狀態滿足後，再來便是我要如何於這塵世解脫。三期發展

說便是透過三個階段與三個文明，來貫串起人生問題，形成一個完整的文化發展過程，這是梁先生文化三期論的總結。

吳汝鈞：這裡我們可以做一些補充，用一個現實的例子來看一下，他這三種不同的態度，我們要如何了解。第一、第二與第三種，我們可以舉一個具體的例子，譬如說我們的房屋，前面有一座大山，通常我們種種的活動都要跨越、經過這座大山，才能到達其他地方，因此生活上所必須的物資，都必須要經過這座大山，那麼我們要如何克服這座大山的障礙？這就有三種不同的做法，第一種就是把這座山剷除，像是愚公移山，用很長的時間，把它消除，就算這代做不完，再由下一代接手，這是愚公移山的精神。你剷掉一部分泥土，它就少一部分，它是不會增加的，到最後就可以全部移除，這是第一種態度，是「奮勇向前」的態度，屬於西方的。第二則是在山上開一條道路，你將這座山保留下來，不採取消滅的態度，而是想辦法做一條道路。這種方法是符合中庸的作法，屬於第二種態度「調和持中」，是中國的。最後一種態度則是繞過這座山，你要花很長的時間，去避開這座山，最後還是可以到你要到的地方，不過這就比較消極，而且要花很多時間與精力，才能達到目的地，這是比較消極的「反身向後」，是印度文化的作法。

　　這三種態度相當清楚的，分別屬於西、中、印，三種不同文化的態度，至於次序方面，是怎麼訂，那就是剛剛所提出的，這跟中國文化的早熟有關連。就是說，按照梁漱溟的意思，第一階段應該走西方奮勇向前的方式，第二則是調和持中，過中國道德調和的生活，第三階段則是宗教的途徑，是印度所採取的態度。這三種不同的態度可以開拓出不同的學問、不同的文化。西方是科學，中國為

道德，印度則是宗教。

四、中國文化的早熟

吳嘉明：好的，接下來是接續梁漱溟先生文化三期說，延伸出來的問題就是，為什麼中國始終開不出民主與科學？梁先生在這裡提出所謂文化早熟論的觀點，此論點主要集中在《中國文化要義》之中。他認為西方文明與中國文明的最大差異是在於，西方採取的是集團式的生活，而中國則沒有。在中國的社會之中，是由「家」的狀態作為一個起點，強調的是人與人之間協調性的問題，因此人是以從眾的方式生活。比如說，我們一出生以父母為中心，到了學校則以師長為重，出了學校到社會中，則是以國家領導者為中心，這便是所謂從眾的心理。

西方則不同，西方是以集團的方式生活，因此每個人都想要去壟斷資源，有壟斷就會產生對立，有對立就會有摩擦與自我意欲的滿足趨向，在這樣的情況下，才有可能開出民主，也就是由眾人去尋求一個最大公約數。這與中國不同，中國認為我們只要遵從一個指導原則，由領導者下命令來解決問題，這就不會有衝突。因此西方的民主為的是解決眾人衝突的問題，不關乎意欲思考的方法，這就造成了東西方的差異性。如果我們來解析三路向，就可以開展出三種不同的思想架構。第一種是從意欲往前開拓，由此推出自我情感與以直覺去滿足自我，這就是對事物直接的感受。西方是取奮發向前的方式，第二種的中國則是調和，第三則是印度的。

由此梁先生就意欲對人生提出了三個問題，第一是人對物的問題，第二是人對人的問題，第三則是人對生死的問題。人對物的問

題是向外出發用力的態度，人以此來解決外在事物。第二是人對人的問題，屬向內用力，在東方文明中由於此而走向文化早熟的問題，這也使東方文明缺乏對外在世界在物理上的認識，於是無法再往下發展出科學。梁先生在此處便整理出了中國文明的五大弊病：第一是幼稚，雖然中國文化是過度早熟的文化，但是在形態上卻顯得幼稚。第二是老衰，由於已經發展過久，缺乏向上的生命力。第三就是不落實，這說法很有趣，我們可以舉他在東西文化哲學中所談的例子：西方對事物的發展是以科學為主，而中國則是以手藝，比如說醫學，在中醫與西醫兩方來看，是截然不同的技術。西醫傾向於實驗，以完整的測試項目與臨床實驗，達到滿足效力的數據，以證明藥物的效果。中醫則是強調老師傅的經驗，像我身邊一個讀中醫的朋友，他的老師之中有一位被稱為刁白虎的醫師，他可以面對不同的症狀去調整一帖叫做白虎湯的藥材，而達到不同的效果，這樣細緻調整的部分就必須仰賴於經驗。這說明中醫所運用的屬於經驗，而西方醫學則多強調知識科學，這是由於西方在醫學發展的過程中，發現有些被認為是有效的藥物，有可能只是安慰劑，也就是病人服用後的心理作用，而不全然來自於藥物本身，是以由此去進行實驗來證明藥物的效用。因此梁先生認為，中醫在中國只能被稱之為手藝，是不可靠的。手藝所指的是技藝類的，而非科學的。

吳汝鈞：你說就像是 technology 那種？所以中醫是一種手藝。

吳嘉明：嗯，由於梁先生認為那時的中醫缺乏科學依據，要到現代才有所謂科學中醫的說法出現。

吳汝鈞：那手藝與科學有什麼關係？

吳嘉明：就是科學需要到大量的數據與實驗來證明，而手藝則是經驗，就是我不斷進行練習，達到一個階段。因此中國強調的是師徒制，老師傅不以知識的方式進行傳授，徒弟只能用看的來學習，透過經驗達到傳授，這是中國在未有科學知識體系下的師徒制，西方則因發展出科學知識，而開始有知識化的體系出現，這就開啟了東西方不同之處。因此梁先生認為中國如果僅只以這樣的方式來發展，最後也只是達到手藝的階段，而不具備科學，所以我們有火藥，但是沒有辦法將火藥延伸到完整的槍砲戰爭。我們也有羅盤，卻開啟不了更深一步的科學實驗，故梁先生說中國不夠落實，始終只能停在經驗層，運用直覺。

　　以下再談第四點，是過於消極。我們面對西方文明的壓迫後，發現過去所仰賴的文化背景，完全沒有辦法去抵抗時，就只能落入相當消極的狀態之中。第五則是曖昧而不明爽，這是中國文化本身的發展特色，接近於西方所說像是神秘感，或是神祕主義，讓人摸不著頭緒，這五點便是梁先生在文化早熟論中所提出的想法。

吳汝鈞：馮友蘭講到孟子時，也是提出孟子那套思想屬於神祕主義，他是這樣說，不過他的意思並不是相當清楚。如果我們看一下牟宗三先生的《五十自述》，裡頭就有提到一個故事，說馮友蘭與熊十力在討論良知的問題，馮友蘭說良知是一種假設，可熊十力就很不同意，說良知是一種當前的呈現，而不是假設。如果以馮友蘭的觀點來說，這良知就是一種假設，就是不能在當前展示出來，只是一種假設，這樣說的話，的確是有一種神祕主義的意味。呈現則不同，就是在當前很明確的展現出來，這就不屬於神祕主義，如果你把它當作是一種假設，是不能落實的。

　　神秘主義在一般了解的意思就是，我們不能用語言文字來解釋，只能以一種內在的冥證，像是我們對上帝有一種冥證，不以語言文字，是以超語言文字的一種接觸，這就是冥。可熊十力就不同意，他說良知是我們生活裡面清清楚楚呈現出來的，是在道德裡面呈現出來。這說法你們有印象嗎？牟先生的《五十自述》有紀載。

廖純瑜：老師，那麼心性論就是比較接近神祕主義嗎？

吳汝鈞：也不一定，良知是心性論理很重要的觀念，這不是神祕主義，是當前的展現，就是不由你不做，你很自然就會這樣做。孟子說有人看見小孩要爬進井裡，如果繼續爬就會跌下去，所以就有人馬上去將他拉回來，根據孟子的說法，這是人的良知良能的展現，這一點也不神祕。譬如說你過馬路，看到綠燈才向前，紅燈停下來，但如果有一個瞎子分不出來，他在紅燈時通過路口，旁邊有人看到就會趕快把他拉回來，這就是一種很明顯的良知表現，是不忍人之心的表現，你不忍心看到瞎子過馬路被車撞到，完全沒有經過思考，很直覺的衝出去將人拉回來，你不這樣做他可能就有危險，這種良知良能如果像馮友蘭所說是神祕主義就不太合理。熊先生稱為良知，是當下呈現的，是人惻隱之心的表現。

吳嘉明：好的，那麼我們接著來說明梁先生在文化哲學上的結論。就方才所談的文化三期說與中國文化早衰說，就可以看出幾點，第一，在五四運動後期，梁先生並不贊成完全以西化的方式來照搬，因為中國文化始終有自己的基礎，如果我們直接的拿西方文化進來，可能仍然會有問題，是以中國文化的根柢並不適於全盤西化。第二，中國文化復興之路，梁先生認為在西方文化的下一個階段

後，就是中國文化的興起，因此我們等到第一階段物質文明發展到極致，人們就會開始走向尋求心靈自我的過程，也就是在心靈美感上去追求，於是第二期應該就是中國文化的復興與發展，這是他最後的想法。在這方面來說，我認為這就屬於一個文化展開的趨向。在西方文明本身發展到一個侷限時，無論是資源或是文明本身，都會走向一個停滯期，不太可能再產生像是文明發展最初那樣大幅度的進展，因此接著就會輪到東方文明的興起，這也是梁先生於當時所預見的。

五、關於鄉村建設

　　結束梁漱溟先生的文化歷史哲學後，我們接著要談的是他在鄉村建設上的想法與實踐。鄉村建設運動本身，就是依照梁先生在《中國文化要義》中所設定的概念來進行。在當中提到西方有集團式的生活方式，中國則屬家國一體的社會型態，因此如果要改造中國社會型態的話，就必須從小處開始進行改變，也就是從鄉村開始，所以他提出一個想法就是以鄉村作為基礎。中國本來是就著家國式的社會模式，形構出國家的樣貌，因此相當強調倫理本位與職業分立。在中國文化中人與人的關係是相當重要的，於是倫常的建立就有其根柢，梁先生表示中國社會中的人際關係，是以倫理關係之厚薄親疏作為基礎。這運用在政治上，便是在倫理體系之中，進行維繫政治團體與維持相互間平衡的架構。所以他認為倫理本位使得中國由先秦到現代，都僅止於朝代的更迭過程，而不像西方有所謂的「革命」。何謂革命？革命會造成階級與社會的反轉，使貴族與一般農民的地位翻轉，但中國社會卻從來沒有這樣變化過，朝代

的變換也只是換個家族的統治罷了。因此，梁先生認為這樣的倫理
關係充斥在中國文化社會之中，就算是政治人物快速的變換，也無
法對這社會結構有所改變，於是就沒有階級對立的狀況，所以他認
為這樣的結果就造成了職業分立。

在這裡所謂職業分立指的是一種僵化的社會型態，他認為在中
國沒有所謂的階級對立，而只有職業分立。就是無論士農工商皆有
其可求之目標，而貧富貴賤無定，因此他認為中國既然有這兩個特
色，那麼便要尋求一個改良的方法，維持中國原有的倫理與職業關
係，並且避免出現過度暴力的革命。好比法國大革命，所以他在進
行鄉村運動時便是基於這兩個基礎，來進行改造。

儘管中國擁有這兩點特色，但是當西方個人主義興起與強勢文
明壓境後，這樣的系統便受到挑戰。像在清朝以君主與帝王為尊，
直到民國便開始有所改變，開始產生派系與軍閥的分立，君主制全
然崩潰。在職業上也有所改變，例如像是士農工商中的士雖然不事
生產，不過卻具有溝通上層君主與一般百姓的作用。但是在明清之
後，士的身分開始有所轉變，開始有從商逐利的一些行為出現，這
使士的精神完全蕩然無存，在這情況下便開始動搖中國職業分立的
基礎，於是梁先生開始尋求改變的方法。因為如按這樣的情況發
展，極可能會產生壟斷性，也就是士與商的密切結合。在一般的情
形下，士的存在是比較偏向於權力的部分，商則是以經濟利益為基
礎，當這兩者開始有壟斷的行為時，職業分立的架構便會被打破，
士開始以權謀利，商人也開始逐權，兩邊結合後便能夠不斷地壟斷
社會資源，這就導致其他職業失去原有的基礎，進而引發階級對
立。更進一步的，就是西方所謂之革命，梁漱溟先生認為如要避免
這階段，我們必須開始進行社會改革。

　　所以他說中國社會如要進行變革，我們就必須以鄉村為基準點入手，進入傳統社會組織中，不斷去改變，以鄉做為基礎。因中國本來就是所謂的鄉村國家，那麼我們可以鄉村為基地向外拓展，發展成高度的鄉村文明。當我們可以農作為根基，就可以反過來以農帶動工，以農帶動中國的機械文明，他認為這是相當重要的。其實這就是一個國家發展早期時常可以看見的情況，像早期的臺灣，雖然是以工業社會作為目標，但是一開始仍然要以農業作為基礎，來反哺工業，以推進工業發展。所以他說當鄉村被破壞時，就會影響到未來國家基礎的發展與建設，當世界各國的侵入對中國鄉村造成影響，我們就必須要回到建設鄉村這樣的基礎上，進行社會改革，這是他在當時對於鄉村建設的基本想法。

　　我們可以在這裡提出一些對於梁先生思維的想法。梁先生提出以鄉村為基礎來改造中國社會，在我看來，是相當具有理想性的，但卻也是過於理想，甚至不可思議。他提出必須要以教育為中心，故在這裡提出所謂鄉學的概念。何謂鄉學？就是把外地或是其他地方的知識分子，發放到鄉村，讓他們學習梁先生在鄉村建設上的觀念與想法，透過這樣的學習，來引導鄉村的改造工程，並接觸地方鄉民，建立起以鄉學為教育中心，甚至是行政中心，並透過這行政中心來改造鄉鎮。這想法也就是結合了教育與政治為一身的學堂。簡而言之，他的鄉學捨棄了過去的行政機關，在鄉里並沒有所謂市政府或是區政府的概念。如果我們可以在地方進行改造，便可以結合中國古代的鄉約，達到具有道德理想上的規範，而非本於以外在律令式的規訓。這樣的想法目的在於，使鄉學成為一個集政治、經濟、軍事、教育為一體的村舍組織，所以他說，我們可以透過改造鄉約，來建構一個鄉學。

　　這想法大致可以整理出梁先生的幾個目的，第一是激發農民的基礎教育，以鄉學為中心，讓農民去接觸知識分子，拓展他們的視域與想法。第二是倡導合作主義，促進經濟合作，以人與人之間的協作關係，來加強社會結構的關係。第三是熟習科教，熟習就有點像是中國在文化大革命的時候，讓知識青年下鄉站隊，讓知識分子跟農民有更完整的接觸。比如說當知識分子想提出嶄新技術時，農民可能會無法接受，就像是化學肥料，這對當時的農民可能是一種旁門左道，過去的經驗讓他們很難去接受新的科學技術，這就造成對立。透過熟習的方式，就可以讓知識分子下鄉常住，五、六年後，他們就可以跟農民建立起革命情感，就能讓農民願意接受新的知識。第四則是信任，信任的意思相當簡單，就是讓一般人可以接受新的社會改革，同時也可以促進經濟發展。

　　在梁先生的概念下，根本上就是以鄉學為中心，以教育作為基點，推展新的觀念與知識，讓中國百姓知道現在外面社會與世界的現況。透過這樣的方式，達到政治與教育相結合的目的，這也是所謂的「政教合一」，只不過在裡面所謂的「教」，指的是儒家的教育。

　　再來談談他最後的成果。在一九三一年三月，梁先生直接在山東鄒平縣成立山東鄉村建設教育研究院，並在那邊進行鄉村建設，算是一種實驗場所。梁先生並招募了大學生四十名，到那邊讀他的教材，畢業之後分配作為科長，教導農民，並給予他們新的知識。當然這後來是失敗的，為什麼會失敗呢？這道理相當簡單，他的精神跟理想相當好，但是鄉學始終缺乏了行政中心的能力，它畢竟只是教育中心，不能取代行政的能力。這想法具有理想與精神，卻缺乏務實性，這也就埋下了失敗的遠因。以上大致上是梁先生鄉村建

設的概述。

吳汝鈞：你剛剛說梁漱溟鄉村建設運動最後不成功，這一套理論在精神理想方面有它的價值，可是缺乏政治組織的能力，可以說是因為梁先生書生氣太重，不夠務實。你也提到他最後的目標，就是把鄉村倫理文化再建立，並將農業轉向工業，結合兩者來改造中國建設，使中國走向現代化。在結果上這段時間其實相當短暫，後來共產黨一來基本上就失敗了，這套理想就被共產制度給壓下去。具體來說，梁漱溟這一套，與共產主義那種強調革命，以工農兵作為革命運動的主幹的做法，可以拿來做一種比較。共產黨那一套強調革命與階級鬥爭，與梁漱溟就相當不同。梁漱溟認為，他審視了中國歷史歷朝歷代，似乎都沒有看過所謂的階級對立，在這方面既然沒有很明顯的階級對立，那麼以階級對立的革命運動在他的眼中變成為沒有存在的必要。但對共產黨來說，階級鬥爭與革命，是他們的主要策略，最後能夠得到中國人的支持，特別是農民。

　　在這裡我們可以說，梁先生對於中國社會歷史的見解，跟現實並不是相當相應，因為階級鬥爭的革命運動是有一個基本前提，就是階級之間有對立，而且是嚴重的對立。所以共產主義就抓住這一點來進行革命運動，結果就得到相當多人的支持，雖然在支持者中是以農民為主，但是也有不少高層知識分子去支持他們所領導的革命運動。梁漱溟在這點就顯得非常弱，他這一種改革的運動，好像只有他一人在主持，他並沒有辦法去聯合其他有能力進行社會革命、教育革命……等等的人士，因此他只能在很有限的地方看到成果，不能把它擴大。因此你說他這運動中心地點是在鄒平縣，它只是在山東省裡面一個比較小的地方，無法推廣出去。所以這場運動

只有局部的結果，而中國幅員遼闊，憑他一人，即便是有一些同樣抱負的人士來一起進行，依然很難有結果。

　　因此在經濟方面，可以說是缺乏一種基礎，沒有有力的軍閥來支持他，提供經濟上或軍事上的支援，在事實上他是失敗的，如要反省他失敗的原因，不是那麼簡單，三言兩語就可以說明。主要我們還是集中在共產主義革命鬥爭上，跟他做個比較。為什麼共產黨成功，而梁漱溟失敗？你怎麼看？

吳嘉明：我覺得始終是推動的力度不足。因為剛剛講的，他取消了行政中心之後，那地方僅僅就只是一個實驗區，他要如何達到從農業推到工業，這是不太可能的。他自己也承認如果要推到工業的話，必須要有強大的資本。假若農業推不出去的話，工業自然也無法成功，這是一個相當大的問題。至於農民是否會受到知識分子的影響而向上提升，這我覺得是有的，甚至於農民會由此而轉為知識分子。

吳汝鈞：他有這方面的測試，有這麼做過，可是效果並不明顯。我看梁漱溟基本上是一個書生，即便在文化、哲學、宗教上都有見地，但畢竟沒有基本的幹部，沒有跟他同進同退的幹部來幫助他推動運動，在行政上也沒有強力的組織，行政中心鬆散，不能成為一個強大的基地。他的失敗，基本上跟這些點都有關係。

　　畢竟就梁漱溟的個人生命情調來看，他始終是書生，沒有辦法從事行政的工作，他有帝王師的意念，可沒有當上帝王師，也就是國師的條件。他是一個國士，可不是政治家，尤其不是實際進行行動的行動家、領導人，所以他這套改革的理想，最後還是不能成功。共產主義能夠成功，它的關鍵在哪？共產黨也講一些不可思議

的口號，你可以說這全是政治的神話；它提三面紅旗、大躍進、大煉鋼、人民公社，這都有吸引力，它的口號又很像習近平搞的中國夢，只是它的口號神話性更強。我的童年是在農村過的，所有房子都有貼標語，或是寫上一些口號，都貼滿了那些能夠激發一般人好勝的一些情緒，譬如說：超英趕美、一天等於二十年。這些話它都敢講出來，可我們居然也相信，相信中國最後真的能夠強大起來，真的能超英趕美，可一天能夠等於二十年？這只是夢想。

可你也不能完全說沒有人不相信這一套，只是它講的太過分，不夠現實。可是對農村人來說，他們生活艱苦，因此夢想有一天中國可以強大起來，像美、英一樣，可以發展到第一線的那種程度。梁漱溟不懂如果要進行革命、改革，就必須要用口號，讓其他人聽得到。

吳嘉明：所以是缺乏煽動性的話語來帶起一般人的情緒。

吳汝鈞：對啊，譬如說製造一個偶像，像雷鋒。雷鋒很年輕，二十多歲就犧牲了，在一個挽救大批人群的災害中，犧牲個人的生命。所以雷鋒的形象在 50 年代非常流行，而且很有吸引力，成為多數人崇拜的偶像。那到底有沒有雷鋒這個人，我們並不是很清楚。雷鋒是共產黨製造出來，還是真有其人？真的為革命犧牲，是不是真是這樣，這是無從查考的。我們當年還年輕，對於這些政治上的宣傳，都是深信不疑。

在這方面，我覺得這些種種的宣傳跟做法，都不是一個書生可以想出來的，更不要說組織農民、工人，梁漱溟沒有這一套。所以我覺得他的運動是有理想跟意義的，可是沒有適合的人來推行，梁漱溟在這條件上是遠遠不夠的。他是一個優秀的思想家，不是實幹

的那種人物，不是搞組織的，他在這方面沒有長才。他對中國社會的結構看得太簡單了。

在中國那年代，交通落後，一般人大部分都是農村裡的人，教育水平不高，更沒有政治上的自覺，所以相當容易被政治神話所吸引。梁漱溟就是太純真了，在中國歷史上有哪一個人用梁漱溟那種做法，還能在政治上成功？李自成也不行，梁漱溟始終只有一兩個人。像李自成最初發起革命，很多人都支持他，可很多人都是粗人，沒有文化知識，只憑一股血氣方剛，時勢造英雄，他可能沒有英雄的才氣，可時勢就將他撐起來。結果他們打進北京，就被北京種種華麗的建築物所吸引，就忘記了他原來那種革命的理想。他這種結構是平面的，沒有高度也沒有深度，結果吳三桂引清兵入關，他就垮了。

毛澤東為什麼能成功？他是非常務實的人物，他身邊也有很多能幹、文化水平高的人來幫忙，在政治宣傳上又做的很好，能夠得到廣大人民群眾的支持，而且在國際上，他已經掌握了一種風氣，就是整個世界快要改變，革命真的要來了。共產革命的運動並不是限於中國內部，而是跨越國家，像蘇聯、越南、朝鮮、古巴，都在推動共產主義運動，這種運動已經是國際化了，影響很大。可梁漱溟在當時只是文化知識上有些名氣，可是只有少數人知道。梁漱溟提出改革的企圖與計畫，只是局部，在中國山東省這樣範圍有限的地方流行。所以我想，即便毛澤東不起來，他的鄉村建設理論也會自動解構，最後還是會失敗。

不過我覺得梁漱溟還是很了不起的讀書人，很多大家不敢做的事情，他都出來做。如果我們能夠不以成敗論英雄，梁漱溟可以說是在知識分子裡的英雄人物。

第三章　黑格爾的精神發展史觀

一、從唯心與唯物說起

吳汝鈞：牟宗三說：西方哲學有三大系統，分別為（一）希臘傳統的柏拉圖和亞里斯多德是屬於形而上的系統，柏拉圖講實在論，是指形而上學的實在。雖然羅素繼承柏拉圖的實在論進而去擴充，但又跟柏拉圖的實在論有些不同。這一點講起來有點複雜，暫時不去提它。（二）康德、黑格爾的系統，強調觀念、精神和心靈。我們把康德、黑格爾的哲學稱為觀念論。（三）萊布尼茲和羅素系統，則強調理性，特別是數理邏輯，他們的哲學理念跟經驗主義是相對反的看法。西方哲學的主流是實在論和觀念論，但這只是概括性的說法，嚴格來說，西方哲學還包含道德倫理學、知識論。除此之外，還有藝術哲學、文化哲學、美學及政治哲學、宗教哲學、教育哲學等。但是哲學到了黑格爾在本質上有些改變，因為在康德以前的中世紀神學都是以基督教哲學為主要的理論。黑格爾是大宗師，一生寫了很多書，如：《精神現象學》、《哲學史講演錄》、《美學》、《歷史哲學》、《大邏輯》、《小邏輯》等等。而且黑格爾的思考模式常常運用辯證法，就是正、反、合的思考。並且運用這種思考來解釋哲學、科學、藝術、政治和宗教各方面。後來馬克思吸收黑格爾的辯證法而產生出唯物辯證法，這是黑格爾生前沒有想

到的。

華靜慈：黑格爾的思想，主要是標誌著十九世紀德國唯心主義哲學運動的頂峰，以及對後世哲學流派的影響，如他的唯心主義和後來的馬克思的唯物主義就產生了深遠的影響。因為唯心論在哲學基本問題上主張精神、意識的第一性，物質的第二性，也就是說：唯心主義認為物質依賴意識而存在，物質是意識的產物；並認為可以區分為主觀唯心論、絕對唯心論和客觀唯心論三種基本類型。三者主要含義分別為：1、否定物質的存在（主觀唯心論）；2、神明、理念和精神等都會起決定作用（絕對唯心論）；3、心靈是思想觀念的根本原因（客觀唯心論）。[1]

吳汝鈞：用唯心和唯物這種二分法是很兩極的，但卻是共產主義最喜歡拿出來做對比。也因為唯心論和唯物論不能將所有的東西包括在其中，所以我們要將唯心論改為觀念論，唯物論改為實在論，這樣才比較符合現在的實際狀況。也唯有將心物二元論改為觀念論和實在論才比較正確與周延。

華靜慈：所以接下來就將「唯心論」都改為「觀念論」，也將「唯物論」改為「實在論」。這也讓我們再來深入瞭解一下何謂觀念論，或譯作理想主義、理念論，以展開哲學中思想、心靈、語言及事物等彼此之間的關係。觀念論秉持世界或現實如同精神或意識，都是根本的存在，但還是後者更具基源性。觀念論直接相對於實在論，後者認為世界的基本成分為物質，我們對世界之認識主要是透

---

[1]　在傅偉勳的《西洋哲學史》（臺北：三民書局，2007）一書中，有此說法。

過物質，並將之視作為一種物質形式與過程。也由於黑格爾的政治思想兼具自由主義[2]與保守主義[3]兩者之要義，因此，對於那些因看到自由主義而承認個人需求、體現人的基本價值方面的無能為力，而覺得自由主義正面臨挑戰的人來說，他的哲學無疑是為自由主義提供了一條新的出路。

吳汝鈞：妳後面這樣講，不夠清楚，會讓人產生誤解。妳對參考的資料書要多注意一些。還有今後妳在使用自由主義要小心，這算是哲學的專有名詞，它通常要花時間去瞭解之後才能使用。以後妳在運用專有名詞時都要加以解釋與交代。

---

[2]　依一般理解，自由主義（英語：liberalism）是一種意識形態、哲學，以自由作為主要政治價值的一系列思想流派的集合。其特色為追求發展、相信人類善良本性，以及擁護個人自治權，此外亦主張放寬及免除政權對個人的控制。更廣泛地，自由主義追求保護個人思想自由的社會，以法律限制政府對權力的運用，保障自由貿易的觀念，支持私人企業的市場經濟、透明的政治體制以保障每一個公民的權利。

[3]　依一般理解，保守主義（英語：conservatism）在不同的語言環境或不同的歷史階段，擁有不同的含義，但它們都有類似的本質：是一種強調既有價值或現狀的政治哲學。保守主義一般是相對激進主義而言的，而不是相對進步而言的。保守主義並不反對進步，只是反對激進的改變現前的狀態，寧願採取比較穩妥的方式。其特色為重視已建立之體制並試圖加以維護，並且尊重先祖的傳統，視傳統為不同時代所累積的智慧結晶而非累贅。保守主義者隨著地區、時代等性質的不同，彼此抱持的觀點或關注的議題可能不同，甚至對立。如英美現今保守主義政黨通常傾向於小政府、自由市場的經濟架構，以及在政治意識形態上對抗極權主義以及共產主義（或僅僅只是大政府的價值觀），甚至是反全球化，例如退出不必要的國際組織等。也經常與右翼極端主義保持有限度的合作。

二、辯證法

華靜慈：黑格爾哲學的整個體系如同狄爾泰（Wilhelm Dilthey）在《黑格爾之青年時代》（*Die Jugendgeschichte Hegels*, 1905）一書中指出，可以看成一種歷史哲學或是文化哲學，企圖通過理性思維來把握精神發展的歷程。且黑格爾更是首次發揮高度的思辯、反省，去挖掘歷史意義理念的第一位哲學家。為了把握歷史的發展理念，黑氏建立了所謂「辯證法」（dialectical method）的思考方法，通過正反合的三肢論理構造展現概念自體的內在發展歷程。他主要宣揚一切存在事物的動態發展，認為我們應有機地把握內在的必然關聯性。同時，黑格爾的辯證法乃是一種「存在發展之論理學」（Logik der Seinsentwicklung），而非形式邏輯。[4]在追求真理的深度方面，辯證法較邏輯更具有適切性。

吳汝鈞：「存在發展之論理學」中的論理學是日本人所使用的語詞。

華靜慈：在這裡，我們總結一下黑格爾哲學的意義和影響：

　　一、在西方哲學史上首次通過無可倫比的思辯工夫把握了歷史的理論，挖深歷史的意義，從而打開歷史哲學的研究領域。

　　二、為了歷史哲學的理論展開，黑氏構畫了規模宏偉而綿密無縫的辯證法論理學，在哲學方法論上新添一項重要的方法。他貫徹巴門尼得斯所訂立的「思維與存在一致性原則」，而將亞里斯多德與萊布尼茲所特有的「存在發展的體系」理念予以拓展，終於構成

4　傅偉勳：《西洋哲學史》，頁392。

所謂「存在發展的論理學」。

　　三、致力於歷史理念的把握與辯證法的建立，更使得晚年的黑格爾進一步完成哲學史的探索工作。從黑格爾開始，「哲學史」這一科正式成為哲學研究的主要部門之一。這也導致德國產生過為數不少的一流哲學史家。

　　四、黑氏通過絕對觀念論[5]的體系構築，完成了德國觀念論[6]的思想使命，同時徹底的解決柏拉圖以來的西方二元論形上學[7]的根本難題。

---

[5]　黑格爾的絕對觀念論順著德國觀念論的思想進路，吸收費希特正、反、合的辯證法（dialectical method）以及謝林絕對者的觀念而產生。主張思想與實在的同一，將一般認為獨立存在的事物看作構成概念（Begriff）的一個環節，而概念則使事物的本質或生命的原則為思想所獨有。並以世界乃為絕對精神（Absolute Spirit）之無限自我開展的辯證過程，一方面消解絕對者與現實世界的二元對立，另一方面則化除唯心論與唯物論的爭論。

[6]　黑格爾揚棄費希特的主觀觀念論與謝林的客觀觀念論之間的對立關係，而以絕對觀念完成了德國觀念論（浪漫主義哲學）的思想使命。他把絕對者看成「存在之發展」理念，而非抽象的自我同一性自體。因此，黑格爾對於歷史世界的發現，絕不是哲學思維的偶然產物，而是絕對精神的理念自我展現的必然結果。參考傅偉勳：《西洋哲學史》，頁395。

[7]　柏拉圖有二元論形上學的問題。因為終極的理型存在於理型世界，是本體世界與純形式性格的。現象世界的種種事物，都是理型的仿製品，它們類似理型，除了這一點之外，與理型沒有交集。這樣，本體世界與現象世界在存有論上便分離開來，兩不相涉。這在義理上是很難說得通的。理型是圓整無缺，這應包含理型與現象的密切結合在內。現在柏拉圖說理型歸理型，現象歸現象，則世界便成分裂形態，這是本體與現象分裂、分離。世界若就其內容來說，應該是一個圓善的和一體的。現在分裂為二：一為理型，一為現象，雙方應該進一步有連貫、綜合的關係。參考吳汝鈞：《新哲學概論：通俗性與當代性》（臺北：臺灣學生書局，2016），頁395。

　　五、在精神哲學（Philosophie des Geistes）（包括美學、宗教
哲學、法理哲學、精神現象學以及一般的文化哲學）方面，黑氏都
有獨特見解。但黑格爾之死也象徵了西方古典哲學的喪鐘。[8]

吳汝鈞：何謂精神哲學？吳嘉明你有何看法？

三、精神哲學與歷史

吳嘉明：我覺得黑格爾的絕對精神應該是和基督教的神學有關吧。

華靜慈：黑格爾認為「絕對精神」（Der absolute Geist）是在歷史
之中而又超越歷史。它是揚棄主觀精神與客觀精神而復歸自己的絕
對理念或真理自體。絕對精神分為三層發展階段：A 在客觀的現實
性中直接的直觀理念的「藝術」；B 確信理念為包括個別有限者的
絕對無限者的「宗教」；C 徹底認識理念為絕對者，且為純粹思維
與一切現實的「哲學」。絕對精神即是藝術哲學、宗教哲學與哲
學。[9]但是黑格爾的「精神哲學」所指的「精神」是要通過「自
身」外化的「自然」階段才能回歸本來的自己的「理念」本身。精
神哲學又依辯證法的發展分為三個階段：主觀精神（正）、客觀精
神（反）、絕對精神（合）。

　　黑格爾在《歷史哲學》（*Vorlesungen über die Philosophie der
Geschichte*）中論述精神（der Geist）的行程，構成世界的歷史與
文化。他認為精神最初是由東方出發，而向西移，經希臘、羅馬，

8　　傅偉勳：《西洋哲學史》，頁 414-416。

9　　傅偉勳：《西洋哲學史》，頁 411。

最後成熟於日耳曼。在這裡他以東方涵蓋中國、印度、波斯、巴比倫和埃及。在亞洲特別是以中國為精神行程的起點，是嬰兒期，意即世界史是以亞洲為起點，以歐洲為終點。但是就自由（Freiheit）的發展來說，他認為東方從過去到現在，只知道一人即是皇帝是自由的，希臘與羅馬則只知道一部分人是自由的，日耳曼則知道一切人是自由的。特別就中國來說，黑氏認為中國只有合理的自由（rational freedom），而缺乏主體的自由（subjective freedom）。這合理的自由是合理的普遍者，是歷史的兒童期的表現。他認為在中國，沒有階級的分野，人民需依賴法律即帝王的道德判斷來生活。即是依於一個人的意志。在印度，則以階級為主，這即是婆羅門、剎帝利、吠舍、首陀羅。階級的分野，使每一階級有其自身的特殊的權利與義務。因此，印度人不能彰顯其人性、人類的普遍義務、情感等。他們只能是寄託在夢境與寂滅虛無的狀態。我們可以這樣說印度階級的分野，是先天注定的，個體所屬的類別，是生下來便決定了，終身不能改變、踰越。牟宗三認為，中國始終沒有固定、不可移易的階級。治權有民主性格，帝王以下，一律平等。但黑格爾仍認為它的「統一」中的「一」，已僵硬化，停滯於實體性的原始階段中，其中的個體無獨立性可言，因此沒有主體的自由。而在政治發展方面，第一步是專制主義；第二步是民主統治與貴族統治；第三步則是君主共和制。[10]

在東方，一切都屬於那「實體的存在」或帝王，沒有其他個體能獨立於這實體的存在之外，能從他分離出來。黑氏在這裡特別提出中國，指出國家以家族關係為基礎，一切惟家長的命令是從。即

10　吳汝鈞：《新哲學概論：通俗性與當代性》，頁 284-285。

使說「個體性原理」，仍是不自覺的，它只是「自然的普遍性」而已，與人格、靈魂沾不上邊。因此吳汝鈞根據牟宗三《歷史哲學》一書再加以分析，就提出下列幾點不同於以東方為始，西方為終這種說法，他提出世界史的起點在中國，其終點亦在中國。其理由是：

一、各民族各自發展其文化，不應以空間上的從東到西的次序以代替時間的次序。西方並不是繼承東方文化而發展其文化。從東方過渡到西方，並不是時間的過渡，雖然波斯與埃及消失了，但印度與中國仍然存在。中國文化雖然在過去二千年間只是重複而無進步，但它乃是存在到今日，既然有今日的存在，便有未來可言。各民族的精神表現，在開始時，是齊頭並列，各自發展，雖然速度不同，方法各異，但不能說某一文化只盡起點之責，過此以往，便無其自身的意義和前途。所以黑氏講世界史，以在空間上型態安排為一系，而忽視各民族文化的分頭發展，並不合理。

二、倘若說世界史是可能的，則雖在開始時齊頭並列，亦應在精神表現的方式上、生活的原理上，有一共同綱領，由此開出和諧關係，不應單線地由東方向西方依空間而轉移。

三、在發展過程中，某民族進到何種程度，表現何種原理，是不能視為終局與定局。

四、在哲學上，我們可以將精神表現的方式、共同綱領，全部加以披露；但在實際表現上，則各民族各有自身的特殊氣質，即使各原理都能表現，卻未必能全部原理都表現出和諧氣氛。

五、我們只能說，在某一個時代，某一個原理中取得領導地位，如今日的歐美，昔日的馬列主義。雖然都是領導，但未必是合

理，亦不能是終局與定局。[11]

　　牟宗三認為黑格爾的《歷史哲學》講世界史，以各民族在空間上的存在系列排列而為時間秩序，如東方、希臘、羅馬、日耳曼。這所謂世界史是行不通的。它一方既沒有主體，一方又強調所謂「非歷史的歷史」，是有問題的。而唐君毅對於黑格爾的《歷史哲學》，也表示出類似的看法。因為以中國的歷史為起點，而以德意志或日耳曼為終點，這是以空間的觀念，混淆在時間中發展的歷史。因此，這種看法不合於史實，在哲學上也缺乏充足的根據。[12]

　　關於前面提到的牟宗三等人都認為黑格爾在寫《歷史哲學》時，都將精神最初視為由東方出發，而向西移，經希臘、羅馬，最後成熟於日耳曼。但是他提到在亞洲是以中國為精神行程的起點，意即世界史是以亞洲為起點，以歐洲為終點時，卻認為中國的精神是屬於嬰兒期。因為中國只有合理的自由，而缺乏主體的自由等等。為此我還特別去翻了黑格爾《哲學史講演錄》（一）來看看，果真在書中的第 95 頁中就有看到書中寫著：「東方及東方的哲學之不屬於哲學史」，而後面提到中國的哲學家時，他認為：孔子只是一個實際的世間智者，在他那裡思辨的哲學是一點也沒有的，只有一些善良的、老練的、道德的教訓，從裡面我們不能獲得甚麼特殊的東西。

吳汝鈞：妳這篇報告內容比較貧乏，而且用了太多別人的說法，相對地妳做的工夫便少了。不過，妳負責三個人（黑格爾、馬克思、史賓格勒）的報告，也難為妳了。在這裡我姑作一簡單的總結。黑

11　同上書，頁 287-288。
12　同上書，頁 288。

格爾以精神（Geist）作為他的哲學體系的核心觀念，以精神作為一切存在的基礎，也包括歷史、文化這些方面，頗有斯賓諾莎（B. Spinoza）的泛神論的色彩。他的精神和斯賓諾莎的神、實體都是無處不在。在東方哲學中，倘若要找一個觀念和精神相配，那非佛教唯識學的心識莫屬。心識被視為一切事物的存在根源，所謂「萬法唯識」。只是唯識學不大講歷史與文化，心識是一個純然的存有論的概念。它的活動，亦即是變現（pariṇāna），便能生起整個存在世界，花草樹木、山河大地，都是如此。不過，有一點很是不同：心識是染污性格，執取萬法為有自性，對之追逐不捨。一切苦痛煩惱，都從這裡說。黑格爾的精神則是正面的觀念，它的運行，產生出歷史與文化。唯識學有一套解脫論，或救贖論，這即是「轉識成智」，黑氏則少談這方面的問題。

黑氏的哲學是一套龐大的哲學體系，是西方哲學中最明顯的觀念論。精神是一切存在的根源，也開拓出邏輯、辯證法（或者可說他的邏輯便是辯證法），它作用的動感（Dynamik）是很強的，這表現在文化的現象上，開展出宗教、美學、文化哲學、歷史哲學、法規哲學。思考很深，所涉及的範圍很廣，在西方哲學中，只有亞里斯多德能與它相提並論。

不過，黑氏的哲學特別是歷史哲學不能免於機械性格，也陷於理論上的困難。他以空間與時間為中軸，來說歷史、文化的發展，由東至西，由始到終，都不能免於困難。他說精神的表現，由東到西，以東亞的中國為起點，中間經過南亞、中東、波斯、巴比倫、埃及，最後由希臘和羅馬而發展至日耳曼，達於圓滿階段。但日耳曼之後又如何呢？是否已達於成熟而不再有後續發展呢？這如何對他的精神的發展性格作交代呢？抑或回返到東亞，展開第二輪發展

呢？這些問題都沒有答案、下文。這是他的歷史哲學的致命的弱點。

　　黑氏是一個很有自信的哲學家，對於中國和印度的哲學，並不放在眼內。他看不起孔子，說他的言說只是一般的行為規條，也不重視道德實踐。他不懂得孔子是從實踐的角度來指點出道德行為，例如透過克己復禮、剛毅木訥來說仁。他顯然缺乏道德主體的觀念，更不用說由道德主體往外開拓，以達於天道、天命了。

第四章 特稿：
論黑格爾之精神哲學

唐君毅

一、黑格爾之精神哲學在其
哲學系統中及近代哲學上之地位

　　黑格爾於其《哲學大全》（*Encyclopedia of Philosophical Sciences*）中，分其哲學為邏輯、自然哲學、精神哲學三部。其中精神哲學之一部分，在分量上說，並不特別多。而此書中邏輯之部與其《大邏輯》一書，因皆其精心結撰，親手成書，其中都是些極抽象的純粹思辨，所以一般學哲學的人，總以此為其哲學中最重要的部分。以前我亦如此。而其辯證法之應用於自然，所成之自然哲學中之觀念，如什麼陰陽電之統一表現對立物之統一，水百度化氣表示量變質變，穀種生芽更生種表示否定之否定等，因馬克思、恩格思之講自然辯證法，即承之而來；亦在今之中國，到處流行。然實則無論從黑格爾哲學之用心所在與著作內容看，黑格爾與其前及當時之哲學文化思想之關係看，黑格爾對於後來哲學之影響看，及我們對黑格爾哲學之宜有的評價上看；黑格爾哲學之重心，皆在其精神哲學，與沿其精神哲學而有之歷史哲學，而不在其自然哲學與

邏輯。

　　從黑格爾哲學著作之內容看，他最早完成的著作，是其《精神現象學》。此書在其臨死前，為要再版，他尚曾加以改正。序言尚未改完，便死了。就其已改者看，改處卻極少。此書整個是一人類之精神生命的巡禮，亦即其以後一切哲學著作之模胎。其後來之哲學著作，如權利哲學、宗教哲學、藝術哲學、歷史哲學、及哲學史，雖多是講義稿，但實佔其全部著作之大部分。而依黑格爾哲學之內容說，則精神即宇宙之理性或宇宙之實體自覺其自己之所在。他之整個哲學，亦是在精神主體（Subject）中認識實體（Substance）之真理。這是他自己說的。他之哲學，必歸於重視精神文化歷史之哲學，乃理有必然勢有必至之事。

　　黑格爾一生之生活，雖極簡單，只編過雜誌，當過中學校長，後來即承柏林大學菲希特之講座，當大學教授。但是他亦非如叔本華所詆之一純講壇上的職業的哲學家，他實際上亦是生活於時代歷史中的人。他是不喜歡只據個人之理想，來對於未來歷史作預言的預言家。但他亦不是兩眼自己封閉，而不看當時的時代精神文化學術思潮的人。他自己對其哲學系統，當然有時自負近於傲慢。但他在其《精神現象學》的序言，說到希望他的書與時代之新興的精神，能有一種配合。在《大邏輯》的再版序言（這亦是其臨死前寫的）中，說到柏拉圖著其《共和國》曾改七次，在此時代之哲學著作，實宜修改七十七次；但這亦是他之力所能及，聊以自慰的對當代哲學的貢獻云云。而他於少年時之慕法國大革命，曾手植自由之樹，及其與席林書信中所陳之抱負，都表示他對於時代精神反應之銳敏（可參考 E. Caird Hegel 一小書），而黑格爾當時所承受的時代思潮，正是一種德國之浪漫主義思潮，或新人文主義思潮。此思

潮正是重藝術、文學、宗教、神話、歷史等等人類精神之表現的。
而黑格爾之《精神現象學》之富詩人想像，當即緣於時代風氣的感
染。而從哲學方面說，則為黑格爾所承，由康德、菲希特至席林之
德國理想主義潮流之發展，亦正是一步一步，走向對於人類精神之
哲學之重視。康德是哲學家，兼自然科學之教授。他之哲學，是由
反省數學物理學之先驗知識如何可能，走到知識論上之批判工作，
遂反對只憑純粹理性推演的形上學；進而由道德理性之要求，以另
開道德的形上學之門，由自然之目的性，以論到美感與藝術；再及
於人類歷史，世界和平，啟示、理性與宗教等問題者。故至菲希
特，而直下在道德理性之統攝純知之理性上立根；至席林，而直下
在「絕對」一面表現為自然，一面表現為精神，而於精神與自然之
內在的同一上立根，並重藝術，重神話，及神秘主義的宗教意識
者。這已見一康德以來之哲學，「由對自然之知識之討論，一步一
步向內收進，去向上理解人類之精神文化，精神意識」之上發展的
歷程。黑格爾與席林之友誼及哲學路向之所以分裂，誠由於黑格爾
之較重理性的思辯、邏輯的秩序、各種概念的分別，而不喜席林之
過重直接的直覺，冥想「絕對」之渾同一切，如「在夜間一切乳牛
之皆黑」者。但是這不即證明黑格爾之哲學，以其邏輯理論為重
心。這初可只是處理哲學題材的方法態度的問題。就所處理的哲學
題材方面說，黑格爾正是承上述之潮流，而以人類精神活動之表現
於宗教、道德、藝術、歷史者，為主要內容的。而且我們有種種理
由，可說黑格爾之邏輯本身，是他之哲學史的知識之翻版。其邏輯
書中各範疇先後出現之次序，大體上，明是西方哲學史上各範疇之
出現於哲學家思想中而被重視之次序。所以他嘗說「哲學即哲學
史」。我們亦與其說黑格爾本其「純重範疇間之必然的純理的關聯

而作的邏輯」，以作其後來之哲學史，本其「對精神現象之結構，作超時間觀念的分析而作之精神現象學」，以作其後來之《歷史哲學》；不如說他是本其哲學史之知識以作其邏輯，本其對西方文化史之知識，以作其《精神現象學》。這樣去看，則黑格爾之哲學，整個是一對人類精神活動之表現於宗教、道德、藝術以及過往之哲學等精神文化之歷史，加以反省，而鋪陳於其三聯式的辯證格局中之哲學。此義如尚有未盡，後文當可使之明白。

再其次，我們從黑格爾哲學之影響說，則黑格爾死後，其哲學直接對德國之影響，見於所謂黑格爾學派之左右派。在右派方面，主要是受黑格爾之宗教哲學方面之影響。黑格爾曾屢說宗教與哲學之對象合一，在其精神哲學中，亦以宗教直接過渡到哲學。而其三聯式辯證法之最高應用，亦在說明基督教之三位一體之教義。故其宗教哲學之直接產生正面反面之影響，是不奇怪的。在黑格爾左派方面，弗爾巴哈之論宗教之本質，為人道要求之客觀化，亦正是從黑格爾之視宗教為精神之表現之思想所化出。後來之馬克思、恩格思之革命思想，則他們自謂是由黑格爾之權利哲學中「合理的必現實」之觀念而出，再下去，才是恩格思之取黑格爾之自然哲學，以成其自然辯證法，求完成馬克思所謂黑格爾哲學之顛倒，以成一唯物論系統。但是這馬克思、恩格思之唯物論的宇宙觀，旋即經考茨基等之修正，在德國後來之社會主義中，一無影響。黑格爾之自然哲學，在德國十九世之下半期自然科學分途發展之時，即根本無人理會；而黑格爾之整個哲學，在新康德派之返於康德之呼聲興起後，亦即在德國無大影響與發展之可言。魯絜羅（Ruggiero）於其《現代哲學》一書，謂十九世紀後半世紀之德國哲學，亦根本不能真上達於黑格爾之境界。此時乃康德至黑格爾一路之哲學衰於德，

而影響及英美法意之時代；而英、美、法、意之十九世紀末之哲學，承康德至黑格爾之一路而發展者，其所屆境界，實遠高於當時之德國之新康德派及他派哲學云。

是否在十九世紀之末，德國哲學家之思想之境界，不及同時之英、美、法、意之哲學家，這很難說。但是大家公認，此時至少在英、美、意，都有受康德至黑格爾之德國哲學影響，而為第一流的學者的所謂新黑格爾派哲學家。但是他們同主要是受黑格爾之精神哲學方面的影響為多。對於黑格爾之自然哲學，一直被認為黑格爾中之最弱的一部分。其《哲學大全》中之邏輯與精神哲學，及宗教哲學、歷史哲學、藝術哲學、權利哲學、哲學史，皆譯為英文，而其自然哲學，卻直無人翻譯。意大利之新黑格爾派之克羅齊（Croce），於其《黑格爾哲學之死的部分與活的部分》（*What is Dead and What is Living in Hegel's Philosophpy*）一書，更舉出黑格爾之自然哲學中許多牽強附會而可笑的地方。至於別派之哲學家，如羅素之在其哲學中之《科學方法》一書，特舉其先驗的規定太陽系之行星為七個，以資取笑，更不必說。如果說黑格爾之自然哲學，有任何影響，便只在恩格思、列寧，及一些辯證法唯物論者身上。但是他們都不是純粹的哲學家。至於黑格爾的大小邏輯書，當然亦是西方哲學史中之一經典性著作，英國之新黑格爾派之哲學家麥太噶，曾有 *Commentary on Hegel's Logic* 一書特加研究，最近又有繆爾（G. R. G. Mure）*An Introduction to Hegel's Logic* 一書。但是英國新黑格爾派之勃拉得來（Bradley）則稱其邏輯只是一些無血液的死範疇。美之羅哀斯（Royce）講近代哲學精神與近代唯心論，亦不從其邏輯下手，而重其《精神現象學》一書。意之克羅齊承認邏輯學為講純粹概念者，亦不直接取黑格爾之層疊進展的範疇

秩序。他與甄提勒（Gentile），都是只重發展黑格爾之精神之概念的，而皆自稱其哲學為純粹之精神哲學的。原來黑格爾之邏輯即他之本體論或形上學，亦即普遍範疇論。在其邏輯之第三部，對於理念判斷推理之討論，乃是把亞氏邏輯中思想形式，亦推昇為本體論或形上學上的普遍範疇。而此一切範疇，同時亦即人類之求知時，由感性之知，到理解之知與理性之知時，運用展現的範疇。故黑氏之邏輯，乃一般所謂邏輯、知識論、形上學之三位一體。一般所謂邏輯、知識論之概念，皆沉澱為黑氏之形上學範疇。而黑氏以後，至少英美哲學發展的方向，確正是一步一步把知識論自形上學中解脫，把邏輯自知識論中解脫的。在英之新黑格爾派，如勃拉得雷、鮑桑奎之邏輯書，都是與知識論混合的，而且是直接導向一形上學之理論的。但是勃氏之邏輯原理，所對之問題與批判之對象，明只是英國之休謨、穆勒傳下的知識論問題。鮑氏之邏輯，又名知識形態學，乃順人之自然的求知活動之發展歷程講的。這可說是洛慈（Lotze）的邏輯書之一路，而非黑格爾之邏輯書的路。而講到形上學，則無論是勃氏之現象與實在及鮑氏的講個體與價值之二書，都不取黑氏之鋪陳普遍範疇的路。而羅哀斯之講邏輯，則明以傳統之主謂邏輯（Subject-Predicate Logic）為不足，而重關係與項之理論。此正是夫芮格（Frege）、皮亞諾（Peano）至羅素、懷特海以下之新邏輯的路。羅哀斯之哲學著作《哲學之宗教方面》，乃是由知識論中之錯誤如何可能之問題，以論絕對心靈之必須存在者。此書與其代表性著作《世界與個體》，皆不取黑氏邏輯書之鋪陳範疇，以對絕對心靈，次第加以界定的路。從另一方面看，則勃、鮑、羅三氏之形上學，通通是受了黑氏之精神哲學的精神之影響。他們三人，皆分別能由具體生活經驗、道德要求、宗教祈望、社會

共同體之意識，以論形而上之絕對之性質者。這些正都只能是原於
黑氏之精神哲學中之客觀精神與絕對精神之思想的影響。至於現代
英美哲學中之新興而後盛的學派，如實用主義、新實在論及邏輯實
證論，則毋寧皆可謂係多多少少為對黑氏邏輯之反感而生。如羅素
即自言因見黑氏邏輯中論數學之一部，覺其全不對，而不再看黑氏
書〔見席蒲（Schipp）所編現代哲學家叢書，羅素之冊中其自述之
文〕。詹姆士、杜威，都是以黑格爾為泛邏輯主義者，乃以死範疇
桎梏具體人生經驗的。邏輯實證論者之討厭黑格爾之邏輯，視為全
部無意義或充滿歧義與詭辯之語言，更不必說。黑氏之自然哲學與
邏輯有無價值，是另一問題。此當然不如羅素及邏輯實證論者及實
用主義者們所謂之簡單。但如上文所述不錯，則黑氏之哲學對後來
西方哲學之正面影響之大，不在其自然哲學與邏輯之部，而要在其
精神哲學之一部，彰彰明甚。

二、對黑格爾之自然哲學與邏輯之批評

再其次，如本我們自己的觀點來，從事對整個黑氏哲學作估
價，我們亦可有種種理由，說明黑氏之精神哲學，是黑氏之哲學的
重心，與最有價值的部分。首先黑氏之於其自然哲學，雖然亦頗自
信為一完備之系統，其中亦確有極高之洞識，但是他亦曾屢說哲學
於此，須根據經驗科學。而其自然哲學之內容，亦明是根據當時之
自然科學的。黑格爾死後，自然科學既有大變化，則黑格爾如生今
日，亦理當重寫其自然哲學，此可無多疑義。

至於對黑格爾之邏輯，今姑不問後來之邏輯家、知識論者如何
看法，我們即如黑格爾之意，視其全幅範疇即人之思想之範疇，而

兼為存在之範疇，對絕對之全幅的界定（Definitions of Absolute）；
我們仍有一問題，是如何可由純思想方面，以保證其完備無漏，與
其先後秩序之確定不移？此問題曾經多人提出。而其大小邏輯書所
論，亦互有出入。如順著他之書，去同情的理解其如何安排其範疇
系統，當然可見他之有極大的匠心，亦未嘗不可大體講通。但若要
保證其完備無漏與先後之秩序之確定不移，則此保證似應在其邏輯
系統之外。此對黑氏言，應即在其自然哲學與精神哲學。然其自然
哲學與精神哲學中之範疇，又並不與其邏輯中之範疇，一一相對
應。然如其邏輯系統中之範疇，不由其自然哲學、精神哲學，以保
證其完備與其確定之秩序，則其自身勢須擔負此保證之責。但其正
反合三聯式之大原則，雖大體上是不變的，但亦偶有四聯式（如
Judgment 分為四）二聯式（如 Cognition 分為二）及勉強湊成之三
聯式（如 Art Religions 中有 Beauty in General, Religion in General）
的情形。而且其三聯式原則之繼續運用，如一分三，三分九……畢
竟用幾次，亦有不整齊之情形。一般說是一直用三次。但亦有用至
四次者（如 Variety, Affirmative, Judgment, Mathematical Sylogism
等，即屬於第四次的三聯式之運用而見之範疇）。此中依何原則，
不能再繼續用至五次六次，黑格爾並無說明。而整個觀之，其前後
範疇之相生，大皆為一直線的前進，諸範疇宛成一直線或大圓圈中
之諸項。如其三聯之原則，少應用一次或多一次，則此諸項即可有
增減。又何以其前後之諸範疇之關係，不可為平等的互相交攝之關
係──如柏拉圖於帕門尼德斯，其中之論「同異」、「一多」、
「有無」等之關係一般──亦是待討論之問題。此諸問題之根本癥
結，則在此一切範疇之畢竟是否可只由辯證法之應用推演而得，或
須兼由對思想運行之形式之直覺而得？依黑格爾之意，凡間接由推

演而得之範疇，皆須化為兼由直接之思或覺（我們即名之為直覺）所得（可看其《小邏輯》之導言）。此中有一大智慧。但凡由推演兼所得之範疇，皆不能先於實際思想之推演歷程本身之進行而呈現，以為直接之直覺所得。簡言之，即範疇之呈現與思想之運行，俱時而起，而後直覺並得之。此即黑氏所謂思有合一之本義。但若如此，則人之思不起，範疇即不得而現，範疇之關係如何亦不現，直覺亦無所得。希臘哲人不重本質類中之範疇，康德以前之哲學不真重其理念類之中之範疇，人之思想歷程為歷史的，則範疇之呈現亦為歷史的。如此，則人所知之範疇是否完備，以及諸範疇間之關係之必為如何，即不能有先驗之必然保證者。縱大三聯可保證必有，其內部之小三聯，是否可一直下去，以及於更小之三聯，亦只能由人實際思想之運行，是否到達而後能決定，因而為必不能先驗必然的保證其完備者。由是而即依黑氏之哲學，對其範疇之發現，必取一義上之實在論觀點。即必須人之實際思想有某運行之形式，然後人能憑對此形式之直覺，而確定一範疇之存在。即人對於範疇之直覺與確定，乃後在於人之實際思想之運行者，亦即後在於人之實際思想歷程者。我們上說黑格爾邏輯之諸範疇，亦正是取諸西方之哲學之歷史者。若真如此，而黑格爾又真自覺的承認其如此，則其邏輯中之所說，即可全沉入哲學史中，而為哲學史之內容。因黑格爾寫邏輯之目的，在展現全幅之範疇，對「絕對」作完全之界定，此固非其所願。然如吾人上之批評為真，則範疇之展現於思想之運行，卻只能在一歷程中或歷史中。此即同於謂黑格爾不能自謂其邏輯書已展現全幅之範疇，對絕對能作完全之界定。而其範疇系統之內容，即須化為前面敞開，或其間之鈎連亦鬆開者，而在原則上可加以拆散而重造者。此即見黑格爾之無法達其寫邏輯之目的，

而自敗於其目的之前，便亦唯有承認吾人之批評，而承認其所證之範疇，只為已展現於人類思想史或西方哲學史之範疇。而承認此後者，即須兼承認其邏輯書中之整個理論，只是對哲學史中已展現之範疇之一種可能的編排，而其邏輯書即可成其哲學史之理論，而可附屬於哲學史，亦即屬於其精神哲學中之哲學一部中者。在此點上，黑格爾亦非無所自覺。故其謂哲學整個為一圓周，其終又為始。其精神哲學中後一部之哲學之內容，亦即由邏輯至自然哲學再至精神哲學之一串，亦即由古代哲學至黑格爾哲學之一串哲學。據此，吾人可說其邏輯與自然哲學屬於其精神哲學中之哲學一部中。然吾人並不能轉而說精神哲學或哲學自身，為其邏輯或自然哲學中之一範疇或一部。此即見其精神哲學之理念，可包括其邏輯自然哲學之理念，而此後二者不足包括前者。是亦見黑格爾之哲學，只能以精神哲學為其重心與歸宿也。

三、對黑格爾之精神哲學之 批評標準與同情的理解

　　但我們以上對於黑格爾之自然哲學與邏輯之諸批評，並不能同樣應用來評其精神哲學。對其自然哲學，我們可從其不合於今之自然科學對於客觀自然事實之發現，而謂其過時，亦不合真正之客觀事實，亦即不真。因自然哲學之是否真，在一般義，只須對人以外之客觀自然負責。而黑氏亦曾自信其自然哲學，對客觀之自然為真也。對其邏輯，我們可從其所言之範疇，後於人之實際思想之運用，或後於人類之全幅思想史，而發現而確定；以言可能有尚未被發現之範疇，未發現之範疇關係，而其範疇系統，遂不能自保證其

完備與其秩序之確定不移。而黑格爾之目的又在求其完備與其秩序之確定不移，因而形成矛盾。簡言之，其自然哲學之是否為真，繫於所對之自然，而所對之自然不必如其對自然之所知，而其言遂可誤。其邏輯中之範疇系統，是否即關於範疇之真理之全，繫於能思之心之是否實際有某思想之運用，而此思想之運用可尚未有，而其言遂不足顯此真理之全。即其自然哲學之所以可誤，在自然中存在的，不必是在人之思想中的。其邏輯之所以不能顯真理之全，在可能顯於思想中之範疇與其相互關係，不必是已現實於人已有之思想中的。即對客觀自然說，思想中所有之觀念，自然可無；自然中所有者，思想中可尚無其觀念。對人自己之思想說，已有之思想中所未顯之範疇與其相互關係，在未來之思想中卻又可顯。前者是一種內外主客之可不一致，後者是一種現實的與可能的之不一致。但在其精神哲學，或由精神哲學的眼光去看其自然哲學，則都可無此種種問題。

　　在精神哲學之所以無上述之問題，在精神哲學所論之對象，即精神自己。精神自己之為我們所自覺，即對此自覺而客觀化，以為其所對。為所對而非在外，而只內在於此自覺。因精神之內在於人之自覺，即精神哲學之對象，總是現成的現實的，精神哲學中的真理，不須任何外在客觀之檢定標準，亦無其與外在客觀之對象是否相合的問題。就精神之為現成的現實而言，一切精神經驗皆一體平鋪，皆有其一種內在的實在性。此處可無所謂錯誤。在此，我們之感我們認識外界錯誤了，此錯誤，亦是一內在的實在的精神經驗，實在的精神內容。我們對於精神的實在的自身之了解，誠然亦可以錯。如我對他人精神之了解與對自己的精神的了解，都可以錯。但是在此，仍只可由、亦必須由，對他人或自己精神之進一步的了解

來校正；在校正時，錯誤之為錯誤真正呈現，而真理亦一時呈現，而二者皆在精神之內呈現。同時在此處莫有絕對的錯誤之可說。如以外在客觀之自然為真理之標準，我們可說有絕對的錯誤。如我們以地下有地獄，其中有牛鬼蛇神如何如何，由此全部想像而生之判斷，可絕對錯了。依一般義，可說一錯就完了，不能直接由之以另得自然界的真理。然而我說我昨夜夢見地獄，其中有牛鬼蛇神如何如何，此亦可能錯。因昨夜我可並未作此夢，而只是我現在心中有對地獄之幻想，而視之為昨夜夢中所現。但當此錯誤被發現時，我可同時知道昨夜之無此夢，與現在心中之有此幻想。此便非一錯就完，而是更進而兼為我們之所以致此錯誤之幻想，在全幅精神中另肯定其一實在的地位，而從有錯誤之精神經驗中，超化出另一真理之獲得的精神經驗。由此而見人對精神的了解之一切錯誤，皆只可由、亦只須由更進一步之精神之了解，加以校正；同時使此錯誤，成為得更高的精神之真理之媒介或階梯。總而言之，即對於精神之了解的錯誤之化除與真理之獲得，以精神自身之升進，為其必須且充足之條件。因而原則上，只可由、亦必須由精神自身之升進，而得「知其為真理或為錯誤」之必然而絕對之保證。而此亦我們用以批評黑氏之自然哲學之言，不能同樣應用來批評黑氏之精神哲學之理由。

其次，精神哲學所論對象之精神，必須是現成的現實的，即必須是存在的。黑格爾邏輯中所論之範疇與實際思想之運行，俱起俱現，因其與實際思想俱起俱現，則其自身畢竟有多少，其已現者是否完備，其前後之秩序系統之中間，是否可插一項或若干項，則無由決定。故我們可說，另可能有範疇，以使黑氏所說成不完足。此可能有之根據，粗說在我們可有進一步的實際思想。細說則在我們

之實際思想，為我們所自覺時，此自覺心乃超越的涵蓋於我們之實際思想之上，此已有之實際思想，不能窮竭此自覺心之量。於是我們同時直覺到可再有其他的實際思想，而由此以定然的斷定，可能有其他範疇。但是對於精神，則嚴格說，不能講可能的精神。可能的精神即不是精神，如可能的詩歌不是詩歌，可能的音樂不是音樂，可能的聖賢豪傑，非聖賢豪傑。我不能憑空說，我將來可能有聖賢豪傑的精神，此只能根據我現在已嚮慕聖賢豪傑說。但如我真是現在已嚮慕聖賢豪傑，則此嚮慕之精神本身，亦即一種聖賢豪傑之精神，或「誕育聖賢豪傑之精神」的一種精神。此精神本身，必須是已現實的。誠然，我們可說除現在我已有之嚮慕聖賢豪傑之精神外，由此嚮慕，還可有其實所誕育之聖賢豪傑精神；如我們可說，除我實際已有之思想外，還可有其他可能的思想，因而可發見其他之範疇。但是此可能的精神、可能的思想之概念，在我現在說，亦實只是又一類之範疇，因其尚無內容，而可有不同內容故。由此可能的精神與可能的思想中，又可呈現其自身之範疇，我們誠可據此以證黑氏之邏輯中所論之範疇，不必能窮盡完備。然而此可能的精神，與可能的思想之具體內容，既根本莫有，則不能成為精神哲學的對象。而精神哲學的對象，即只能收縮在現實的現成的精神之內。因只有現實的現成的精神，才是精神。因此，精神哲學可莫有其所論之精神，是否完備窮盡的問題。人類的精神之發展與內容之日益豐富，你儘可說其是無窮盡的。但精神哲學不以此話之所指為對象，因其所指可是尚未實現的。這些話本身，於此亦實只是一些範疇。精神哲學只能直接以人類精神已有之具體發展與具體內容為對象。精神生起，而後對精神之哲學反省生起。此是精神先行，而哲學反省後繼。此不同於尅就我們之運用範疇以指對象而

言，是範疇先提起，而內容後充實。有精神先行，而後有精神哲學後繼，則精神哲學永不會撲空。如精神是可繼續無限發展的，則精神哲學，亦自隨之而有無限發展，如精神不發展，則對此精神之哲學的反省，可當下完備。如精神繼續節節發展，則精神哲學，亦可節節完備。若說因精神可無限發展，而永不能完備，故精神哲學，亦有不能完備的問題，則此責任在精神，而不在精神之哲學。精神之哲學，只要他撲著現實之精神，而反省之自覺之，他總是當下有一安頓一歸宿的，莫有不完備之感的，因其只認識精神也。而且從另一義說，則不管人之精神如何無限的發展，哲學終有一究極的精神，為其安頓歸宿之處，此究極的精神，則是現成而現實於現在的。此只須知：我們之「承認精神可無限的向未來發展，其中可有無盡內容永不能完備，因而若精神哲學亦永不能完備」云云；此中之「承認」本身，亦只依於我們之有一「精神」，去肯定「精神之無限發展而有之無限內容」之故，而此「精神」本身，則是現實的，現成的，現在的。此所肯定之無限發展而有之無限內容，即全部依於此「肯定」之「現實」，而限在此「現實」之內。而人類之「最高精神」，亦即此肯定「精神之無限」之「精神」，此「精神」可涵蓋包覆一切精神，而一無遺漏。而哲學如以此「精神」為其所自覺所反省，則哲學即得其究極之歸宿安頓，而為一可完全其自身、圓滿其自身之哲學；而從事此哲學活動之精神，亦即一真正之絕對精神。由是而精神之哲學，可不同於自然哲學與邏輯之是否完滿，無內在之保證者——此乃因前者自然哲學之真，可說待於外物，後者之邏輯是否完備，待於人之實際思想故。而精神哲學之是否完滿，則有一內在之絕對標準，即人是否能反省到其自身之原具有一「肯定無限精神」之「精神」。能反省到此，而哲學即求止於

此，則哲學即有完成備足之歸宿安頓處。至於其如何達到對此「肯定無限精神」的「精神」之認識，中間所經過之對各種具體精神的認識，有多少階段，即皆成次要者矣。

我們以上所說，重在說明對於黑格爾之精神哲學，我們不能用批評其自然哲學與邏輯之言去批評。對於其自然哲學，你可說其不合今之自然科學所發現於自然者，便完了。對其邏輯，你亦可批評其中何處少一範疇，而有甚麼概念上的混淆，你也可依此義，而說他一錯而永錯了。但如羅素之只看其邏輯中之數學錯了，便不看其書，或指其說了太陽系中只七行星，一週後，科學家即又發現海王星，便對其整個哲學，加以譏笑，則毫無道理。黑格爾之哲學，大部分都在論藝術、宗教、道德、政治、歷史等人類精神生命，何能如此一筆抹殺？對於黑格爾的精神哲學，當然可批評。但要批評，必須先理解。而要理解而兼批評，則必須我們自己先有比黑格爾更豐富更親切的藝術、宗教、道德等之精神經驗、精神生命，與對之之了解。此事當然是可能的。在一枝一節上，超過黑格爾，更是容易的。由此而我們亦可發現黑格爾之精神哲學之不完備，或論列過於機械，及錯亂各種人類精神的種類之處。但是我們須知，我們這樣去批評，正是以我們自己的哲學精神，去包涵黑格爾的哲學精神，而將其精神之內容，在我自己之精神之內，加以重新的體驗、重新的安排，而組成我之哲學精神之內容。在此，我如果說他錯，他不是一錯就完。他的系統可以被我肢解，但肢解後仍存於我之哲學精神之內。而他之所以錯誤，即在我之哲學精神之涵蓋包覆中，超化為我之哲學精神中之真理。簡言之，即對於精神之哲學，不能只以不合某一客觀外者之事實來批評，亦不能只以純邏輯的概念分析的批評，而只能以更高的精神哲學之建構來批評。寫不寫成文

字，是另一回事。但必然要有，亦絕不會莫有。莫有必不能有真批評，所說的話可全不相干。而若有，則一切批評皆同時是同情的包覆，而兼創造的、建構的。由是而一切精神哲學，皆可生活於後來之精神哲學中，而生長於以前之精神哲學之上。於此而只有真正的精神哲學，能成真正的哲學傳統，亦才能了解此傳統以外之其他哲學之精神。無論中西印之哲學，必以精神之哲學為正宗，而先後相尊戴，左右相扶持，且哲學史恆為唯心論者之所寫（如唯物論史，直到現在仍是唯心論者朗格所寫之一部），這中間實有其必然之理由。然而我們此所說的：批評之當與建構相連，錯誤之可超化為真理，個人之哲學存於相續之人類哲學精神中等等，正是黑格爾所常說的。我們今亦只有根據於此諸義，而後能對黑格爾之哲學與細節作批評。此即等於說，黑格爾哲學終有其無容批評，而只有承認其價值的地方。整個來說，黑格爾之以宇宙之最後實在必為精神，而人之最高之精神，即肯定精神之無限之精神，最高之哲學必為自覺此精神之哲學，我亦認為都是只有加以承認的。此亦非黑格爾一人所獨見，而是古今之聖哲最後必然同見者。此亦是東西南北海之聖哲，此心同此理同之處。然如何達此，則理論之方便有多門。而唯此處可講個人之哲學，亦唯此處可稱為純屬於黑格爾之哲學。

四、精神之概念為黑格爾哲學之中心概念

關於黑格爾之所以說宇宙之最後之實在為精神，其是否能成立，亦唯繫於其對於「精神」之概念之哲學的省察，而不繫於其自然哲學與邏輯理論之是否確定不移。通常一般的想法，是從黑格爾之常說哲學之目標，是絕對真理，絕對知識系統，並見其二百個左

右之範疇之依三三式一直排列下去，而黑格爾對其哲學又十分自負；於是想，此是一整個鈎連之系統，如一字長蛇陣，只要一處攻破則全破，而且其精神哲學在最後，似根據於其邏輯之「正」與自然哲學之「反」而推出之綜合。如前二者不立，則至少其以精神為宇宙之最後實在之論，即不能立。但是我之此文的意思，正是要破此一般之見。我至少能夠指出黑格爾之邏輯與自然哲學及精神哲學之三分法，並不須想像為一三合式的三角形來理解，而可想像為一三叉路來理解，一條路通自然哲學，一條路通邏輯，一條路通精神哲學，而三叉口立著只是人之精神自己。我這話看來，很新鮮而奇怪。但是我可說，只有這樣人才能真了解其全部哲學，其哲學中何處是真理，何處有錯誤或不足，才可一一被看見。而其宇宙之最後實在必為精神之一點，則無動搖之可能。而我之如此說，亦不是莫有根據，其根據在黑格爾之《精神現象學》所涵之意。尤其是此書之序言及導論與最後二章，更值得注意。

　　黑格爾之《精神現象學》分為意識、自我意識、自由的具體精神三部。而第三部中，又分理性、精神、宗教、絕對知識四部。此為其哲學之胎模。不必與其後來所論之哲學內容相應。但是其後來所論之絕對精神、客觀精神與主觀精神之義，皆隱約涵於其中。此中無自然哲學。然在其第一部論意識，第三部中論理性，講自然律、物力，及對於自然之觀察，對於有機的自然之觀察，對於自覺與其直接現實性之關係之觀察，面相學骨相學中，即涵有其自然哲學之一些觀念。此書未論邏輯。其絕對知識一章，意指為絕對知識之哲學，當即其寫此書後四年所成之《大邏輯》。但其在此書第三部論理性之第一節，論確定性與理性之真理處，即由唯心論之我之自覺，論到統一的心中之邏輯之發現，在其論精神中啟蒙時代時，

復論及純粹思想與存有之合一。這都是與其範疇之理論直接關連
的。此書整個只是論精神之行程，故我們可透過此書，以看黑格爾
之自然哲學、邏輯與精神哲學之三分，如何自一三路交叉口為中心
而三分，以說明位於此交叉口者，只是精神自己，而皆所以確立此
精神之為最後之實在。

　　在黑氏此書，乃由意識之直接確定性，所對之「這個」為開
始。此是一切真正之哲學唯一所能有之最現成之一始點。康德及一
切經驗主義，亦於此開始。笛卡兒亦近似。此直接確定性，在黑氏
之哲學大全第三部，則稱為實感（Feeling）。用常識之言說之，此
實感，即我對環境之直接接觸所生。但如實說，則此時「我」與
「環境」之概念，皆尚未出現。此只是一原始之實感，一直接的有
所確定之感。然此感，畢竟是一精神之最先之表現，為一當前之精
神實在。由此感而上升，遂有知覺，有理解，有種種精神活動。對
此諸精神活動之全體內容之反省，屬於精神哲學之事。此感有一
「這」（This），如為其所對。而人之一切對自然之知識，對自然
之科學哲學知識，要為吾人之知覺、理解、理性，向此「這」之所
指，擴大深入的觀看，本概念加以理解，本理性加以推測構想，再
以之與所觀看得者比較印證之所成。在吾人之此求知自然之歷程
中，吾人之精神心靈能一往向自然而運用，透過一「這」，再至一
「這」，而使原來之「這」成「那」，透過一概念再至一概念，而
與原來之概念結成判斷，以入於自然之內部，而照明其內部之黑
暗；亦即精神心靈之光輝，如離開其自己之本位，向黑暗中行。此
即吾人精神心靈之如外在於其自己，以次第同一於自然，而沉入於
自然。依此即可對黑格爾之所謂精神外在化為自然，而成「對自
身」者之言，當下先得一實證處。然吾人於此求了解自然，而思想

自然時，吾之理解與思想如何活動，如何進行，亦必有其方式範疇。則吾人於此暫不將此心靈之光輝向前照，而試加以凝斂而內照，即可自覺此在自身之理解思想活動之方式範疇之為何，此即可對黑格爾所謂為純思想之邏輯之有，與思之合一，而「在自身」之言，當下先得一實證處。然吾人於此，若不以去自覺此在理解思想等之活動之尖端露出之方式範疇為目標；轉而冒過之以翻於其後，以此理解思想之活動，與其所關聯之其他心靈精神活動，為吾人加以自覺之所對，則吾人所自覺者非方式範疇，而為心靈精神活動之本身。此諸心靈精神活動之本身，為我所自覺，而與此自覺為相對，然此諸心靈精神活動，亦原屬我，而今亦為此自覺所籠罩者，故為「對自己」而兼「在自己」。由此看，則知人之心靈精神之去向自然，去覺自然，是一方向。回頭看其如何去看，覺其如何去覺之方式範疇，是向其自己之「如何向自然」之方式範疇，求對之加以自覺，又是一方向。不外向自然，亦不向自己之如何向自然，而只向此覺、思想等，與其所關聯之精神活動，與此等活動所自生之精神自己看，而自覺其本身又是一方向。然人之心靈只求覺自然，而不能知其所以覺之方式，則其知識只有對自然之相對的片面知識，而無對此知識之所以形成之絕對知識。既知其所以覺之方式，而不知此方式所依，與所自出之精神活動精神自己，則無此方式之所屬之實在，及其所以實在之知識。即尚未達於絕對實在之知識。欲達此，必知自然，亦知吾人所以知之之方式範疇，及此所以知之所依與所自出之精神自己。而由此所成之絕對實在之知識，亦只在精神中或即精神自己。由此而見一切知識必以精神為歸宿究竟，必以精神之知識為歸宿為究竟。亦即見一切科學之知自然哲學之知，邏輯知識論範疇論之知，必以精神哲學為歸宿究竟，亦必以「以精

神為最後之實在」，為哲學之歸宿究竟。此即黑氏言絕對知識，必以精神哲學為其哲學之重心，及以精神為最後之實在言之本義也。世人之只以絕對知識為將天下之知識，一一條舉之無限綜合體，以羅列一一存在所成之一大全，為絕對實在者，皆於黑氏之言，尚未知所以契入之處者也。

　　我們如果對於上文所說完全透澈了解，便知人對於自然之知，對於其所以知自然之方式範疇之知，及對於此知之所自出之精神自己之知，乃三不同方向，亦不同層次之知。而我當下之精神，在此作哲學思索，我固可當下分別向此不同方向，不同層次之對象去看。即我可一直向自然去看，以成就一自然科學、自然哲學。我可向我之思之方式範疇去看，而成就一邏輯（即包括知識論與純粹思想之本體論）。我亦可從我之思之精神活動，可分為感覺、知覺、理解、理性，亦通於一切通常所謂情感意志之活動，而連於各種超自然知識的對象，如他人精神及上帝等，而成就一精神哲學。就三方面的哲學思索之具體內容說，都可無定限的增加，我們對之亦可有各種不同程度的真實了解，而可分別自立。在自然哲學方面，則科學之觀察實驗工具，優良一分，精神心靈光輝之外在化以照自然，而沉入自然內部之事，深一分，廣一分，而後自然哲學進一分。在邏輯方面，則表達觀念之符號精確一分，對於知之方面範疇之反省，多一分，清楚一分，則邏輯進一分。在精神哲學方面，則精神生活豐富一分，對精神之自覺的體驗親切一分，透澈一分，則精神哲學進一分。而此三方面之所得，並不必可於一時完全互相對應，而配成一嚴密不透氣之系統。黑格爾本身，本未能造成如是之一系統。而我們一定要去如此看其系統，強求三者之一一對應配合，亦必徒勞心力。然而儘管黑格爾未能作成如此之一系統，我們

亦不必能作到，然而亦正不須勉強作到，才能見黑格爾之精神哲學
與其自然哲學、邏輯可不同其命運，此三者間並無一定的「立則俱
立，破則全破」的關係。我認為亦只有如此，才能真辨別黑格爾哲
學之活的部分與死的部分。克羅齊以「分別概念」與「矛盾概念」
之分，來評判黑格爾之缺點，並以「讀黑格爾如讀詩人」之方法，
來取黑格爾之長，還是外在的批評，苟且的讀法。我們之根據黑格
爾本有之意，來分開其哲學之三方面，則可成為對其哲學作內在的
疏導的始點，由此三者之可有不同命運，可首將其精神哲學的獨立
價值，加以彰顯出來。然而這樣，卻無礙於黑氏之以「宇宙之最後
實在必為精神」，「人類之最高精神，為肯定精神之無限的精
神」，「最高的哲學必為主張此二者之哲學，而自覺此精神此最高
精神等之哲學」諸論點之成立。此我可再試用我們自己的話來發揮
黑格爾之哲學之義，一略加說明，以袪除了解黑格爾之疑難。

　　錄自唐君毅著《哲學概論》，香港：孟氏教育基金會大學教
　　科書編輯委員會，1965 年。

第五章　特稿：
黑格爾對中國哲學的理解

吳汝鈞

　　以上是黑格爾的歷史哲學觀的對話詮釋。黑格爾在哲學上是一代宗師，特別是在德國觀念論者中有其代表性。他的哲學的理論立場是觀念論，思辨方法則是觀念的辯證法。由這兩個面相為基礎，開拓出規模宏偉的哲學體系。在他的《哲學史講演錄》（*Vorlesungen über die Geschichte der Philosophie*）有論及中國方面的哲學，有參考價值。在這裡，我要對他對中國哲學的理解作些說明。在這部鉅著的第一卷中，在導言之後，他特別設〈東方哲學〉一項，說到中國哲學和印度哲學，其他有關日本哲學和西藏哲學，則沒有著墨。這〈東方哲學〉的篇幅不多，特別是在講述中國哲學部分，篇幅更少，與對於西方哲學的講述，不成比例。我所根據的是《哲學史講演錄》第一卷，賀麟、王太慶等譯，北京：生活・讀書・新知三聯書店，1957，頁 118-132。

　　在這部分中，黑氏只講儒家與道家。儒家方面，集中在孔子與《易經》，也提到孟子，但對他的思想全無著墨。道家方面則限於《老子》（他用《道德經》字眼），他用了最多篇幅來探討老子的哲學，少提莊子。他自然不能以原典來理解，而是依於翻譯。

　　黑氏講哲學史，有很巧妙的安排。他先從空間方面切入，以太陽所照為起始。由於太陽從東方升起，他很自然地先講中國哲學。由此向西移，便是印度和波斯，而及於埃及。大體上，他是順著這個次序講下去。接著是希臘和羅馬，最後是日耳曼。到了日耳曼，好像人類的哲學之路是走完了。之後是如何呢？他沒能作出理性的說明。跟著看時間的發展，大體上是順著空間的順序，從中國開始，最後是日耳曼。日耳曼的德國觀念論過後，他不及見其發展，這主要是歐陸的龐雜體系，包括現象學、詮釋學和法蘭克福學派等。另外在英美方面的分析哲學，包括道德的語言的分析、維也納學派的維特根斯坦（L. Wittgenstein）、卡納普（R. Carnap）的思想，他是無緣得知了。至於日本的京都哲學，則更無由提起了。

一、強調宗教

　　以下我們順次展開黑格爾對東方特別是中國哲學的理解。首先是，黑氏很強調哲學和宗教的關聯。他提出，所謂東方哲學，是東方人在宗教思想方面的表現。他們所說的世界觀，是一種宗教意義的世界觀。這反過來說，在東方的宗教裡，我們很自然地、直接地感覺到、意識到哲學的概念，東方宗教與哲學是很接近的。黑氏自己便有時把作為哲學的道家與作為宗教的道教混合起來。他表示，道家浸染於道的研究，他們若明白道的本原，掌握了全部的普遍科學、普遍的良藥，以至於道德，便能獲得一種超自然的能力，能飛升上天，和長生不死。按道家若以作為主流的老子和莊子的哲學來說，是純粹地從義理上立說的，與有神秘主義色彩的超自然的能力，如在天上飛升、長生不死的自由自在境界扯不上關係，後者是

作為宗教的道教所優為的，與道家沒有關連，只是同是以「道」一概念或觀念來命名而已。道家和道教是兩碼子事，不能混而為一。哲學中混雜了宗教，是印度哲學的情況，中國哲學則不是如此。

二、個體與自由

在形而上學與政治學方面，黑格爾很重視個體觀念。他強調，自由的意義必須在個體或主體的脈絡下說。即使說實體，個體也必須與實體合在一起，才能講自由。實體自然是一個哲學的理念，但它不能蓋過主體，不能站在主體之上而壓制後者。這是西方的一重要思想。在東方則不一樣，在哲學，特別是在宗教上，實體自身是最主要、最本質的內容。東方哲學很重視「普遍」一觀念，視之為實體的基本特性中的首要的。上帝、自在自為者、永恆者，莫不是在普遍意義下被理解。只有那一自在的本體才是真實的。個體若與自在自由者對立，則自身不能有任何價值，也不可能獲得任何價值。按黑氏在這裡有以本體為價值根源的想法。他又強調，當個體與本體合而為一時，個體就停止了它作為主體的身分，而消逝於無意識之中。

這裡有一個問題：主體是否知曉它自身是自由的呢？黑氏的回應是肯定的，即是，主體具有自由的自覺，起碼在希臘的宗教和基督教是如此。他又強調，主體必須保持自身的自由。在這種情況下，個體一方面是獨立自主，另方面思想要想從個體性中解脫出來，建立其普遍性，便相當困難了。

三、關於孔子與《易經》

　　對於儒家，黑格爾最為注意的，是孔子，而且只是孔子。他強調孔子的哲學就是國家哲學，這成為了中國人在教育、文化和實際活動的基礎。這可能是受到漢武帝罷黜百家，獨尊儒學的影響，但一時很難找到理據。孔子的思想，自然是見於《論語》，但黑氏對它的評價不高。他提過孔子的教說在萊布尼茲的時代曾轟動一時，是作為一種道德哲學而受到注視的。這文獻亦即是《論語》最受中國人尊重，並且具有權威性。他自己則不對這文獻予以重視，只認為這是孔子和他的弟子們的談話記錄，裡面所講的是一種常識層次的道德。對於這種常識道德的論述，在很多其他文獻中都可以找到，它們的說法可能較《論語》為好。在他看來，這部文獻並沒有甚麼特出的內容，其中所說的也廣泛地見於其他民族的古典之中。孔子只是一個實際的世間智者，他的哲學觀點毫無思辨的性格，只是一些善良的、老練的道德教說而已。

　　對比於孔子，黑格爾顯然對《易經》有較深的評價與興趣。他視八卦為圖形，以之為在意義上極為抽象的範疇，是最純粹的理智規定，這與康德視知性的範疇很有對話的空間。黑氏認為這些作為範疇的八卦圖形，展示出純粹思想的意識，但並不深入，只停留在非常淺薄的思想或智思之中。他也承認這些規定有其具體性格，但這種具體的東西未有被概念化，在思考上沒有被思辨地處理，而只是從通常的觀念方面取來。他在另方面又把那些八卦圖形關連到卜筮之用。很明顯地，黑氏未有注意及易的本體宇宙論的性格。

四、《老子》書中的道

黑格爾對中國哲學的興趣，很明白地落在道家特別是《老子》這一小冊子上。我們在這裡姑視老子其人為《老子》其書的作者，不涉入複雜的歷史考據問題。他有一種對於《老子》或《道德經》分為《道經》和《德經》的想法，視之為一種講及理性和道德的文獻。但若這裡的「道德」作倫理的善的操守的詮釋的話，亦即是英語的 morality 的話，便捉錯用神，而流於誤解。

黑氏先從「道」一觀念說起，表示「道」在中文是道路、從一個地方到達另一個地方的交通媒介，因此便具有理性、本體、原理的意思，是不錯的。他繼續闡釋，謂道就是道路、方向、事物的進程，是一切事物存在的理性與基礎，這便把道從具體的道路、經驗的媒介作存有論、本體論的提升或轉向，用他自己的文字來說，道就是「原始的理性，產生宇宙，主宰宇宙，像精神支配身體那樣」，這大體上是可以接受的。

進一步，黑氏強調理性，以道即是理性。這理性有創生萬物的意涵；他把《老子》書中的「道生一，一生二，二生三，三生萬物」解為「理性生了一，一產生了二，二產生了三，三產生了整個世界」。這是不錯的。但進一步的問題，是世界萬物是具體的，道則是理性，是抽象的，抽象的道如何能產生具體的萬物呢？其中應有一本體宇宙論的推演，這便涉及像佛教唯識學中的所謂心識的「詐現」（pratibhāsa）了。這是複雜的問題，黑氏自然沒有作進一步的交代。我們也不能對他有較高的要求。

順著上面說下來，《老子》書中講到道，有如下說明：

是謂無狀之狀，無物之象，是謂惚恍。迎之不見其首，隨之不見其後。執古之道，以御今之有，能知古始，是謂道紀。

黑格爾的解讀是：

那是沒有形式的形式，沒有形象的形象。這個絕對的形式、絕對的形象就是不可描述的本質。如果我們從它那裡出發，則我們認識不到甚麼原則；沒有甚麼東西是在它的外面。或者這樣說，你當面遇著它，你看不見它的頭；你走在它後面，你看不見它的背。一個人能夠把捉原始的理性，並且能夠認識現在存在著的東西，則我們就可以說，他具有理性的鎖鏈。

在這裡，黑氏提出「絕對」的字眼，謂絕對的東西是不能以言說描述的。這正回應了《老子》書中一句非常重要的命題：「道可道，非常道」。即是說，絕對的、超越的道，是不可以說得出來的。可以拿來說的，便不是那正確的道。這很明顯展示出道的絕對性、超越性。語言不具有這種特性，故不能拿來描述道。

五、道的作用：虛無為用

道既然具有絕對性、超越性，它的作用也應從這些性格來了解，亦即是反常識、反常來了解，這即是以虛無為用：反常、「反者道之動」。在道的觀照下，一切事物、現象都是相對相關的，相互含容的，都是柏格森所強調的那種與僵寂相對反的開放性格。以

老子的辭彙來說是：貴以賤為本，高以下為基；貴中有賤，高中有
下。《老子》說：「故物，或損之而益，或益之而損。」黑格爾的
解讀是：增長由於減少，減少由於增加。沒有東西是一成不變的，
永遠停留在一個狀態。《老子》說：「萬物負陰而抱陽。」黑氏的
解讀是：宇宙背靠著黑暗的原則，宇宙擁抱著光明的原則。這便是
辯證法、吊詭了，天台宗講無明、法性相即，京都哲學家西田幾多
郎講逆對應。性格上相互對反的東西可以同時存在，因而可以相互
相補益其不足。這是典型的背反（Antinomie）的思考。

　　無與用也可以成一背反，無用正足以證成大用。《莊子》書中
講述一種樹木，由於沒有甚麼用途，因此人不去理它，不去砍伐
它，故能享天年。故在無與用之間，無可以證成用：虛無為用。我
們的雙手若是虛的狀態，便可以拿東西，倘若它們都拿有東西，便
不能再拿東西了，這正是虛無為用，正是道的真理三昧。

　　對於無之得以成為道，黑格爾頗有其西方式的說法，我把相關
文字，錄之於下，供讀者自身去體會：

> 在道家以及中國的佛教徒看來，絕對的原則，一切事物的起
> 源、最後者、最高者乃是「無」。……這種「無」並不是人
> 們通常所說的無或無物，而乃是被認作遠離一切觀念、一切
> 對象——也就是單純的、自身同一的、無規定的、抽象的統
> 一。因此，這「無」同時也是肯定的；這就是我們所叫做的
> 本質。如果我們停留在否定的規定裡，這「無」亦有某些意
> 義。那起源的東西事實上是無。但「無」如果不揚棄一切規
> 定，它就沒有意義。同樣，當希臘人說絕對、上帝是一；或
> 者當近代的人說，上帝是最高的本質，則那裡也是排除了一

切規定的。最高的本質是最抽象的，最無規定的；在這裡人們完全沒有任何規定。……同樣，當我們說：上帝是一，這對於一與多的關係，對於多，對於殊異的本身乃毫無所說。……孔子才是中國人的主要的哲學家。但他的哲學也是抽象的。中國是停留在抽象裡面的。（《哲學史講演錄》第一卷，頁131-132）

後記：以上是黑格爾對中國哲學的理解，評價不高，當代新儒家唐君毅、牟宗三曾讚賞黑氏說到自由的問題，黑氏認為中國人沒有個人的自由，只有大皇帝才有他的自由。這種說法見於黑氏的《歷史哲學》一書，不見於他的《哲學史講演錄》。

第六章　馬克思的唯物史觀

一、上帝、超人、唯物

吳汝鈞：馬克思（K. Marx）認為西方哲學在方法和邏輯上是源自於西方。西方文化在思想上、哲學上發自希臘哲學，由柏拉圖（Plato）形上學開拓的，強調理型世界和現象世界。理型世界是最完美的，而現象世界的事物都是理型的仿製品。所以現象世界比不上理型世界完美。理型是思想的對象，心靈能認識理型，心靈和理型是相對的，理型為萬物之源，故萬物也離不開心靈。這很明顯地是觀念論的思路。

馬克思有一句名言：「哲學不光是要說明這個世界，而且是要改變這個世界。」這一點是其他哲學家說不出來的，這說明哲學需具足力動，改變現象世界。雖然馬克思有很多觀念是錯誤的，但在這一點上，他是非常正確的。他講哲學的影響力非常正確，二十世紀東、西方也都認同這種說法。他曾用誇張的說法說：「唯物論是以物質作為根基的，這就成了唯物主義，或者共產主義。」他的共產主義曾經征服半個世界，包括蘇聯、東歐、中國、北韓、越南和古巴。

希臘文化傳統流傳下來，講上帝耶和華和耶穌的種種情況，都是基督教的中心思想。因上帝是創造者，是萬物的創造者，後來又

以他的兒子降而為人，受盡很多的苦難，最後被釘在十字架上，作為終結。他以在十字架上所流的寶血來洗淨世人的心靈，也排除世人所犯的種種罪惡，這就有救贖的意味在裡面。耶穌做為一個救世主（Messiah），他犧牲自己的生命來拯救世人，替世人贖罪。基督教憑這一觀點征服了整個西方文化。西方的哲學與宗教一向所走的文化路向都是以心靈的發展作為發展的根源和中心，也就是唯心論。直到近現代這個世紀，科學大步發展，技術不斷進步，才讓科學取代了宗教，成為人類文化發展的動力。一切的生活，特別是基本的生活都強調科學與技術的重要性，在哲學上也由唯心主義轉到唯物主義。比較有名的哲學家，他們對物質、經濟話題有很大的支持，他們試圖用種種不同的說法來對付唯心主義，特別是對宗教提出種種的攻擊和挑戰，特別是尼采（F. W. Nietzsche）指出上帝已死，已不再是人類生活的重心。這種否定上帝的存在，也形成了西方精神文化的衰微。他提出上帝死了，卻又提不出另外一套思想來取代，反倒提出一套「超人」思想。他要建構一套超人的理論、思想來取代傳統思想的上帝，結果超人還沒有做出來（也做不出來），反而自己的意識全盤崩解，成為一個瘋子，沒幾年就死了。所以，上帝不能成為一種意識形態，而超人又做不出來，剛好馬克思主義作為一種意識形態，就在這個階段出現，取代了理型和上帝的至高無上的位置，成為西方人信仰的對象。這剛好回應馬克思說的：「哲學不但要說明這個世界，而且要改變這個世界。」這個預言很厲害，他可以用自己所提出來的唯物主義改造世界。人類思想史上沒有一位哲學家能夠發出這麼大的力量來取代理型和上帝的權威性，這是包含思想在內的根本的意識形態。這就是唯物論在西方思想上的背景。人類精神、心靈在完全空虛、無助的情況下，由唯

物論來補足。在東方，我們以中國為代表，中國先以儒家思想為其意識形態，也流傳到東亞日本、韓國、新加坡這些國家。可是儒家發展到最後在武力上鬥不過西方，西方在船堅炮利的優勢下，征服了東方的主要國家，並強迫他們開放市場，讓他們的工業製成品可以進到這些國家來推銷，賺取很高的利潤。西方在船堅炮利的優勢，藉由武力攻擊間接地讓馬克思思想流傳到亞洲來，尤其是流傳到中國與北韓，也造成共產主義在亞洲生根，並且影響到二戰之後的北韓與中國的政治局面。這也是馬克思在世時所沒有想到的局面。

二、馬克思與共產主義

華靜慈：前面老師已講了很多有關哲學史的演變過程，尤其是帶入馬克思思想方面，因這次主要談馬克思的「唯物史觀」，會先從他的求學路程開始，進而討論他的思想及後人對他的看法。首先談黑格爾的「正、反、合辯證法」是否跟馬克思後續的寫作風格有直接關係，進而討論「唯物辯證法」與「唯物史觀」有何差異與關係，並討論他的思想與革命與當時的社會情況有何關連。最後將他的思想放在現今社會來看，為何會出現「舊馬」和「新馬」的說法，也間接的談到現代人對於馬克思的思想的看法。

　　馬克思誕生於普魯士王國中一個歷史悠久的小鎮——特里爾，其位置大約在今日的德國與法國邊境。馬克思出生於猶太人家族，代代都任職猶太教的指導教士。馬克思的父親亨利希是一名律師，他在馬克思出生之前就改信了基督教馬丁路德教派。在這樣的背景影響下，馬克思在六歲時也受洗成為新教徒。17 歲時入學德國波

恩大學，隔年（1841 年）轉學到柏林大學，開始鑽研黑格爾（G. W. F. Hegel, 1770-1831）的唯心辯證法，這也奠定馬克思的哲學基礎。他認為資本主義社會發展至極限，就會產生矛盾與崩壞，歷史便會朝向下一個理想的階段──「社會主義」前進，這裡暫時讓資本主義繼續發展下去。[1]他父親是新教徒的原因，是在猶太人的傳統中，要從一個猶太教家庭且歷代都是猶太教的指導教士的環境中成長，再轉變為對基督教的信仰，這種可能性真的微乎其微，更別說馬克思也是基督徒了。我提這個的原因是近兩三年來，大陸的領導人及其所帶領的團隊雖然還是秉持馬克思主義治國，卻又一再的打壓基督徒甚至還拆毀教會，難道他們不知道馬克思是新教徒嗎？還是在無產階級的體制下，不能夠有宗教信仰？這真的是馬克思的主張嗎？也值得後人深思。在他畢業之後就在德國克倫的「萊茵報」工作，這項工作非常適合他富有正義感、好打抱不平的個性。在報社工作期間，馬克思邂逅了一生的盟友與自己的追隨者弗里德里希・恩格思（F. Engels）。由於兩人對於資本主義所抱持的想法完全一致，於是聯絡頻繁，成為彼此生命中的最重要的夥伴。也許和恩格思相識刺激了馬克思，讓他在萊茵報所寫的內容主張，更具政治味道且更具攻擊性。因馬克思會徹底批評不認同自己想法的人，在他的《資本論》（*Das Kapital*）中也可察覺他的攻擊性。隨著馬克思的影響力逐漸提高，也因此樹敵無數。例如：他曾大膽地把批評的矛頭指向俄國政府，也讓當時的尼古拉一世為了弭平馬克思所引起的恐慌，而打壓報社，萊茵報因此遭到查禁停刊，馬克思

---

[1]　「知的發現！探險隊」編撰，陳怡翻譯：《輕資本論》（新北：楓樹林出版公司，2011），頁 12-13。

也因此失業了。[2]

　　後來馬克思創刊的《德法年鑑》也在創刊後發行兩本雜誌便被迫停刊。1845 年 1 月，法國政府將他驅逐出境。他後來以團結歐洲的社會主義運動為目的，與恩格思組成了共產黨主義通信委員會。1847 年於倫敦成立共產主義者同盟分部。1848 年同盟會第一次大會手冊宣傳所用的標語「全世界的無產階級，團結努力吧！」也成為日後知名的共產黨宣言的依據。最後，比利時終於也忍無可忍地將馬克思驅逐出境。[3]

　　當馬克思在歐洲被德國、法國、比利時驅趕後，受到當時和父親在英國一同經營公司的恩格思邀請，於 1849 年 8 月前往倫敦。這時候的馬克思才真正能靜下來，專心投入經濟學的研究。成果於 1859 年出版《政治經濟學批判》（*Kritik der politischen Ökonomie*）、《資本論》（*Das Kapital*）和《共產黨宣言》（*Manifest der Kommunistischen Partei*）這三本書，並列為馬克思的三大著作。當他埋首在圖書館閱讀寫作時，生活越來越困頓，都是依靠好友恩格思的贊助，但是馬克思還是窮到連自己的孩子過世都必須向人借錢購買棺材的地步。

吳汝鈞：但馬克思並不悲觀，他相信歷史的必然性，資本階級會消失，無產階級會興起。歷史沒有必然性，這要和歷史的主體連結（政治、社會等連接）。無產階級是毛澤東有名的說法，他說無產階級的人才有民主，其他人是沒有民主的。就如同香港特區現在的候選人是要愛黨愛國才行，且候選人是經過中央安排才能成為候選

---

[2]　同上書，頁 15-16。
[3]　同上書，頁 19。

人，而不是由人民自由選出來，選舉的人也是有特定的，所以這樣的選舉是假普選的。無產階級往後會不會無疾而終呢？

廖純瑜：馬克思很窮，所以才會提出無產階級。

華靜慈：就如同他研究經濟學，也跟他缺錢有關？

吳汝鈞：馬克思生活在第一、二次世界大戰期間，雖然在當時的生活狀況不好的條件之下，他卻全心投入在圖書館寫稿，進而完成他人生重要的三大著作，這或許是他給自己生活在這個世界上最重要的任務。只不過這段過程也遭受到自己兒子死亡的打擊。也許他想拯救世人，而提出共產主義。畢竟他生活在資本主義的社會，還是一樣生活的不如意，唯有唯物主義、共產主義才能解決人民的生活。

黃奕睿：他也有可能覺得寫書是他的人生重大抱負。

三、辯證唯物論

華靜慈：不管怎樣，他是有寫書，因此我們要來了解何謂馬克思的唯物辯證法。我們都知道在形式上他把黑格爾的辯證法保留下來，但是卻把當中的精神實體抽掉，把它換成一個物質實體。在馬克思中、後期的論點與他早期的想法有些矛盾之處。但這就是「新馬」的支持者喜歡談論和支持的問題。在馬克思的理論看來，他的歷史觀也是一種進步觀。在這點上，他與黑格爾是很相近的，他倆都相信歷史會自動發展自動進步。黑格爾談「正、反、合」與自動性這假定不能分開。但馬克思卻有意將兩者分開，他把精神的實體抽

掉，然後換成一個物質的實體。

　　馬克思講的是「辯證唯物論」，他講的是一個物質實體。這個物質實體如何進入歷史解釋和文化解釋呢？他不是直接把物質實體拿進來，而是透過物質性的活動來解釋。所謂物質實體是從兩方面來解釋的：一是從存在方面講，即這世界基本上是物質存在；二是指人的活動的基本立足點，也在於人是作為一個身體或物質性的東西而存在。因此他就推出生產活動在歷史中間的中心地位。人本身是一物質的存在，這物質的存在就決定了人的物質需求，那些物質的需求就是所謂經濟的需求。人最基本的動力就是食欲、性欲的需求。人的精神活動，在他看來都是派生的（secondary），都是附屬在物質上面的。

　　從人的物質性，就產生了生產活動這觀念，它包括了勞動這觀念。因此，馬克思的唯物史觀是指：歷史的發展就是生產活動本身的變化。當馬克思用生產活動這觀念來解釋文化和歷史時，那麼對其他相關的價值意識、人類的認知活動等，他也必須另作交代。如何交代呢？他在「生產活動」這觀念上再增加一個觀念就是──「意識形態」。意識形態的意思是：人想什麼、主張什麼、如何去想此等活動，都跟人的物質利益有一定的關係。所以不同的物質利益就可以決定不同的心態、不同的意識活動。單單這樣說，似乎很難把它完全收到生產活動這方面講，因為它牽涉到認知問題。在這裡，文化發展究竟跟生產活動有甚麼關係呢？我們必需先明白知識對我們整個文化社會的變化是有一定的影響力。所以，如果我們承認知識的獨立性、知識不受生產活動的影響，那麼我們就難以用生產活動、物質欲望、物質的要求來建立一套唯物論史觀了。相反的，知識常常會影響歷史、社會。他必須把認知活動的客觀性否定

掉，如此就產生了「意識形態」的問題。他基本上認為我們不可能有真正客觀的認知。他否定客觀知識，或者對客觀知識做了很大的限制。如果他不對此加以限制，他的整個架構就會出錯。[4]

吳汝鈞：馬克思的意識形態很強，唯物論和唯心論都強調形式，也都強調物質和精神，並及於生產工具和生產情況，這特別是唯物論所強調的。家庭、政治、經濟等都很在乎物質條件。唯物論是最根本的真理，因為上層依賴下層。但也顯示出物質依賴唯心。不管你怎麼講，都是一種意識形態的表現。不管你怎麼講，怎麼認知思考，都是心的一種思考，都在強調心靈更有根源性，都逃不出唯心論。

華靜慈：所以，唯物和唯心的發展只是時間性和階段性的問題。

吳汝鈞：如同墨子的兼愛是行不通的，如果你每個月賺十萬，每個月給父母三萬，再拿三萬給別人的父母，再拿錢給陌生人，那你如何生活呢？所以，無產階級是行不通的。還是儒家學說比較好。

四、馬列主義

華靜慈：馬克思主義經過列寧以後，變成了馬列主義，馬列主義又成為蘇聯官方哲學。所謂「新馬」的意思，就是離開馬列的那套模型，另外去解釋馬克思的思想。這表示列寧以後就有扭曲了馬克思主義，馬克思主義變成不是原來的樣子。勞思光認為：「這問題的

---

[4]　勞思光：《文化哲學講演錄》（香港：中文大學出版社，2002），頁 18-19。

關鍵是，列寧主義的出現是想貫徹無產階級專政運動。無產階級專政就是《共產黨宣言》（*Communist Manifesto*）裡面一重要的觀念。除非你能夠證明《共產黨宣言》所代表的不是馬克思的思想，或者說《共產黨宣言》是假的，否則你就得承認無產階級專政的要求確實是馬克思的要求，而列寧的想法正是實現這要求。」[5]因為要實現無產階級專政這運動，就必須要有一套方法。如果馬克思這個目的是我們並不反對的，那麼我們又怎能反對實現這一套目的的有效方法呢？所以列寧所提出的正是這樣的方法。列寧的想法和馬克思的思想是有一定的內在關係的。因此，我們要重新來理解（一）馬克思的理論的缺點及（二）他與黑格爾最大的不同點。首先馬克思理論的缺點主要是在內在缺點，也就是他沒有革命後的理論（post-revolutionary theory），好像革命就甚麼都解決了。我們看到蘇聯革命、中國革命的問題都出在共產革命以後，而不是革命就甚麼都解決了。革命後所呈現出來的問題是馬克思在世時從來沒遇過及處理過的，因他並不覺得無產階級革命以後會出現甚麼問題。[6]

吳汝鈞：馬列最大的不同，在於馬克思是思想家，列寧才是實踐家。不能以人民公社、人民皆同的想法來解決。馬克思的缺點是他自己沒有想到。

華靜慈：就如同毛澤東搞共產主義，雖然口頭上說是採用馬克思思想，實際上卻是採用列寧的實踐理論。並且搞了很多不仁道的主張

5　同上書，頁 20。
6　同上書，頁 21。

和政策，都讓人很不能諒解。所以，馬克思與黑格爾最大的不同點在於黑格爾講的是一個精神主體逐漸展開，他把所有經濟問題、文化問題都收在精神主體下來講，而它們的客觀性和特性卻略去不提。馬克思又反過來說，他強調社會關係所表現的那種關係的現實情況，因這是他的長處。馬克思對於客觀知識的不相信，反映在他的內部理論中，就是他的「意識形態說」。從這一點可以看出他與黑格爾的基本方向是完全背離的。黑格爾《精神現象學》（*Phänomenologie des Geistes*）中，他是通過普遍性和特殊性這兩個觀念，一層層地從感覺、知覺往上推，他的基本方向與康德的想法是有一定的相似之處，也就是他們都要說明知識的正確性。

但馬克思認為知識是不可靠的，它是如何受利益、權力的因素所影響。[7]在理解馬克思的唯物史觀之前，我們必須先知道甚麼是唯心與唯物，才能將心與物視為相對反的範疇。因為唯心是以心靈的作用來詮釋人類的歷史與文化的發展，而唯物是以物質的轉變來詮釋歷史與文化的發展。這其實不是很恰當。以觀念論來說唯心論，以實在論來說唯物論，會比較恰當。至於唯物史觀（materialistic conception of history）的一般意思是強調社會結構及其歷史的發展取決於「生活的物質條件」，或「存在的物質性的生產模式」。因為倡導者認為物質的存在較心靈、意識的存在更具有基源性，及物質決定心靈，而不是心靈決定物質。只是到了近代，唯物史觀的基盤唯物主義變得受到大多數人的注意，和在政治上、哲學上、經濟學上和社會上產生巨大影響的是馬克思和恩格思所系統地建構的唯物論或唯物主義。在方法學上受到重視，這又叫做

7　同上書，頁22。

「辯證法唯物論」（dialectical materialism）。這種思想後來被列寧（N. Lenin）和史達林（J. V. Stalin）所繼承，最後成為馬列主義（Marxism-Leninism）。[8]馬克思沒有視唯物論為一種自然主義，而視為意識形態，因他認為人類的社會中普泛的科學只要從經驗一面來描述和說明就可以了。所以唯物史觀和歷史唯物論是對於歷史事件的自然的、經驗的和科學的說明，這些歷史事件的基礎在於生產和經驗的因素，後二者與物質有極其密切的關連。

　　所以，唯物史觀展現一種社會性的分析，馬克思以這種社會性的分析為基礎，作出如下預言：資本主義會崩潰，由共產的社會來取代。在這種社會中，沒有薪酬、錢財、階級的分野，也沒有國家。對於較為發達的社會，馬克思卻認出如下要素：1、是生產力。它包含器具、手段和技術。人即以這些東西取得生活上的所需。2、是生產關係。在其中，生產者在生產中相互連結起來，成為「社會的經濟結構」。3、是在社會中的政治上的合法制上的規條。4、是理念、思想、習慣、理想被確認為合法的系統。[9]

五、資本主義與共產主義

　　馬克思非常重視生產力和生產關係，稱它們為「生活的物質條件」，並視之為法治的與政治的上層結構得以形成的真正基礎，它們又相應於社會意識的確定形式。順著唯物史觀說下去，要瞭解一個社會的宗教、道德、藝術或哲學，以至於對這社會的政治和法

8　吳汝鈞：《新哲學概論：通俗性與當代性》（臺北：臺灣學生書局，2016），頁 289-290。

9　同上書，頁 290。

律，都得先從社會的生產力的性格和經濟的結構來談。因此，馬克思和恩格思很強調資產的問題，他們將它分成四種模式：1、是族群資產。在勞作的類別中它是屬於低層次的。2、是國家資產。像道路、公共建築物和在古代的專制政治中的穀物的倉庫。3、是封建資產。這包括土地和由武裝的地主所管控的僱傭，這些地主的需求是由勞工提供的。4、是資本。它落足於生產和貿易中，也因此招來僱員。這些僱員為了工資而工作，他們所生產出來的貨品，在寬廣的市場中售賣，一切所得都落於資本家的私囊中。[10]於是，馬克思接下來是強調社會為那些擁有資產的人所決定和控制。在族群社會的模式中，資產是他們共同擁有的，因此權力是分散地融於社會各階層中，沒有誰管控誰、誰來駕馭誰的問題，沒有某一階級的地位是殊勝的，與眾不同。而在社會中，資產階級的權力卻具有絕對的優勢，他們為了自身的利益，會不惜犧牲人民的福祉。在封建社會，封建地主是統治的階級，他們能夠從替他們工作的農奴身上取得所需要的東西。他們甚至掠奪有錢商人的東西，後者只能順著地主的利益而行事。農奴、商人和地主的利益是不同的，他們在某些問題上存在著不可避免的衝突。由於生產力和資產的模式都是封建的形式，因而地主可以在他們自己的利益前提下，解決這些衝突、紛爭。在一個封建社會中，一切政治運動都可同樣的反應出在這些階級之中的衝突和利益。

　　因此，馬克思所提的唯物史觀中所謂「社會動力學」（social dynamics），指的就是歷史的變化和發展。且唯物史觀的核心觀點，光是政治、律法和意識形態本身不能對於社會發展有根本的影

10　同上書，頁291。

響。一切重要的社會轉變，最終只能源於生產活動和有關組織而冒起。而就馬克思的觀點來看，唯物史觀有其歷史的軌跡，原始的共產主義為奴隸制社會的古老模式所取代，然後又為封建主義所取代，封建主義又為資本主義所取代。這種由封建主義轉變為資本主義的說明，展示出馬克思主義對於政治革命的理解。

馬克思與恩格思把這種革命看成是一個新的進步階級帶來生產關係的轉變。且唯物史觀有提出兩個預言：1、資本主義系統會由於內部的矛盾而崩解。2、經過一段時期的無產階級專攻，共產主義的社會出現、成立。雖然馬克思在他的《資本論》中也表示：生產手段的中央集中制和勞力的社會性的分配達到某一程度，它們和資本主義的外殼是不相容的。在這種情況下，資本主義會自動瓦解以至於衰亡。但實際狀況則是：蘇聯解體，越南要改變路向，中國大陸也提出要建設有中國特色的社會主義，這都與馬克思的預言不一致。[11]所以他的預言不一定與實際情況一樣。有人認為唯物史觀是認識、研究歷史的事實的一種方式，這些認識、研究具有廣大普遍性。馬克思認為唯物史觀是一種歷史哲學，亦有其改造的意義。

吳汝鈞：大陸主席習近平從去年開始講「中國夢」的議題，又講不清楚，夢到底在哪？也許他們自己也不清楚，因為中國文化、政治、倫理、宗教等都不是三言兩語就可以講清楚、說明白的，也許要有人出來寫何謂中國夢的書。

華靜慈：應該沒人敢寫。怕寫了會沒有好下場。因為唯物史觀是以唯物論作為基本立場，進而對歷史的發展作另外一種詮釋或說明。

11　同上書，頁 292-293。

如果不談唯物思想而單獨講社會演化、階級鬥爭，最後都是為了要達到廢除國家機制的共產主義社會。因為唯物史觀關連到唯物論，既是以物質為終極要素，然後發展出對物質的開發，生產出生活的所需的生產工具，並產生出對生產關係的探討。無產階級會透過流血革命而取得統治權力，這都是為了得到最後的勝利。現在我們先不講政治和經濟，只單獨對唯物論作為一種哲學思想來討論。從表面言，唯物論近乎常識，比較容易了解，在觀念論與實在論之間，它自然是近乎實在論。實在論特別是新實在論除了確認我們眼前所見到的東西或現象有實在性之外，也強調現象背後而作為現象的憑依的本體、實體也是有實在性。例如柏拉圖所說的理型和亞里斯多德所說的基底，這都是形而上的實體。但是，唯物論卻徹底反對一切形而上的東西有實在性。它講實在性是從全然的物質開始的，由物質而講生產、生產工具、生產關係，一切文化活動都是在這之後才發展開來的。

　　唯物論者強調物質的存在是基源層次的，經生產工具、生產關係之類而達於精神、心靈的種種文化活動，因此精神、心靈是導出的，是上層結構。但是世間上有不少人為了某種精神上、心靈上的理想，例如名節、承諾、良知，以至對民族、對國家的忠誠而不惜犧牲個人的身體、生命，這又該如何說呢？身體、生命是物質性的，名節、承諾、良知和忠誠則是精神性的、心靈性的。就唯物論來看，人應該盡量保持自己的身體，以維護基源的物質才是；但歷史上的確有不少人寧願殺身成仁、捨生取義，為了建立精神意義與心靈意義的上層結構的、「導出性」的東西，而置物質的身體於不顧，這正顯示出精神的、心靈的上層誠結構的基源性，物質的導出性、次要性。唯物論者對於這種現象又作何解釋呢？實際上，當唯

物論者提出物質是第一義，精神、心靈活動是第二義，這很明顯地表示唯物論者的意識形態，而意識形態正是精神的、心靈的活動的結果。故唯心主意和觀念論的基源性是很難否定的、擊倒的。[12]

六、新馬克思主義和人道問題

　　白勞易斯（Jean-Marie Beaoist）對馬克思的看法，主要可分為「舊馬」與「新馬」兩種。對於兩者的差異點，並無特別說明，只知道「新馬」是針對「舊馬」而來的。因「舊馬」除了馬克思的思想之外，還包括恩格思、列寧、史達林和毛澤東等所下達的各種思想和策略，這其中包含了暴力及不人道（充其量也只能說「階級人道」），即是俄共式的、中共式的馬克思主義，也有人稱之為「傳統馬克思主義」或「正統馬克思主義」。「新馬」是指純粹的馬克思的思想和學說，不但沒有列寧主義、史達林主義、毛澤東思想，就連恩格思也被排除在外。新馬主義一再強調：新馬是人道。從馬克思 1844 年的《經濟哲學手稿》的透視，充分可看出馬克思對人的關注，對人的重視，所以它是人道主義的。[13]不過也有新馬克思成員認為：馬克思並不是個人道主義者。例如法國的結構主義之馬克思主義者路易·皮埃爾·阿爾都社（法語：Louis Pierre Althusser）就持這種論調。但法蘭克福學派的心理分析家弗勞恩（E. Fromm）則特別推崇馬克思的人道思想。八〇年代初期，中共針對新馬高唱的馬克思主義的「人道主義」問題和「勞動異化」

---

[12]　同上書，頁 294-296。

[13]　李超宗：〈百年升沉──話說馬克思主義〉，《哲學雜誌》第 2 期（1992 年 9 月），頁 71。

問題，展開過激烈討論，先後見諸報章雜誌的共有五百多萬字。最
後結論是：馬克思主義是具有人道主義，但是階級的人道。換句話
說，中共仍然強調以鬥爭為主，根本否定人道的存在。[14]

吳汝鈞：所以妳說的「新馬」是指馬克思，而舊馬是指恩格思、列
寧、史達林和毛澤東。

華靜慈：是的，這是白勞易斯對馬克思的看法。因為許多西方馬克
思主義者認為：馬克思是個人道主義者，他很關心人，也關注人的
尊嚴，但因為後來有了列寧、史達林、毛澤東等人的思想滲入馬克
思主義，才使得它變得無情、冷酷、殘暴，生活在共黨制度下的人
們，尊嚴受到嚴重的摧殘。如白勞易斯在 1970 年出版一本《馬克
思死了》（*Marx est Mart*）引起一陣騷動，因他指出：「馬克思死
了，早在 1883 年就已經死了。馬克思不但肉體已經死去，就是他
的思想與精神，也隨著 1917 年俄共政權的建立而死亡。因為俄共
與中共只是在掛羊頭賣狗肉，實際奉行的是列寧主義、毛澤東思
想。而列寧主義和毛澤東思想也一定會敗亡，因為他們帶給人們太
多太多的悲痛和災難。」[15]對此，大陸那邊的回應是：「不錯，馬
克思是死了，但是他的思想和精神並沒有死，許多馬克思的信奉者
還在繼承他的思想和精神，發揚他的思想和精神。俄共和中共的政
權，雖然有著列寧主義、毛澤東思想，但這兩個政權的基本精神，
仍然是馬克思的。在無產階級革命的過程中，在推翻了資產階級統
治之後，必須要有一段時間來專政。處在革命和專政的時期裡，就

---

[14]　同上，頁 71。
[15]　同上，頁 69。

難免有些人會受到傷害，但這些受創傷的人可能都是剝削階級。馬克思的思想是不會死的，馬克思主義也不會死。」[16]

吳汝鈞：大陸現在已經沒有提列寧、史達林、毛澤東了。就如同早期天安門廣場最前面是有四張很大的照片，分別為馬克思、恩格思、列寧、史達林，但是天安門事件以後，現在只剩下馬克思而已。但旁邊那棟大樓還是掛毛主席的像在上面，還有毛澤東紀念堂。

華靜慈：藉此我們可以看出兩派的爭論，在經過幾十年後的今天，都已清楚地看出誰的立場是對的。因為蘇維埃和東歐的共黨政權都已崩潰了，大陸目前也在搞改革開放，那是否就等於說馬克思的思想和精神也都死了呢？這是另一個值得探討的問題，在此就不談論。

緊接著要談二十世紀初期又有一位匈牙利的馬克思主義者盧卡奇（George Lukacs），對馬克思的思想和學說作了異於傳統的解釋。他的這種解釋，遭到第三國際執委主席季諾為也夫的嚴正指責：「盧卡奇的作品是一個攻擊馬克思主義的武器，是一種有害的修正主義。」是什麼「作品」呢？就是盧卡奇在 1923 年寫的《歷史與階級意識》。他在作品裡，指出馬克思所承受的哲學思想，是源自黑格爾思想的，比源自費爾巴哈（L. Feuerbach）的哲學思想多得多。顯然，馬克思是黑格爾主義者。從根本上改變馬克思主義，這還了得！所以盧卡奇遭到國際嚴厲的批判以及在史達林時期被俄共軟禁於莫斯科達十年之久。但也因為這部著作和這種解釋，

---

[16] 同上，頁69。

成為「新馬克思主義之父」，也開啟了馬克思主義另外一條發展途徑。[17]也許是因為俄羅斯政權和人民共和國政權的暴力性、專制性以及獨裁性特別強烈，招致後人對馬克思主義的普遍的怨恨及恐懼。但是——當我們深入去理解馬克思的思想脈絡及他當時的處境之後，就會發現新馬主義的人刻意提馬克思的人道主義來，並努力的將馬克思與恩格思、列寧、史達林和毛澤東分割。雖然馬克思自己的一生都是在貧困交迫中度過，六個子女有三個在貧病中夭折或早逝，他也有強烈的暴力思想，就是要鬥爭，要打倒資本家，這自然也是與他的貧困有關。馬克思這種暴力思想，在 1843 年流亡巴黎期間就已出現，後來在他的《哥達綱領批判》和《資本論》中，也都有提過。至於他與恩格思合著的〈共產黨宣言〉，更顯得特別強烈。可能有人說：「暴力並不等於不人道。」但是，強烈的暴力，會不會掩沒人性？也值得我們來探討。為何新馬主義者要大力倡言馬克思是個人道主義者，主要還是因為唯有這樣，才能挽救馬克思主義瀕臨死亡的命運。[18]

吳汝鈞：在大陸真正相信共產主義的人已經很少了，但是中共一直以來都標榜馬、恩、列、史、毛這幾個重要人物。馬克思主義目前唯獨有一個好處，就是大陸的老師在提課題時，提馬克思主義的還是比較容易得到課題。現在大陸毛澤東已經不再是神了。不管是馬克思、列寧等都強調人性是有階級性的。資產階級有資產階級的人性，共產階級是工、農、兵三個階級，有他社會主義的人性，但他們是連在一起。所以毛澤東說：「跟天鬥，痛快，跟地鬥，痛快，

17　同上，頁 70。
18　同上，頁 71-72。

跟人鬥，痛快。」這是公開的。所以人性是有階級的。所以，到了今天大陸還是沒有人敢寫或講孟子、孔子等人的普遍人性。其實大陸他們現在心裡面所想的和表現出來的早就不見得一樣的了。他們認為人性不能透過階級鬥爭來了解。但共產黨是靠鬥爭起家的，這也是他們要跨越的。為什麼要有階級鬥爭呢？現在還是有很多人相信階級鬥爭。

華靜慈：因此克思主義想要與政治實務結合，創造如同二次大戰前後那種雄姿，似乎不可能。但它是它與其他學術結合，會朝一個科學整合的領域發展，這樣的可能性是相當大。例如：與存在主義結合，變成存在主義的馬克思思想。與結構主義結合，變成結構主義的馬克思思想。與實證主義結合，變成實證主義的馬克思思想。與批判理論結合，變成批判理論的馬克思思想。與心理分析結合，變成心理分析派的馬克思思想。[19]但不論是哪一派的馬克思主義，都不是純粹的馬克思主義，這是誰都可以理解的。就事實上而言，打從馬克思主義一出現，它就沒有純粹過。但是馬克思的理論畢竟在人類的歷史上已烙下一條重重的痕跡，且這個痕跡是永遠無法抹滅的。只是現在出現了一個新的局面，就是大陸主席習近平與美國總統川普的會面。在這次的「習川會」上，最令外界眼睛一亮的，莫過於川普的孫子們在習近平面前以中文演唱《茉莉花》，並背誦《三字經》和唐詩。外交圈人士的詮釋和解讀指出，這代表川普想向習近平傳達美國第一家庭對中國文化喜愛的訊息。從習近平夫婦表情來看，這應該是這次習川會上，最溫馨最自豪的一刻。也難怪習近平後來要對川普說，「萬丈高樓平地起，要把中美關係的大廈

19　同上，頁72。

一層一層建設好，使之更牢、更高、更美。」

　　對於美國以戰斧飛彈攻打敘利亞一事，則是這次習川會的最大插曲。這過程透過知情的人士指出，川普早在行動之前就告知了中國，中國方面也表現了相當程度的克制。雖然有專家指出，川普敢在習近平訪美的同時攻打敘利亞，不僅意在展現其政治強人的姿態，更是傳達出一種「美國可以轟炸敘利亞，同樣也可以攻打北韓」的訊息，換句話說，只要北韓再不聽話，美國可是會來真的。

　　藉由「習川會」，我們看到資本主義的元首與共產主義的元首會面，這象徵著甚麼呢？是共產已向資本靠攏（因前蘇聯已解體，目前持共產主義的只有北韓和大陸），還是這就是習近平近來在大陸所提出的口號「中國夢」呢？就有待時間來應證了。只是馬克思當初預言：「資本主義會崩潰，由共產社會來取代。」已經被證實是與事實相違背的之外，真的很好奇何謂習近平所說「中國夢」是甚麼？以及中國夢如何跟馬克思主義連接？還是這只是一個暫時性的口號？

廖純瑜：大陸的下一代人民都已慢慢向資本主義靠攏，那麼共產主義是否即將走入歷史？

吳汝鈞：大陸現在的留學生出國留學，如果畢業後在當地找到工作，通常是不會回去了。也可能是出國後開了眼界，不願意再回到過往的生活，再加上國外生活的自由度又比中國好，當然就不需要回去。這也是目前大陸留學生的普遍現象。

第七章　史賓格勒的歷史形態學

一、西方的沒落

華靜慈：關於史賓格勒的《西方的沒落》，先從艾略特（T. S. Eliot）的一首詩名為〈空洞的人〉（*The Hollow Man*）說起，他把西方人靈魂的僵化與心靈的空洞，表述得淋漓盡致——

> 我們是空洞的人，我們是填塞的人，大家依靠在一起，
> 腦袋裡盡是草包填塞不已。
> 有輪廓而無形體，只有影子而無色彩，癱瘓了的力量，
> 毫無動作的手勢……失落了淬屬的靈魂，
> 只是一些空洞的人，填塞的人……[1]

藉由這首詩可以知道在第一次世界大戰的前後，在文藝界中就可以看出西方人心靈的漂泊與虛無之感。且文學家和藝術家在感覺與藝術的表達上，更是敏銳。到了二次世界大戰以後，這種漂泊與虛無感，更是呼之欲出，不光是資本主義經濟學與共產主義經濟學的問題，還包含意識形態的分裂等等的問題。而史賓格勒（Oswald

---

[1] 史賓格勒（Oswald Spengler）著，陳曉林譯：《西方的沒落》（臺北：遠流出版事業公司，1986），頁 3-4。

Spengler, 1880-1936）的《西方的沒落》就是針對世界大戰的來臨，做反省的思考與痛苦的訴求。

吳汝鈞：這讓我想起六〇年代披頭四的音樂，有誰能想到甚麼歌曲？

華靜慈：老師，讓我想起披頭四「永遠的草莓園」這首歌的歌詞，其內容是：

> 讓我帶你走，因為我正要前往草莓園。
> 沒有什麼是真實的，也沒什麼值得留戀，永遠的草莓園啊，
> 視而不見，生活會顯得比較容易，隨意誤解所見的一切。
> 要有所作為是如此的艱辛，但船到橋頭自然直。
> 其實怎樣我都無所謂。
> 我想沒有人和我在同一棵樹上（相同處境），
> 我的意思是一切非高則低。
> 就是說你無法……你知道……融入，但這都無所謂了。
> 也就是說我覺得一切還不算太糟。
> 「總是」、「不」、「有時」覺得這都是我自己的問題，
> 但你知道我辨識得出什麼是夢境。
> 我以為，呃……「不」，我是說「沒錯」，
> 但一切都錯得離譜，也就是說，我以為自己並不同意。

吳汝鈞：他們還有很多首歌的歌詞都很適合說明此種心情，同學回家後可自行去聽聽看。

華靜慈：現在就開始來介紹史賓格勒，他出版一本巨著《西方的沒落》（*Der Untergang des Abendlandes*，英譯 *The Decline of the West*）。這部書被視為二十世紀上半期社會科學、歷史哲學與德意志哲學的一部最有影響力，爭論最多，也最能持久的大作。這本書也讓一位中學老師立刻躋身於世紀最有影響力的社會思想家之列。科學所發現的真理是永恆的，它可以跳脫於時間的羈絆。而在歷史的探究中，情形便完全不同了。歷史所處理的乃是一些在時間的長流中一去不返的單一發生的事件。我們無法將歷史的情況重現出來，像自然科學一樣只需通過嚴格的觀察實驗，立刻可以收穫豐碩的結果。我們只能透過一種特殊的「類比」（analogy）方法，去釐定出歷史的意義。為此史賓格勒繼續分析，他認為運用類比方法誠然可以得到許多豐富的結果，但卻也同時容易犯下許多明顯的錯誤。史賓格勒發現歷史的特質像一個活潑的生命世界，與一般機械物質的自然世界不相同。是性質而不是數量的觀念佔據了歷史的關心。我們發現生命的現象自有其一貫的特性、形態存在。史賓格勒將生命的第一特質視為具有個體性與不可替代性。生命的第二特質就是個體的生命誠然表現個別差異，但是在它們生命演進的過程之中，卻頗有彼此之間若合符節的共同型態出現。例如甲一棵樹誠然生不出與乙一棵樹完全相同的一片葉子，然而這兩棵樹同樣要長大，同樣要經歷生、長、老、死的歷程，卻各顆樹有著它們彼此嚴格相應的類比階段存在。變化的外表儘管不同，然而背後呈現的「觀相」的型態卻無二致。於此我們仍可以啟發智慧，在科學發現的「因果系統」真理之外，另發掘得到一種「歷史觀相」的真理。

兩相比對，如是而歌德（Johann W. von Göthe）植物形態學，始變成為史賓格勒歷史形態學在方法上的獨一無二的先驅之學。[2]歷史的前兩種特性剛好跟生命的第一、第二特性差不多，再由這樣的觀點得出一種更新的型態學觀，便又構成了歷史形態學的第三義。這也說明了歷史的生命，一樣都會遇到生、長、老與死，也都要受到它自己與生俱來的特殊限制。所以，宇宙之中絕對不是同一個不朽的歷史發展下去。也因為歷史的有生有死，才能讓不同的生活型態繼續表現出他們的生、老、病、死和興亡過程。這也是構成世界史的內容之一。因此，歷史形態學即世界史，而且是唯一可能的世界史，這是史賓格勒個人極端特殊的一套世界史觀念。值得我們注意。[3]

吳汝鈞：史賓格勒採用一般的自然科學的方法來看待歷史。他提到歷史或文化會經歷生、老、病、死或生、長、老、死四個階段。也有人提到，即便是某一具體的文化項目，例如藝術，也經歷這種有次序的或生、老、病、死有機的歷程。就以音樂來說，西方的音樂分為幾個階段：巴羅克、古典、浪漫，每個階段的發展，都是由盛而衰。也有人提出「觀念」問題，因歷史的發展要經由觀念來帶領。當觀念變得衰落，會步向崩解，歷史也一樣，失去活力而衰亡。所以，觀念是歷史的核心內容，也說明觀念覆滅，歷史也隨之覆滅。

華靜慈：影響史賓格勒歷史觀思想的，絕對和歌德脫離不了關係，

2　劉述先：《文化哲學的試探》（臺北：志文出版社，1970），頁 11。
3　同上書，頁 25-26。

因為史賓格勒進一步判定西方的精神乃是一種「浮士德精神」，而古典的精神卻是一種「亞普羅精神」。亞普羅（Apollo）是雕刻之神，它的基本特性是清朗明晰，在有限的形體之中攫取調和的美感；而浮士德（Faust）卻是一個動盪不安的靈魂，在無窮的追求之中，它才能完成自己的生命。古典與西方不僅互相分別，並且互相成對比。古典的靈魂是一個「永恆的現在」的靈魂，它標明了自己乃是一支非歷史的民族。反之，西方的靈魂卻是一個落腳在時間歷程之中無限的流逝的靈魂，而「歷史」正表現了它的靈魂的特性。「觀念」的差異，與「基本符號」的分別，構成了兩支民族不同型態的歷史文化的發展。而希臘崇尚「接近與現代」（實體），西方則推許「無窮與玄遠」（功能）。[4]於是重感覺親緣與現在的希臘靈魂在政治上宣洩了小國寡民的城邦理想，在經濟上把貨幣當作數量的「大小」，在法律上只處理個別的特殊條件。反之西方的政治則要擴張無窮的權力欲。經濟將貨幣當作「功能」，法律尋求普遍有效的規律，一一與其獨特的浮士德靈魂相應。因為亞普羅的靈魂與浮士德的靈魂不同，說明觀念的分別，也會讓歷史產生差別。

　　中國的文化乃是一個德行的文化，它可以建立人生德性的自我。內在的人心廣而充之，可以實現一個內心自足完美無缺的人生。但是它的缺點在忽略了對生命力量的重視，它不能開創美與真的領域，不能打開生命的激情與藝術的境界，以至於不能在權力競爭的實際生命境界中立足。相反，西方浮士德靈魂的生命力量的表現可謂奔流激盪、舉世無匹，它打開了豐富的人類生命之中之知

4　同上書，頁31。

識、藝術、宗教、現實各方面的廣大領域。然而它的內心缺少安頓，它不能在生命自身之內尋求生命意義的安慰。[5]所以，處在如此的境遇之下，我們不能用同一套理論來解釋中國的歷史，更不能用它來解釋世界上其它國家的歷史。

二、文化形態史觀

而什麼叫做「文化形態史觀」呢？根據林同濟的說法：這是一種運用「文化統相法」來觀察人類歷史文化發展所得到的一種看法。所謂「文化統相法」，就是用一種「全體」的眼光來觀察歷史文化發展的方法，用這種方法來觀察人類歷史文化的發展，則可發現不同的人類文化，有共同的發展過程和形態，因此，「文化形態史觀」又叫「歷史形態學」。在西方，首先運用這種方法來建立「歷史形態學」的人是德國的史賓格勒，後來英國的湯恩比繼之。林同濟認為以「歷史形態學」的觀點來觀察人類歷史文化的發展，可發現下列事實：(1)人類歷史文化的發展不是按照直線進行的，不是永遠前進的，而是按照拋物線進行的，即由生長盛衰而致滅亡。(2)世界史的發展不是一元的，而是多元的，即自新石器時代以後的人類，在世界上的不同空間和時間中，各自產生不同的文化系統，這些文化系統各自有生長盛衰的過程。(3)每一個文化系統的個性儘管不同，但是，它們生長盛衰過程中所表現的形態卻相同。這些形態，林同濟區分為三個階段：1 封建階段，2 列國階段，3 帝國主義時代或稱戰國時代（林同濟稱 2、3 兩時代為「列

5　同上書，頁 222。

國階段」），(4)大一統時代，(5)文化破裂時代。每一個時代從生長興盛以至衰亡，其所經過的時間亦大致相同，即約一千四百五十年左右，其中封建時代約六百年，貴族國家時代約三百年，帝國主義時代約二百五十年，大一統時代約三百年。大一統之後便是文化破裂時代，其時間則可長可短。[6]

吳汝鈞：你所參考的林同濟、雷海宗著的《中國之危機》即是《文化形態史觀》，是黃河出版社出的，黃河出版社是我大學畢業後和幾位同學合辦的。《文化形態史觀》即《歷史形態學》，這本書是在 49 年以前出版，主要是收錄林同濟、雷海宗所寫的歷史形態學的文章。我將書名改為《中國之危機》是因為當時中華文化正處於危機之中，也正在對抗日本的軍國主義擴張與侵略外國的時段。林氏他們在 1941-1945 抗戰後期有辦《戰國策》的刊物，並發表很多文章，來說明中國的出路。他們辦《戰國策》，是為了勉勵中國人民不要灰心，這個週期過了以後，還會有下一個週期，那就是抗日，抗日就是週期的開始。當年日本人展開對中國戰爭，並發下狂語說：「三個月內消滅中國。」結果他們沒有成功，後來演變成八年抗戰，雖然最後是日本戰敗，只是他們只承認他們敗給美國，而不是敗給中國。因為他們有派出敢死隊去襲擊美國珍珠港，導致美國出來參戰。日本原本想成立的大東亞共榮圈也沒有成功。

　　這書談文化的出路問題是採用史賓格勒所講的歷史形態學來談。史賓格勒認為某一系文化就像有機體，就像動物、植物一樣。如希臘文化、埃及文化、羅馬文化、印度文化等文化系統，就根據

---

[6]　林同濟、雷海宗：《中國之危機》（香港：黃河出版社，1971），頁 1-2。

史賓格勒《西方的沒落》的生老病死的歷程來講，每一個文化都經過生長老死，往後就消失、滅亡。雷、林他們認為中國文化是例外的，不是只有一個週期而已，而是一個週期發展完後又發展出第二週期，因此發展出中國文化獨具二期說。第一周期以戰國文化為中心，直到漢朝就衰退，後來發展出隋唐時期的第二週期，卻還是中華民族，這一週期到明清就結束了。現在是第三週期，是對日抗戰的週期，所以他們辦《戰國策》，鼓勵人民不要灰心，且這個週期過後還會有另一個週期出現。即便是抗日，也是在這種情況下繼續抗爭。

華靜慈：從「歷史形態學」的觀點來觀察人類歷史文化的發展，對此史賓格勒也有提出歷史形態學觀念之成就：歷史的「共命慧」與「命運慧」的領悟。劉述先和一些學者都承認史賓格勒具有歷史的「共命慧」的了解，他們也承認史賓格勒具備歷史的「命運慧」的領悟。因為人類的世界乃是一套思想與行動相互決定的極端複雜的連鎖反應系統。太初的人類其性不異，艱苦的生存競爭，使他們漸漸渡過漁獵、畜牧、農耕的階段，文明漸起，而「人為萬物之靈」的地位不久成為事實。爾後文化的發展分支，乃至表現為東西文明的分別。每一支文化的發展，自有其特殊的人種、風土、環境、氣候因素的決定，而更要緊的是，天才的思想家或行動的領導人物輩出，為他們所託身其內的文化確立了未來不同發展的方向。[7]久而久之乃形成一種獨特的風氣，其各方面的表現與其他的文化民族迥然有異，但亦有相類之處。這樣的一個文化民族不自覺地與其他文化民族表現相似的觀念部分，我們稱之為這一民族的「共命慧」，

7　劉述先：《文化哲學的試探》，頁 76。

因為這樣的思想乃是整個民族所選取的方向，也為每一個分子所隱隱地假定著的。史賓格勒能夠分辨出各個文化民族的基本象徵符號的區別，這表示他對各民族的「共命慧」的表現，有著深切的了悟。誠然他的許多看法又包含其他民族的弊病，但是至少在這一點上，史賓格勒是表現了極深邃的洞察力，值得我們佩服。[8]

吳汝鈞：關於「共命慧」這個議題，是指很多民族的文化發展，有一個相近的發展，但最後都會發展出一個屬於自己的文化傳統。這和世界史有很大的關聯，因為就全體而言的世界史在地球上並沒有出現，「世界史」只是一個抽象的名相，它只是我們想像出來。如同美國代表民主國家，而蘇聯則代表共產國家，但是蘇聯解體之後就由中國來代替，但往後如何發展我們都不知道。最接近世界史的是日本所提出的「東亞共榮圈」，但沒有成功。而二戰之後美國和蘇聯稱霸整個世界，並各自發展，後來蘇聯解體之後，我們原以為會由美國來獨霸世界。但這一點並不成立，反而是蘇聯解體之後，由中國起來。有人說：「19 世紀是英國人的世紀，20 世紀是美國人的世紀，而 21 世紀是中國人的世紀。」就讓時間來證驗這一切吧。

三、歷史命定論

華靜慈：這樣來看歷史，難免有命定主義之意，史賓格勒的歷史形態學的命定主義的主旨總結起來，大致表現在兩種意義上：(1)從解釋學的觀點看，史賓格勒認為，人必須在「因果」的了解模式之

8　同上書，頁 78-79。

下，另覓一項「命運」的了解模式，方能夠判斷出，現實的一部歷史的經驗，實在不外是同一樣的命定歷史形構在不同的外在條件下作不同的顯現而已。歷史的發展永遠不是自由的，必然的鐵律鎖住了它，使它不能違逆，誰能夠透視到外部的歷史現象背後，發掘得到這樣的世界史的形構的話，他便能夠計算歷史，對各歷史事件的降生，得到了正確的解釋與描述。(2)由此繼續發展出史賓格勒的第二重命定主義的看法，他相信「真理普泛相對」的見地。他認為，正如同世界上沒有永恆的真理，一個時代只能有一個時代的真理。同樣的，一個文化只能有一個文化的真理，這乃是命運。而人既不能違反命運，必須接受命運所給予他的一切，這便構成了史賓格勒對現實判斷的現實命定主義。命定的歷史解釋進而勸人在現實中樂天安命，這乃是史賓格勒的歷史形態學表現的第二重命定主義的要旨。[9]但是經過仔細思考之後，我們發現，我們既不能夠在解釋學上接受史賓格勒的命定主義，也不能夠在現實的判斷上接受史賓格勒的安命主義。史賓格勒的命定主義歷史觀，對於歷史事件發生意義的「解釋」未必正確，卻因著他對各文化歷史發展過程的描述是精闢絕倫，因而引人注意。尤其他對今日正在墮落的西方文明特徵的判斷，對於西方文化來說，委實發人深省。

吳汝鈞：歷史的命定論跟馬克思主義說歷史是由不同階級的爭鬥才有發展，有其獨到之處，亦有其限制。資本主義會被共產主義給爭鬥下去。歷史的必然性也是馬列主義的必然性。或許之後會有新的說明。

---

[9]　同上書，頁 86-87。

華靜慈：史賓格勒認為歷史能夠發生與持續發展，都在於觀念的成立。他的歷史形態學與湯恩比的史觀有一個相同點，就是不大講文化價值問題。由於史賓格勒先前提出的歷史形態學，以人的生長與文化的發展，像有機體那樣，經歷生、長、老階段，最後衰亡，這對歷史與文化的體系來說，由開始到終結，都背負一種生存的歷程，最後都不免敗亡。這就好像一條命定的軌則，限制了歷史與文化的發展，因而引發宿命問題。宿命的對反面就是造命，我們人類真的是宿命性格嗎？完全不能主宰以至創造自己的未來嗎？

　　依史氏，歷史是沿著觀念的走向發展下去。觀念的發展，有呈現、興旺與衰亡，歷史也一樣。因此，史賓格勒的歷史形態學與湯恩比的史觀有一個相同點，就是不大講文化價值的優劣問題。如上面所說，宿命的對反面就是造命。造命是民族本身具有一種創造命運的能力，歷史文化始終都能旺盛地、充實飽滿地發展，生生不已，只要它的創造性還在，便可超越衰亡的命運，而悠久無限制地永續下去，不會消亡。這便是「造命」。造命是能夠克服宿命的限制。可惜史賓格勒的歷史形態學是宿命性格的。[10]

　　雖然史賓格勒是歷史文化的宿命主義的代表性哲學家，他也宣稱自己的歷史哲學是一種「宿命的哲學」，他也強調自己的《西方的沒落》具有預斷歷史文化發展的作用。在他看來，其他的歷史文化體系都已死了，不存在了，唯有西歐、美洲的歷史文化到近現代還是繼續發展著。史賓格勒的歷史文化觀將歷史看作像生物般命定的發展，於是將「本性連續」的歷史講成了斷滅的史觀。他隨波逐

---

[10]　吳汝鈞：《新哲學概論：通俗性與當代性》（臺北：臺灣學生書局，2016），頁 299-300。

流的現實主義哲學，也證明了《西方的沒落》所呈現的哲學本身是
一套沒落的哲學，西方哲學以及世界哲學都是沒落之表徵。歷史既
然是命定，反正是一樣滅亡，又何必勸人在現實上努力呢？這是史
賓格勒哲學內在的理想和現實的矛盾的困難。藉此可看出西方浮士
德靈魂了解歷史的方式，不論是史賓格勒所反對的歷史觀或者是史
賓格勒所贊成的歷史觀，對歷史的了解都未能鞭辟入裡，得其要
點。所以，西方的民族也未必一定是像史賓格勒所宣稱的那樣，是
一個適當的歷史靈魂。[11]但還是有人持不同的看法，在此以卡西勒
（E. Cassirer）的看法為主，解釋《西方的沒落》之所以暢銷的原
因。首先卡西勒發表了他的觀感：「史賓格勒成功的原因，在其題
目，而不在其內容。《西方的沒落》這題目是個曇花，點燃了史賓
格勒讀者們的幻想而發火焰。這書出版於 1918 年 6 月，一次大戰
的末端。在這段期間，在我們高度的讚美西方文化的情況下，有些
事都已腐爛了。剛好史賓格勒這本書，表現出這樣的不安。史賓格
勒甚至公開鄙視所有的科學方法。……他自詡發現了一個新方法，
認為歷史和文明的事件，都能像一個天文家預知一次日蝕或月蝕一
樣地可以預測。」「……依史賓格勒，文明的興起、下降與墮落，
並不靠所謂的自然律。……是命運而非因果，乃是人類歷史的動
力。」[12]卡西勒的這些話，可說是給予了《西方的沒落》一個很清
楚明確的指示線索。現代自認為進步的西方文化突然要面臨了空前
未有的浩劫危機，使他們不能不由內心警覺這個沉重的問題——
「西方是否沒落？」的大問題，而開始發出震驚是出於史賓格勒的

---

[11]　劉述先：《文化哲學的試探》，頁 101。
[12]　轉引自同上書，頁 1-2。在字眼上略有修改。

悲壯呼聲！難道近兩三百年來光輝燦爛不可一世的西方文化，竟也不能免於滅亡的命運，最後終會毀於一旦嗎？這樣的疑問的心態已經足夠為《西方的沒落》一書在現實中流行暢銷的事實找到了它的最自然而合理的解釋。

史賓格勒這本書不僅意旨深遠，而且累積了無數歷史經驗論據，是極少數學者能夠同時精通史賓格勒所涉及的歷史與學問兩方面所牽連的廣大豐富的內容。也是因為史賓格勒選擇了這樣一種往寬廣方面多方的收集證據來印證它基本論題的寫作方法的緣故，這也使得史賓格勒的讀者，容易迷失在他所提供的巨大的材料中而失落了自己的方向，不能夠對史賓格勒的學說產生一種全盤的或一般性的認識。

雖然卡西勒表示，史賓格勒的書和某些占星術的論著之間有密切的類比。……史賓格勒的書事實上是部歷史的占星術——一個占卜者展露他的陰鬱的啟示錄式的幻象。它的現實效果又如何呢？卡西勒繼續議論，不是說這些哲學學說對德國政治觀念的發展，有直接的關聯。他的這些說法減弱地侵蝕了那些可以抗拒現代政治神話的力量。歷史哲學陰鬱地預言我們文明的墮落與不可避免的毀滅，拋棄了一切人的文化生命組織與再造的主動的一份希望。這樣的哲學捨棄了它自己的根本的倫理的理論。它可以在政治領袖的手中利用成為一個易折曲的工具。[13]我們現在的哲學家似乎在很早以前，就放棄了一切影響政治、社會事件的途徑的希望。哲學將注定對人類歷史生活採取一種完全被動的態度。讓我們接受並解釋所與的歷史的情況，並對之低頭鞠躬如也。在這情況下，哲學將失去其應有

---

[13] 同上書，頁 74。

的作用,而只是一種玄想的怠惰。這樣的哲學的性格,卡西勒下的結論是對於改造世界而言,哲學永遠來得太遲。[14]

由於史賓格勒所受的文化薰陶極高,思古之情極深,導致他論斷了今日西方之墮落。但是在現實的生活中,史賓格勒卻只是一個庸俗的隨波逐流者,勸人同流合污,也使得自己失去了哲學的使命,雖然在他的歷史型態學的意念之中,似乎還隱含了這樣的使命。但是——當《西方的沒落》被當作是一套歷史的「描述學」而言,不論史賓格勒描述型態異也好,型態同也好,他都能表現出極深的洞察力。例如:他分析古典靈魂與浮士德靈魂的差異,文化與文明的表徵,都能夠啟發我們的思想。但是,如果將《西方的沒落》當作是一套「解釋學」而言,史賓格勒的命定主意確是害了一切哲學的種子,因為外表看來像生命哲學,事實上確是一套機械論的主張,這也是神魂俱逝的末世哲學,不足為哲學界所效法。因此,如果我們將史賓格勒的學說剖為「描述」與「解釋」兩個觀點來做抉擇的話,我們已接受它的一半(描述方面的論點),卻必須放棄它的另一半(解釋方面的論點),這便是史賓格勒的學說在當代的哲學中應得的定位。[15]

史賓格勒在思想上的重要性來自於想像力豐富之外,也包含著預言。因《西方的沒落》最突出的貢獻就在於文學意境和預測未來這兩者之間。還有此書可以當作一個時代性的徵兆、綜合,並經由時間的印證更好地說明了此書的重要性。藉由這本書的內容能夠詳盡且精確地道出現代人的抑鬱,也訴說著許多人的感受,這是極少

14　同上書,頁 74-75。
15　同上書,頁 102-103。

數的人才能夠做到的，並且能夠說出二十世紀西方人對自己的歷史
前途所感到的悲觀，藉以對後人的提醒，也說明了此書的重要性。
我們也不可否認史賓格勒寫作方式還是有他自己獨特的地方。也有
人說《西方的沒落》很難指出何處是開始，何處是終結，所以不可
以用邏輯程序去衡量它。只能說《西方的沒落》有它的重要性與存
在的價值。

吳汝鈞：有關於史賓格勒的歷史形態學或文化形態史觀，臺灣學者
黃振華對他有高度的評價，視之為歷史哲學或文化哲學中的巨著
（magnum opus）。後來我跟牟宗三說起此事，他對史氏的思想有
極為負面的批評。他說史氏是一個機械論者，而且是典型的宿命論
者。他把人類的歷史文化的發展，視為像一般的生物，特別是動
物，有生、長、老的不同狀況，最後以衰亡結束。這是生物學的觀
點，而且是機械性格。他無視於人類在歷史文化中所展現的理性，
特別是道德理性。這不單違背了康德的實踐理性說與道德的形上學
說，更無法交代東方，特別是儒家的生生不息的由主體經客體而達
於絕對精神的睿智與創造性的來源。若依史氏的觀點，人的文化歷
史的創造性，包括在道德、藝術與宗教都無從說起。這是哲學大本
源問題，很明顯，史氏的歷史哲學是完全不能用之於東方哲學的，
這也包含印度思想的強調大梵（Brahman）實體的觀念在內。

第八章　戰國策派論力與中國文化獨具二週說

一、引言

吳汝鈞：戰國策學派基本上是從《戰國策》刊物來命名的學派。它裡面的人員相當多，所發表的文章都刊登在這刊物上。這刊物出版的時間也不長，因為當時是中國與日本戰爭的階段，國民政府已經由南京搬到武漢，最後連武漢也守不住，又搬到重慶。一些比較重要的大學，像北京大學、清華大學、南開大學這幾所有名的大學都搬到那裡，合起來成立一個新的大學叫「西南聯合大學」。戰國策基本的成員，都跟西南聯合大學有關係，他們在裡面當教授、開課。他們基本的了解，是受史賓格勒（Oswald Spengler）的著作《西方的沒落》的影響，他們也是走這條路，講歷史形態學。就是像我上次所講，史賓格勒認為每一個文化系統，都是一個有機體，有出生有生長，最後會消失，會死亡，像我們人一樣有生、長、老、死，經過這些程序。他舉了許多東西方文明古國的例子，像希臘、埃及、印度、中國這幾方面，基本上都是從有機體的眼光，來看這幾個系統的文化。這使我想起西方的哲學家，也是存在主義的哲學家叫 Karl Jaspers，這個人很不簡單，學問很多方面，他就提出所謂軸心的時代。

　　所謂軸心的時代指在整個地球裡，在某個時間、某個階段出現些偉大的人物。他們有一個本領就是開宗立派，開一個新的宗派，創立一個教派，不論它有沒有系統。在中國春秋的年代，就出了好幾個有創造性的思想家，儒家有孔夫子、孟夫子，道家有老子、莊子。在印度有釋迦牟尼創立佛教，另外也有一些婆羅門教一些重要的人物，也是在那個階段出現。至於希臘有三個最重要的哲學家，就是蘇格拉底、柏拉圖、亞里士多德在哲學這方面開出希臘文化之花。所以這裡要提出一個問題，因為這幾個系統的文化，雖然從不同的地點產生、建立，可是在時間上的相應與創造文化開出精神方向的偉大人物都在那時期出現。這個問題象徵什麼？說法不一致，反正那個時代東西方出現開宗立派的偉大人物，他就把這個階段叫做軸心時代。

　　然後我們又回到史賓格勒的歷史形態學，他也注意到 Karl Jaspers 裡面的重要人物，不過他是從每一個民族開發歷史文化的歷程，在這方面他認為有一個原理，這個原理就是所謂機體或者是有機體的原理，就是不同的民族開創他們的歷史文化，都依據有機的歷程來進行，從出生經過成長，然後有病、死，最後消失、滅亡。這個人本來是一個默默無名的中學教師，他的書一出版就轟動了整個世界，引起大家的注意：它是什麼內容？講的有沒有道理？是不是有歷史理性的學說提出來。然後用歷史形態學，或是文化形態史觀來解讀。

　　戰國策學派基本上是接受了史賓格勒的講法，就是每個文化、每個民族都是有這四個生長老死變化的階段，最後就消失。可是他們也看到有一點，就不是遵守史賓格勒的歷史形態學所強調的生長老死，這個有機的歷程。如果按照史賓格勒的講法，每一個民族的

文化只有一個週期，從生到長到老最後是死，而且他是從世界史的
角度來談這個問題。西方都是以歐美為中心，特別是美國，歐美洲
裡面也曾經出現過幾個大的民族，在文化上開花結果，成就也很
大，可是到了他那個階段，西方的文明與歷史再過一段時間，已經
到了衰退的階段。然後他又提倡一個新的民族，提出一種新的文化
來延續歷史形態學，他特別指俄羅斯或蘇聯。關於這點我們不須要
多說下去，因為蘇聯已經解體了，已經分裂成很多國家，當然還是
以俄羅斯為主。俄羅斯往後會不會像史賓格勒所預言一樣，開出文
化新的時代，我們現在還是看不到。戰國策這些學者一方面接受史
賓格勒的歷史形態學，他們使用歷史形態學這種觀點來看事件，東
西方的偉大文明，它的發展情況是怎樣？基本上他們都是依同一原
理，都有生長老死這幾個階段，可是他們發現中國文化不在這個範
圍裡面，因為這與史賓格勒的講法不同。史賓格勒認為這些文化的
系統，它的生存只有一個週期，這一個週期以後，就消失，沒有再
復興。他們認為中國文化是例外，說中國文化過去已經出現兩週
期，一個週期是春秋戰國的時代，另外一個週期是唐宋的年代，一
直到明清就沒落。明清以後他們認為中國文化第三週期開始。把中
國文化的發展，放在世界歷史、世界文化的大系統裡面來看，看出
現在世界上的主流文化，剛好處在戰國的階段，所謂戰國的階段是
一個文化從統一以後繼續發展到某個階段，就有你爭我奪的紛爭，
就像中國春秋及過後的戰國。我們通常說春秋有五霸，戰國有七
雄。華靜慈，春秋五霸是哪五霸？

華靜慈：齊桓公、宋襄公、晉文公、楚莊王、秦穆公。

吳汝鈞：在這五霸裡宋襄公是比較弱的，可是他也算是一個霸主，

然後到了戰國就開始分裂，晉國後來分裂成三家，哪三家？三個國家可說是比較有勢力的軍閥。戰國七雄又是哪七個雄？這禮拜我們就將這列入討論裡。

學生：三家分晉而成韓、趙、魏。

吳汝鈞：七雄就是除韓、趙、魏以外，還有齊國、楚國、秦國和燕國。晉國地大物博，一分就可以分成三個小國，這三個小國都有它獨立生存的力量，那是爭奪的階段，最明顯就是吳越兩個國家在爭奪。吳越沒有放在七雄裡，是因為他們畢竟地區偏遠於異地，在江蘇一帶，不是在中原的地方，所以文化是比較低落的，可是他們爭戰得很厲害。然後戰國策學派這些人，認為世界上作為總軸的歷史文化系統，已經發展到戰國的時代。而中國開始它第三週的文化歷史，就是說中國在自己的文化歷史裡面，它是繼第二週繼續下來到第三週的開始，它是置身於整個世界裡面，以歷史文化來講就是處在戰國的那個階段，所以它就是你爭我奪。中國就首當其衝，那時候清政府腐敗，民不聊生，幾乎成為一個殖民地，有給列強瓜分的危險，所以他們認為這個階段對中國文化來講是生死關頭，所以從這點警惕中國人，這個階段對中國文化能不能生存下去，歷史能不能繼續發展下去？這是關鍵性的時刻。從大形勢來講，基本上世界就是你爭我奪的階段，然後中國在裡面是處於戰國的階段。可是在中國民族文化裡面它是新開始，第二週過去了第三週要起來了，所以第三週能不能生存下去繼續發展，就要看中國能不能在世界歷史文化列國爭鬥的階段，能不能撐得住？如果撐得住，歷史文化的第三週就可以繼續發展，如果撐不住，在列強你爭我奪之下，中國打敗仗就成為犧牲品。當時的形勢是這樣啊。中國近代幾次跟外國戰

爭都戰敗，承認失敗，然後割地、賠款、求和。跟日本發生甲午戰爭，中國的水師隊也打敗了。跟法國開戰結果贏了，滿清王朝不知從那裡得來的消息，說是中國戰敗了，結果中國又以戰敗國向法國割地賠款。再來就是英法聯合侵略中國，中國在英法聯軍之下又敗了。八國聯軍當然是失敗。八國聯軍是哪八國？

吳嘉明：英、法、日、俄、意、德、美、奧。

吳汝鈞：英、法、日、俄、德、奧、意、美，這我們小學背得很熟；最後又有蘇聯與日本的日俄之戰，他們戰爭的地點是在中國的東北，戰場是中國的地方，中國以外的兩個巨強，結果俄國打敗，日本打了勝戰，損失最大的不是俄國而是中國。日俄戰爭一打下來，中國東北那一區受害最大。所以你看滿清政府是怎麼搞的？每次都打敗仗。所以在那個階段，中國的局勢一點也不樂觀。日本侵略中國，剛好是在這幾場戰爭後出現，他們（中國）也沒有信心能打敗日本，日本人不承認他們被打敗，更不承認他們給中國打敗，打敗他們的是美國。因為美國一參戰，日本在亞洲這邊的軍力大大減弱，後來蘇聯也跟日本宣戰，結果日本沒路可走只好投降。日本始終不承認給中國打敗，他們根本看不起中國。從以前種種的對外戰爭來說，中國沒有一次佔便宜的。最後開始發動大規模侵略中國，講出一句分量很重的話：日本在三個月內可以打贏中國，消滅掉中國，然後實現他那大東亞共榮圈的理想。他們說三個月耶？中國那麼大，人口那麼多，縱使走三個月也不能走遍全中國。日本他們是盛勢凌人，在第二次世界大戰，是中國跟日本的戰爭，日本沒有承認給中國打敗，而是說給美國打敗。

　　所以他們就看到這種情況，中國處於一個相當危險的狀態，能

不能熬過去，就看你中國人自己努不努力？爭不爭氣？所以戰國策
學派提出對中國歷史和世界歷史的了解，引發了我們非常沉重的思
考，中國在世界處於戰國時代的階段，能不能撐下去發展第三週期
的文化？他們主要的憂慮在這裡，有一種非常濃厚的教育意味在，
警告中國人民要爭氣地站出來，不要退縮。因為這不光是你自己的
失敗，而是整個中華民族傳統文化要倒下來。所以如果說，這些學
派的人要說完全接受史賓格勒的學說，其實也不盡然。因為他們提
出中國文化獨具二週這理論，那時已經是第三週期的開始，對整個
世界的形勢來講是戰國的階段。

二、戰國策派及其人物

廖純瑜：接下來我要報告的是「戰國策派論力與中國文化獨具二週
說」。

首先談戰國策的起源。

在中國戰國策派的形成，是對應德國哲學家史賓格勒與英國湯
因比文化哲學中的歷史形態學而來。戰國策學派的起源乃因《戰國
策》雜誌命名而來，主要的成員有林同濟、雷海宗和陳銓等人，這
些人都是來自於雲南大學與西南聯合大學的教授。他們又於 1941
年底至 1942 年 7 月，在重慶的《大公報》上開闢〈戰國副刊〉，
其中常撰稿的作者群有賀麟、何永佶、郭岱西、沈從文、梁宗岱等
人，由於這些作者均屬於自由主義的知識分子，因此主要的目的是
對當時中國的歷史與文化提出一種反思。雖然如此，可是他們彼此

之間的觀點，卻又常不盡相同。[1]針對此，吳汝鈞在《新哲學概論：通俗性與當代性》中提出：《戰國策》裡的人物如林同濟、雷海宗、陳銓等人的論述，主要是利用史賓格勒的歷史形態學作為理論基礎，用以解釋、說明中國文化的發展，並對未來的展望與開拓，給予深切的期許。[2]

林同濟（1906-1980）是戰國策派的核心成員，並是個可謂主張民族主義的極端者，他將戰國策派作為史學革命的實驗與重建文化的學派。林同濟生長的年代，正是中國遭遇列強環伺侵略動蕩的亂世。1934 年他獲得美國加利福尼亞大學伯克利分校政治學博士學位後，曾任四川北碚復旦大學與上海復旦大學的教授，1940 年在昆明創辦《戰國策》半月刊，成立戰國策派。[3]戰國策派主張以一種超越的視角，看待二次世界大戰的局勢，並認為戰爭是起因於民族的競存與國力競爭所致，不以戰爭的性質以正義和非正義之分。他們反對法西斯的侵略，強調振興中華民族的重要性，認真思考文化重建與國力的關係。如果我們的民族要能抵禦外侮，戰勝列強侵略，除了要有強大國力之外，還必須具有民氣以圖振民族精神，正如中國戰國時代充滿著競爭力的鬥志。[4]

---

[1]　溫儒敏、丁曉萍編：〈〈戰國策派〉的文化反思與重建構想（代前言）〉，《時代之波——戰國策派文化論著輯要》（北京：中國廣播電視出版社，1995），頁 2。

[2]　吳汝鈞：《新哲學概論：通俗性與當代性》（臺北：臺灣學生書局，2016），頁 300。

[3]　許紀霖、李瓊編：〈林同濟的三種境界〉，《天地之間：林同濟文集》（上海：復旦大學出版社，2004 年），前面作者介紹。溫儒敏、丁曉萍編：《時代之波——戰國策派文化論著輯要》，頁 2。

[4]　同上書，頁 3。

吳汝鈞：我們可以提一下在中日戰爭之後的情形，中日戰爭終於 1945 年，是日本投降的階段。1945 年到 1949 年中國發生內戰，國民黨與共產黨打起來，最後共產黨贏了，中國就解放了，國民黨就跑到臺灣。這時候林同濟這般人，因為基本上他們是接受歷史形態學，以這種觀點來看中國文化、看世界文化。十幾年以後共產黨強調階級：無產階級、農民階級、工人階級、資本主義階級。他們（共產黨）認為史賓格勒這套學問，是代表資產階級的一種，管控世界。基本以這方面為主的學者林同濟、雷海宗，是接受史賓格勒的那套歷史文化形態學，這些在共產黨眼中，是要受批判的，進行所謂一種思想教育。有些學者為了地位、階級，強調階級鬥爭的政治環境，在這種政治環境裡，怕受到批判和受到逼害，所以就改行。

　　因為如果你要在那套意識形態裡，繼續講文化哲學、歷史哲學，你肯定會成為嚴屬批判的 target（靶子）。結果很多學者在這階段改行作別的學問，是跟思想完全沒有關係的學問。最明顯就是沈從文，後來去研究古代的服飾，女生穿什麼衣服？男生穿什麼衣服？研究東研究西，做這種學問就可以完全離開歷史形態的問題，因為如果不講意識形態，鬥爭就不會牽涉到你。林同濟也是一樣，他後來完全不講歷史哲學、不講文化哲學，居然改行去研究莎士比亞的戲劇，而成為中國很有名的莎士比亞專家。就是因為這樣，他才能享高壽，如果他不改行，就無法活到 1980 年，早在 1957 年的鬥爭他就垮了。所以在世界上談起文學對於莎士比亞的研究，林同濟也有他的一席之地，他是詩文的專家，他的研究是值得重視的。繼續啊！

廖純瑜：在戰國派的三個基本成員中，雷海宗最富有歷史意識，對中國歷史文化的發展有縱深的了解。陳銓則對於感性的文學理論最富涵養。林同濟則對於形而上方面的哲學思想較為專長，所以較能以寬廣和高度的角度省視歷史問題。又在三人當中，以林同濟的頭腦最靈巧，思路最清晰。[5]林同濟在哲學思想與知識領域上，是十分豐富而寬闊的，他的理想是想做一個具有創造體的刺胃，和一個對於知識充滿好奇與思維散發而又無衝突的狐狸。[6]在林同濟的思想中，他認為就人生命的創造力而言應與大自然是一體性，人與自然宇宙的本性應該是相通的。他將民族主義所需的儒家入世精神、尼采生命強力的意志力，和道家開放的精神透過統整後，表現於同一人格；特別是尼采的思想，成為戰國策西方哲學思想的淵源。[7]

三、力本論

據近年來，許紀霖在《天地之間：林同濟文集》的〈林同濟的三種境界代序〉文中指出，根據他搜集史料的研究分析，發現林同濟的思想在歷史文化方面有三種境界：國的境界、力的境界和宇宙的境界。在他一生的心路歷程中，這三種境界是逐漸進升層層推進的，其中以「國家民族至上」的境界最為淺層，以「力本論」為基礎，發展出力的境界之思想，然而林同濟要追求的最高境界，則是

5　吳汝鈞：《新哲學概論：通俗性與當代性》，頁 301。
6　賽亞·柏林說思想家有兩種，一種是刺胃，另一種是狐狸。此段引用許紀霖、李瓊編：〈林同濟的三種境界〉，《天地之間：林同濟文集》，頁 2。
7　吳汝鈞：《新哲學概論：通俗性與當代性》，頁 301。

屬於審美、和諧、天人合一宇宙的自然境界。[8]戰國策派的成立，
正逢十九世紀中葉，中國處於世界各列強以軍事武力侵略自己國家
的時期，當時的知識分子，已有現代國家意識的觀念，從晚清梁啟
超主張「群」的觀念，到五四的民族主義都將民族國家視作主流的
意識形態，乃成為至高無上價值的境界。在中國現代思想中，將國
家民族視作至高價值的學者，除了曾琦、左舜生等人，是屬於國家
主義派，以及張君勱、張東蓀的國家社會主義派外，就屬抗戰時期
的戰國策派，最重視國族主義的思想。[9]

吳汝鈞：妳提到力的概念，就是第一頁下面數下來第二行，妳說林
同濟思想有三個境界，一個是國，一個是力，一個是宇宙；力這個
字眼他這樣提出來。在這裡我們看國的境界，當然以政治為主，然
後宇宙的境界，就是形而上學，力的境界從哪裡來呢？他沒講得很
清楚。他是有一兩篇文章提到力這個概念，他在這個階段談這個概
念，我們可以作一個總的了解。當我們提起力的概念，起碼有下面
幾種意味。最明顯的就是 physical force，也就是物理的力量。譬如
一輛大貨櫃車跟一輛小的轎車碰撞，受損嚴重的應該是轎車，貨櫃
車應該沒什麼損傷。這就是因為轎車形狀小，碰撞後外形受損就
大，這些是屬於物理的力量。又譬如說一個人想跳樓自殺，像張國
榮一樣，從文華酒店 24 樓的高度跳下，衝力大得很，所以一定會
死亡的，不只有斷手斷腳的受傷而已。另外還有一種精神力量，是
由精神實體散發出的精神力量。黑格爾所講精神現象學，講力是從

8　許紀霖、李瓊編：〈林同濟的三種境界〉，《天地之間：林同濟文集》，
　　頁 2。

9　同上書，頁 3。

哲學觀點講下來，是一種精神的力量。他在歷史哲學裡，也講力的問題，作為精神實體，在這個具體的世界裡面所產生出來的力量。

　　另外，還有一種是我自己提出的純粹力動這種力。這種力不是物理的力量，也不是精神的力量。因為我沒有預設有一個精神實體，我只是提出一種形而上的力動，它不是由精神實體發出，而是它本身就是有一個動感，是一種動感存在的力量，沒有經驗內容。它又是一切努力產生的根源。當初我在提純粹力動現象學的時候，並沒注意林同濟也提出力的概念。所以我在想林同濟這種力，是屬於哪一方面的力？physical force 物理的那種力是容易了解，一個農夫耕田工作須要體力，這體力是發自他的身體，所以力與身體成正比。如果身體強壯力就會強大，如果身體不強壯或者有病，這種力就發不出來，就沒辦法撥動田裡的泥土。你能說它完全沒有藏著這種力量麼？它是沒有精神的意味。軍事力量包括武器、軍人，這裡面力的概念就比校複雜：沒有精神方面的意味，沒有精神性的根。你也不能說，這種力量層次比較低。譬如說這二三十年看到中國的崛起，是有活力，這從很多方面可以看出來。光是看奧運就很明顯，崛起後的中國特別是在 2008 年，北京舉辦奧運中國人拿到金牌，而且在很多項目裡，也都拿到獎牌。這又要靠什麼力呢？這是國家經濟要有一定的基礎，國家才能拿錢訓練運動員，讓他們能在表現中求進步，到最後達到頂峰的狀態，然後讓他們參加一些國際性的運動會，他就會拿金牌獎，這些在以前是無法想像的。如中國國力不夠，拿不出錢，就不能請很好的教練。中國有一個好的排球選手叫郎平，她是專門攻擊對方，力量特別大，所以又叫大槌手。退休以後就到美國，美國邀請她當教練。結果在一些女子排球運動便拿獎。這是因為美國人有錢，這裡面也牽涉到金錢問題。力是比

較複雜的概念，它有物理的意味在，也有經濟的意味在。力好像須跟經濟搭上關係，人如果是有錢，他講話可就大聲，大聲大氣。沒錢只能低頭，走路低著頭走，講話好像沒吃飯的樣子，沒完沒了。

廖純瑜：接下來報告：

（一）國的境界

　　戰國策派中以林同濟和雷海宗為最重要支柱。雷海宗善長於歷史，偏於史事例證的闡發，林同濟則善於統相的攝繹，比較能從大格局和整體來看問題。林同濟認為歷史學家的任務，在於找尋文化綜合或文化統相（cultural configuration）的方法和發現文化形態演變的規律。[10]林同濟認為歷史真實存在的文化體系有：古埃及文化、印度文化、中國文化、希臘羅馬文化和歐美文化等各個體系。他相信成為一個體系的文化模式，都會經歷三個大的歷史階段：封建階段、列國階段與大一統帝國階段。[11]

吳汝鈞：所謂列國階段根據他們了解的特徵，就是你爭我奪。整個世界現在這個階段，就是列國階段。列國階段是大國吃掉小國，強凌弱，眾暴寡，人多欺人少。他在這裡，用列強這字眼應該是他自己提出的。這個階段是有連續性的，封建階段在先，然後是列強階段，最後經過你爭我奪以後，打贏的就統一整個局面，進入帝國的階段。

廖純瑜：雷海宗是分五個階段：封建時代、貴族國家時代、帝國主

10　吳汝鈞：《新哲學概論：通俗性與當代性》，頁 301。
11　林同濟：〈戰國時代的重演〉，《戰國策》第 1 期（1940 年 4 月 1 日）。

義時代、大一統時代和政治破滅與文化滅亡時代，基本上其意思一樣。[12]林同濟認為封建階段是有「原始人群」與「文化人群」的分野。封建階段的中心形態與作用，是由拋棄單純混一組織（homogeneity）的「原始人群」，開創出極端複雜而有差別的結構（hierachy），將社會上的人劃分為統治者與被統治者兩大階級，進而在各階層更細密的畫分一種距離，一種國界，即跨入「文化人群」。在封建制度下居於統治位置的屬於貴族階層，也就是「貴士傳統」（aristocratic tradition）的族群，在階級裡屬於既得利益者的一群人。[13]其次，處在列國階段的春秋戰國時代，是在任何文化體系中最活耀、燦爛、最緊張且富創造的階段，他們布置「平面化」、「平等化」的社會，並建立起壁壘分明森嚴的「國家」。一切的列國都必須面臨最深、最廣的兩大潮流：一個是個性的煥發，另一個是國力的整合。[14]雖然每種文化在每一個階段都有其特色，但都經歷有一定的基本歷史形態，如人生必須經歷生長老死有機的律則。對於此種有機律則的說法，據前臺灣大學哲學系黃振華教授特別強調，人類的歷史文化發展，不是永遠呈現直線形的前進，而是由興盛到衰亡以拋物線的方式進行，[15]例如古挨及文化、希臘羅馬文化都歷經了三個階段，最後走向滅亡之路。

　　林同濟認為西歐文化目前正處於戰國時代的高峰，已成為世界文化的重心。但是中國早已經過戰國時代，在歷經兩千多年大一統

12　溫儒敏、丁曉萍編：《時代之波——戰國策派文化論著輯要》，頁 4。

13　吳汝鈞：《新哲學概論：通俗性與當代性》，頁 302。

14　許紀霖、李瓊編：〈林同濟的三種境界〉，《天地之間：林同濟文集》，頁 37。

15　吳汝鈞：《新哲學概論》，頁 302。

皇權統治制度意識與生活下，中國的文化可謂「活力頹廢」，中國
應該走回兩千年前，再造戰國七雄時代的意識與現場，重新審視我
們內外的各種方針與傳統文化，使其在無情激烈競爭的戰國時代力
圖生存。換言之，吸收「列強酵素」以「救大一統文化之窮」。讓
大一統的文化轉變成走向活力富戰力的「戰國型」文化，根除兩千
年來大一統所帶來因循、自足、懶慵、懦弱等國民性的弱點，喚起
民族內外的活力，重新站起來邁向富強安康的世界。[16]

（二）力的境界：「力乃一切生命的表徵，一切生物的本體」

　　林同濟是戰國策派中最富有形而上學氣質的學者，為了證明民
族主義的合理性，必須先解決宇宙觀、社會觀與人生觀等問題，才
能建構戰國時代的新人格的理論架構。他在 1940 年的著作
〈力！〉一文中，提出力的世界觀：

　　　　力者非他也，乃一切生命的表徵，一切生物的本體。力即
　　　　生，生即力，天地間沒有「無力」之生，無力便是死。生、
　　　　力、動三字可以說是三位一體的宇宙神秘連環。

林同濟引用哥白尼的觀點，認為宇宙的本質就是力：「是無窮的空
間充滿無窮力的單位，在力的相對的關係下，不斷地動，不斷地
變」。林同濟認為歐洲的文化精神，就是哥白尼此種力的宇宙觀。
林同濟不但把「力」視作宇宙的本源，亦視作泛生命存在的根本，
賦予其本體性的意義，因而提出力本論的思想。林同濟認為中國
「動」字從力是非常有意思，一切的生命都要動才能活，而一切動

16　溫儒敏、丁曉萍編：《時代之波——戰國策派文化論著輯要》，頁 5。

能須靠力，在原始時代自然環境正處於初期要克服的階段，不可缺乏動，也就是需要力，初期的文化民族是由不斷的動，不斷地靠力的運轉與力的表現。動是力的表現，而力是生的本體，故生、力、動三者可謂宇宙神秘的聯環。[17]

吳汝鈞：這個力的確是個很麻煩的概念，他在這裡把「生」跟「動」放在一起，來顯出力的特性，把力放在「生」跟「動」的脈絡來講，那力應該有形而上學的意味。（**廖純瑜**：有，後面有談。）我們說上帝創造萬物，這種上帝、創生，力又是怎麼解釋？中國人很強調生這個字眼，生生不息，大用流行。熊十力當年講的本體，講到本體就一定會提到生，生這個概念在我們日常生活是很多元的關係，意思也不盡完全一樣。譬如說雞生蛋也是有個生，上帝創造事物也有生的意味，生生不息，大用流行，也跟上帝創造天地萬物分不開。雞生蛋的這種生，我覺得比較簡單，主要是物理的生，上帝生萬物就麻煩很多，有信仰的人、那些教徒就很肯定這個命題：上帝創生萬物。另外一個生就是老子說的：道生一，一生二，二生三，三生萬物。這個生跟上帝創生萬物又有什麼不同呢？是不是一樣呀？差別在哪裡？老子說天地不仁，以萬物為芻狗。儒家就喜歡用仁來反省，用生有滋生這種概念，幾乎每種哲學或宗教都會提生這個問題。不過他們的背景可以完全不一樣，這個生生不息、大用流行，這很明顯是形而上的那種生。老子說的：道生一，一生二，二生三，三生萬物。莊子說的：生天生地，神鬼神帝，就是形而上學的生。形而上的生可以從兩面來講，一面是有實體性的

17　許紀霖、李瓊編：〈林同濟的三種境界〉，《天地之間：林同濟文集》，頁8。〈力〉，同上書，頁115。

生，一個有實體的存在生出種種事物。如果這樣講，上帝就是一個大實體，要怎麼創造天地萬物啊？怎麼創造人啊？祂在地上捏一把泥土吹口氣，男生就生出來了，又覺得男生太寂寞了，想給他一個女生，然後在男生身上抽出一塊肋骨吹口氣，女生就出來；又覺得只有人太孤單，要有其他生物陪陪他們，然後又創造其他動物，這些完全是想像。如果沒有這信仰，絕對不會有這種做法。

新儒家怎麼說呢？生生不息謂易。中庸有天命之謂性，率性之謂道，修道之謂教。這裡面有幾個重要的概念。天道創生萬物，這裡還有一個問題，好像新儒家沒有注意。你講天道、天命、天理，這些都是形而上的原理，又說有創生萬物的能力。萬物是具體的，也可以說是立體的。所以這問題就出來了，一個抽象的原理，怎樣生出具體性、立體性的事物？就是從無形生有形，無形怎樣生有形？我看很多新儒家的書，他們對這問題沒有討論。譬如說母雞生蛋，雞是一個具體的動物。雞生蛋，蛋也是一個具體的物體，我們可以理解，具體的東西生具體的東西，母親生兒女，這我們也可以了解。天地創生萬物，天地是作為終極原理，而且是真理本身，創生萬物那個萬物是具體的東西。天道、天理怎麼樣生出具體的、立體的萬物？它裡面一定要有一個演化，演化是宇宙論的演化，是從無形到有形，怎樣從無形的無，產生有形的有？問題就產生出來。

吳嘉明：老師，儒家用「氣」呀！用陰陽二氣來解釋。

吳汝鈞：「氣」還是屬於經驗，你可以說「氣」是一切具體的事物，最本源的狀態是從「氣」開始，萬物就可以講。作為天命、天道的理，跟「氣」又有什麼關係？「理」能不能生出「氣」來？問題還是一樣，「氣」是具體的東西，最原初的狀態。由「氣」下來

就很好講，整個宇宙萬物都可以把它還原成「氣」，這個範疇、這個概念裡。「氣」以上就是「理」。如果你採取朱熹的講法，「理」跟「氣」是分離的，先有「理」再有「氣」，而且像柏拉圖講的理型，先有理型作為萬物的模型，「理」作為終極原理，是抽象的，看不見，也聽不到，沒有味道，完全沒有經驗內容。這個終極原理的理，是無形的、抽象的一種東西，身體是有形的、具體的，從宇宙論來講，是萬物的生成與變化。你說道體、天理能創生萬物，這個抽象生具體的問題，你非要面對不可。

黃弈睿：老師，我想請教：這會不會是哲學史上的問題？因為在先秦時期在儒家的系統便這樣說，把氣當作氣化宇宙論，是漢朝以後的事情。在先秦儒家可能沒有把眼光放在宇宙發生論。他們肯定宇宙在先，既然肯定道生萬物或是理生萬物，這樣是作為肯定的，他們不先去懷疑這個問題，因為沒有這需求。這在哲學史配上政治發展的情況下，為什麼在漢朝以後，儒家進步到非要考究宇宙發生論的終極原理。可是先秦是針對政治或道德發生的結果而論。

吳汝鈞：你是從歷史這方面談，這不是直接對應的，光是從哲學這方面來講這問題，不管歷史上有沒有「氣」啊，和萬物這些東西，我們純粹把這問題當作哲學問題來看，那還是同樣的問題：抽象的東西怎樣生出具體的東西？譬如說做化學實驗，水 H_2O 是含有兩個氫原子和一個氧原子構成分子。水怎樣透過氫原子和氧原子之間的關係，可以利用電解的方式，把氫原子與氧原子的元素分出來。在我們初中時就有這實驗，經過通電分解出兩種氣體，一種是氫，另外一種是氧，這是在化學程式內可以這樣做，因為水是由氫氧合成。氫跟氧都是無形的，由氫氧抽象的東西產生的水，就是這兩種

東西的綜合，這在自然科學裡是沒有問題。可是在哲學上我們不只是談這種議題，一定要處理形而上學的。化學、物理、生物都是科學，不是形而上學，形而上學不是 physics（物理）或物質的變化。

　　我們在中學有學過變化分兩種，一種是物理變化，另一種是化學變化。物理變化是裡面不變，形狀改變。化學變化就不同，不但形狀改變，性質也變。譬如說食鹽，我們煮菜時都會放食鹽在菜裡，食鹽在化學上叫氯化鈉，氯氣與鈉金屬這兩種結合在一起產生化學變化就會生出一種食鹽，這不但是形狀變化，連性質也產生變化。如果分開來講食鹽是鹹的、是可以吃的。可是為食鹽所構成的元素氯和鈉兩種是有毒的。氯氣是人家拿來做有毒的武器，所以我們說它是一種化學變化，不是物理變化。水煮到一百度就會變成氣體往上蒸發，如果到零下十度，水就會變成冰，形成固體，也就是從液體變成固體。但是它還是水，成分是水，所以冰也是水，這些都很好講，都是具體的東西。但是講到天道、天理創生萬物，不能說是氯跟鈉創生變成食鹽，不能這樣解釋。因為一邊是純科學的，可是天道、天理創生萬物是形而上學的。形而上學和科學在這方面的問題，當代新儒家都不見談這種問題。

　　如果用馮友蘭的講法是「接著說」，不是「照著說」。接著說就是延續下去，另外有開拓性。照著說只是一成不變，它原來是怎麼說，重覆它的說法就行。所以「照著說」很簡單，原本怎樣，就再講一遍。但是「接著說」就不是那麼簡單，接下去整個發展有它的歷程，到了中間某個階段停止。如果要你「接著說」，也就是把後面那段演化出來，這是完全不同的兩件事。當代新儒學年輕的朋友，很多都是照著說，不能接著說，也不懂得提出上面的問題：抽

象的天道，如何能創生出具體的、立體的萬物。

廖純瑜：中國的西周與先秦思想很早將「德」視為宇宙秩序、社會秩序乃至於心靈秩序的核心，使世界因有德而成為有意義，也使以儒家思想為中國思想的核心，以德為中心而建構「禮」的世界。但十九世紀中葉，中國在西方強大的武力的威脅下，以禮教為中心的華夏文化徹底崩潰。在當時嚴復則提出以科學觀點為出發，將「天演論」的觀點[18]引進中國。嚴復雖然也談力，但只局限於感性狹隘生命的體力層面。梁啟超也曾提出「心力」、「膽力」、「體力」三種，涵蓋知性、意志和體力三個層面。梁啟超主張力為宇宙萬物的本源和世界的泉源，萬物有日新月異的變化，是來自無所不包的動力，說明梁啟超已經有力本論的思想。梁啟超提出既然宇宙秩序與社會秩序、人心秩序是相通，當「力」為自身發展的動力時，社會秩序與人心秩序也當成為發展的動力。力之「心力」、「膽力」、「體力」作為宇宙力的一部分時，也應成為人們世界觀的核心，力便可以取代德，成為晚清至五四思想的啟蒙。[19]

---

[18]　《天演論》原名《演化論與倫理學》，是嚴復翻譯自英國生物學家湯瑪斯‧亨利‧赫胥黎名為 *Evolution and Ethics* 的演講與論文集，此書闡發了達爾文《物種起源》一書中關於生物進化的理論。嚴復並未將原著完全翻譯，且除了翻譯之外還加入許多自己的見解，或是加入其他學者如史賓賽的主張。赫胥黎沿著後半部認為倫理學不能等同於生物演化論，演化論是演化論，倫理學是倫理學，但是嚴復反對這樣的觀點，他提出斯賓賽的學說，認為自然界的進化規律完全適用於人類社會。

[19]　許紀霖、李瓊編：〈林同濟的三種境界〉，《天地之間：林同濟文集》，頁 9。

四、意志與宇宙觀

　　林同濟因受西方哲學家叔本華與尼采唯意志論的影響，因此對力的理解，不止於物理方面的機械作用，更含蓋著人意志力量的生命力與創造力。他相信一切的物與人都源自力。力不僅是人的本質，而且也是人的生命觀。林同濟說：「這種以力為中心競爭的人生觀，是哥白尼宇宙觀所賦予重要的啟示。」[20]

　　林同濟的力的理論，是以哥白尼科學物理的宇宙觀為基礎，結合尼采唯意志論修訂而建構出一個超越的宇宙論。他主張力不只是宇宙的本源，也是戰國時代競爭的準則和人本質的定律與人生奮鬥的意義所在。自儒家以德為本所建立的宇宙論崩解後，梁啟超、林同濟試圖以建立一個力本論為基礎的宇宙觀，為戰國時代提供一個從宇宙論到歷史觀和人生觀一套全面性的詮釋。但是林同濟真正關心的不是這些宇宙觀，其終極目標是一個國民性與國民人格再造的人，他最主要的目的是藉著宇宙觀和社會的發展最後落實在人格的改造，就如他所說中國人的思想，終極所要關注的是人格。有關人格再造的問題，自晚清的梁啟超到五四的魯迅等人都關注這課題。但林同濟所繼承的不是其中的道德內涵，而是意志力的再造。[21]

吳汝鈞：從這裡看出林同濟不是科學家，不是要通過科學原理來說明在宇宙方面可以看到的種種現象。他是位思想家，嚴格來講，他的重心是在哲學，不是在科學。

---

[20]　同上書，頁 10。
[21]　同上書，頁 10、11。

廖純瑜：林同濟對於儒家的德性的人生觀，非常不認同。他認為在儒家唯德的世界之下，反而形塑出士大夫的「柔道人格型」，實在無法在戰國時代的競爭下立足。他提出大夫士應以「剛道人格」作為戰國時代歷史理想型的人格。林同濟認為士大夫是大一統專制下皇權下的官僚人物，大夫士是封建階層結構下的貴族武士。他們幫助天子與諸侯一統天下，他們最可貴是具有「世襲」和「守職」的古典精神，就像歐洲中世紀的貴族武士以「榮譽」為人格標準一樣。[22]

中國大夫士則以忠、敬、勇、死、義的準則，尤以義為自己的風骨。但是到了大一統時代大夫士被士大夫取代，「剛道人格」的精神就逐漸沒落，中華民族就失去力的精神，在新一波戰國時代的來臨，因來不及因應西方的競爭便戰敗下來。故林同濟大聲呼籲中國人，必須由德的人格走向力的人格，他主張以「戰士式人格」作為成敗論英雄的崇拜，在價值上就有存在的價值，並以「嫉惡如仇」充滿陽剛戰力的人格，取代「愛人如己」的儒家德性的人格。[23]

吳汝鈞在《新哲學概論：通俗性與當代性》的〈歷史哲學〉一章中，談起戰國策派論力與中國文化獨具二週時，提到林同濟在力本論方面著墨最深。吳氏認為林同濟談力，可涉及三個層面：第一層面為一般經驗性的力，也是物理性的力，可視作一種能量，是一種機械的力，如電力、耕種力等。第二層是精神的力，一般被視為實體，即精神力或精神力量。經驗性的力有時空的限制，例如人的體力用到某種程度會疲勞，就需要休息。精神的力是超越時空無限

---

[22] 同上書，頁 11、12。

[23] 同上書，頁 12。

制的，是一種道德勇氣，譬如文天祥的〈正氣歌〉裡歌頌的正氣。
他所產生抵禦外侮是「理的力量」：理即力。第三層是純粹力動，
此種力是超越活動，既然是活動，力已經包含在其中，不須提供任
何意義的體或實體，力是體也是用。故不受限於體與用的範圍，沒
有體與用主從關係。林同濟所談的力是屬於精神方面，第二層次的
力。林同濟認為生的主張是在宇宙創造生命的意涵上，生需要力，
是宇宙論的生，變化成肯定的基調，又以力為生的本體，動是力的
動：一切的動都是源自力。林同濟談力，從本體、宇宙的生，變化
說到現實的生活，這三者，已涵概天地宇宙的變化。林同濟提出一
種對宇宙萬物的新看法，即力的宇宙觀：

> 無窮的空間，充滿了無窮的力的單位，在力的相對關係下，
> 不斷地動，不斷地變。……柯伯尼宇宙觀原來就是歐洲人的
> 人生觀的基礎，原來就是歐洲人的人生觀。[24]

林同濟所說的力的單位，是以數據說。力是虛的，不是實體，不是
物體而是具有終極意義的「真理」。林氏不僅把力視作宇宙萬物的
本源，且將之視作泛生命存在的根本，賦予本體的意義，進而提出
一種力本體的思想。[25]
　　林氏又認為力是中性的，在最初階段，是一種物理機械性的力
量、動感，沒有道德、宗教、藝術的標籤。他主張力與動環境論，
力是動感性，是變的，它的動與變與它的周圍環境有相對的聯繫。

---

[24]　許紀霖、李瓊編：〈力〉，《天地之間：林同濟文集》，頁 114-115。
[25]　吳汝鈞：《新哲學概論：通俗性與當代性》，頁 305。

林同濟在進一步闡述力是真理的表現時，分兩點說明：第一，中性的力已經超越善惡、生死、有無的相對性，沒有道德、宗教、藝術等分野，正如吳汝鈞所提出純粹力動現象學一樣。後者作為力，作為一切存有的根源，是一種動感而發的力量。此力量可以開展出文化活動，如道德、宗教、藝術。第二，力是宇宙萬有的存有論的根源，即在宇宙間無論大小都有力量，此具有存有論、宇宙論的意涵之終極原理，即「力就是一切的表現」。

　　總之，林同濟對力的根本主張、思想，實則是以某種程度的宇宙論為依據，加上尼采的意志思想所形成。他在理論上認為力有宇宙本體的意涵，實踐上作為戰國時期的一種社會準則，他提出人之所以為人的意義，應該在現實環境中力求奮鬥，以達到力的境界的目標。林同濟因主張與馬列主義的唯物史觀完全扞格、不相容，這使他在文化大革命時，受盡政治迫害。[26]

吳汝鈞：他後來改行研究莎士比亞，最後仍免不了被迫害、批判，不過就是比較輕的批判。

廖純瑜：在戰國策派中除林同濟外，主張力的作用與人意志重要的人還有陳銓。他提出兩種「人」與「物」是構成人類歷史的演變推動的力量。他認為歷史上時代的轉變，主要是依據物質條件的轉變而形成。但另一方面陳氏又說有些史學家主張人是歷史的成因，物質條件只是外象，人才是歷史的內心，物質要靠人來運作，由人來支配，與人的歷史有積極的影響。他強調在相當的條件下，人的條件會受到物質的限制，但人除了為了生存以外，還有與生俱來的強

---

[26]　同上書，頁 308、309。

烈不可磨滅的意志力，這正是人精神活動的基礎，它能統領人的一切感覺本能，讓人朝著一定的目標前進。[27]

（三）自然的境界：「最根本的東西是宇宙，人格是人性與超人性的綜合」

林同濟在〈寄語中國藝術人〉中，以尼采式詩的語言，說明人生的三種境界：

> 第一種是恐怖，也就是在無窮盡的時空裡，看出自己的脆弱與限制，因為人必須面臨最終是死亡與毀滅。第二境界是歡狂，因為人戰勝恐怖，我思故我在，我在故我能，故與宇宙融入在一起，進而戰勝、征服宇宙，故我就是宇宙。第三境界是虔恪，在自我之外發現了一種存在，可以控制時空，也可以包羅自我。即在自我與時空之上，它是個偉大、崇高、至善、萬能、無限的絕對體，虔恪就是在此神聖的絕對體面前，以嚴肅虔誠的態度膜拜它。雖然林同濟吸收西方尼采的思想，但是尼采並不相信有上帝，此種形而上的存在，尼采認為超人才是有自己的生存之地。但林同濟卻相信形而上絕對的存在，他要膜拜崇敬的不是地，而是中國傳統意義上的「天」，之作為形而上的宇宙自然神。林同濟對國家民族的主張，曾被誤解為鼓吹法西斯國家主義和超人，但那都不是他原來主要的目的。他的終極關懷在於一個超越的世界，即冥冥中中國人稱之為「天」。他主張恢復傳統的「祭天制」，而所祭的天就是神祕無窮性的宇宙，他希望這能成為

---

[27]　同上書，頁 305-309。

民族公共信仰的共同體。當林同濟鼓吹尼采超人[28]時，認為理想性的人格，必須有熱血的愛與恨外，還要加個在內心深處的「悔」。此種「悔」不是儒家式道德反省的「小悔」而已，而是一種宗教式的「大悔」，是一種「知天」的心靈體驗。林同濟曾發表一篇文章〈中國心靈：道潛在層〉，指出中國人具有雙重性格，在社會層面尊重儒家，在個人層面上信奉道家。在兩者間林同濟更信奉可以我行我素，擁有自由精神，表現出一種唯美性情的道家，因為他認為道家的精神與尼采的精神是相通的，所以他的終極理想境界應該是心靈與寧靜自然二合一的道家式審美境界。[29]

林同濟非常重視「天」，重視人與宇宙與自我與整體的關係，中國人的心靈一直都在探索一種宇宙的和諧統一，故我們可以把中國人的人文主義稱為宇宙的人文主義。[30]

　　林同濟並不是想在學術方面，成就一個新的研究課題，因為他不是要作為一個專業的學者，而是想作為公共知識分子提出一種理

28　尼采面對虛無主義的絕望後，又以正面的虛無主義建立心中的價值，以此意義創建人生。尼采創造出以超人粉碎無望的虛無主義，認為能戰勝虛無主義便是超人，超人是理想中的人類，是新的人，與一般的人不同，但尼采也承認從未有超人出現。尼采認為人須要道德觀，超人不須道德觀，因為超人是因應道德所產生的軟弱而產生，故超人敢於冒險，敢於失敗。尼采認為在「超人社會」裡，強者理應受到所有人的崇拜。

29　許紀霖、李瓊編：〈林同濟的三種境界〉，《天地之間：林同濟文集》，頁 16、17。

30　整理參考許紀霖、李瓊編：〈林同濟的三種境界〉，《天地之間：林同濟文集》，頁 14-20。

論。但是林同濟所面臨的問題，是知識分子可以透過知識論，證明民族主義的合理性，可是一般老百姓，原本就有一套系統性的傳統民間信仰，而民族主義與現代國家的觀念是否能真正代替原本的信仰呢？以政治博士出身的林同濟，也深知不論民族或國家觀念都無法取代根深蒂固的信仰，將此理論成為一般百姓普世的意識形態。其實林同濟所關心的問題，不是真正的民族國家的絕對價值，而是處在戰國時代能喚起中國的人民有個公共的集體認同，藉此建立團結有效的政治團體。林同濟想成就的是以一種有限對無限，自我對無窮充滿虔誠的自然宗教，此種自然宗教無具體的人格化，只對宇宙無窮終極之物「一」的膜拜。林同濟希望透過一套傳統祭天的儀式，將現代的公民與國家世俗的關係，形成個人與天之核心之「一」的關係，在自我和無窮的神聖網絡中，讓民族國家這個凡俗的觀念，能共同擁有神聖的超越意識。但是林同濟也了解，連結國家民族與無窮終極的一的關係是脆弱的，既然個人的信仰可以與無窮直接溝通，就不須國家民族這個中間的介面，因此民族主義集體的目標會被個人主義自我價值所顛覆，於是林同濟也慢慢的由民族主義走向個人的審美的境界。[31]

吳汝鈞：林同濟是一個書生，他以為他那套理論會影響當前的中國面臨的困境。他以為他這套東西就可以解決這些困境。他們也只有幾個人，林同濟、雷海宗、陳銓啦，跟參與的幾個人。這麼一個弱小的團體，怎麼能影響整個國家的命運呢？梁漱溟搞鄉村建設，最後都失敗。這跟毛主席不一樣，毛是搞群眾運動起家的，共產黨一

31　許紀霖、李瓊編：〈林同濟的三種境界〉，《天地之間：林同濟文集》，頁 5-6。

來，他（林同濟）就垮了。因為林同濟是一個書生，共產黨一搞群眾運動，尤其在農民上下很多工夫。我們了解林同濟的理論，能夠給他在思想上定位。在其他現實這方面，完全看不出，他跟戰國策裡派系裡的人，對現實的中國能有什麼影響。《戰國策》這刊物好像存在沒有多久？（**學生**：半年。）一個沒有群眾基礎的人，來搞政治運動，到最後都是失敗了。共產黨一來所有這些群體都要關門了，梁漱溟那套也不行。

五、中國文化獨具二週

廖純瑜：最後我要講「中國文化獨具二週論說」。史賓格勒認為世界上所有的文化體系只有一個週期，但戰國派的雷海宗以歷史形態學，來檢視中國文化過去的發展和當前的處境，發現西歐文化是唯一未走完各個階段的發展，這個文化已經發展到戰國時代，並向大一統前進，走完這階段後便趨向衰亡（指歐洲當前的狀況）。中國文化則例外，到目前為止已經走完兩週期。第一週期是從殷商西周到五胡亂華。第二週期是自魏晉南北朝隋唐到清末。目前（指二次世界大戰的中間階段），是一個衰敗的大統一文化面對歐洲的戰國文化適應性難產的時候。雷海宗認為中國文化出現兩個週期，是人類歷史的奇蹟，抗戰已走向末期，中國衰敗的第二週期即將結束，可以開創出新的第三週期的文化。因為在人類的歷史上既然有第二週期，就可以有第三週期。歷史文化的生存與延續，需要有一個精神意義的觀念來主導。第一週期是以儒家的「仁」道德理念來主導。第二週期是以佛教的「涅槃」宗教理念和宋明儒學的「心」、「理」形而上學來主導。第三期主導文化理念的會是什麼？雷海宗

在他的〈中國文化與中國的兵〉指出，在中國兩千年大一統的皇權與官僚統治下，喪失了「國家意識」，尚武精神衰退。當國家應作為核心觀念時，應表現在尚武精神方面，兵是尚武精神的表徵。雷海宗認為中國兩千年的文化則是呈現「無兵的文化」的狀態，中國文化向來主要均以謙和、太平為目標，故演變成缺乏尚武精神的中華民族。這樣不論道德如何發達，都無法抵禦外強的侵略，此種歷史文化現狀的危機，確實是值得我們深刻反省。[32]

雷海宗針對此歷史的觀察和論述，提出獨特「兵」的角度去論斷傳統文化，作為探討重建中國文化的基本方法，首先就必須恢復「兵」的文化。雷海宗以文化層次探討兵的精神與演變，認為兵是能振起民族強烈的文化機制，並提出恢復文武並重的文化。[33]戰國策主張應對戰國時代的重現，其所根據的歷史觀和方法論，是「文化形態史觀」也稱「歷史形態學」、「形態史學」。雷海宗就是根據史賓格勒的歷史形態學作為基礎，提出獨特的「中國文化獨具二週」的論點，做為中國文化的歷史觀。

今天我的報告到這邊，謝謝大家。

吳汝鈞：兵也沒有用，現代我們需要的是核子武器，對準北韓。美國最害怕北韓跟中共交上朋友，卻是希望中共對付北韓，還是有一些影響力。所以北韓對中共來講，就是一個還有用的棋子，讓美國在東亞這方面不要有太強的態勢。

---

[32] 吳汝鈞：《新哲學概論：通俗性與當代性》，頁 310、311。
[33] 溫儒敏、丁曉萍編：《時代之波——戰國策派文化論著輯要》，頁 5。

第九章　特稿：
史賓格勒的文化形態史觀：
從戰國時期到帝國時期

吳汝鈞

一、浮士德精神

　　對於文化、歷史，德國哲學家史賓格勒（Oswald Spengler）作出比較形態的歷史哲學的解析，他對各個文化體系作了有機式的處理，認為它們都是有生機的性格，像一棵植物或一隻動物，其始末可視為一種精神性的現象，具足固定的自然性向。具體言之，一個文化體系包括多個面相，如文學、宗教、哲學、經濟、軍事、倫理、政治等，其有關的族群對於處身於其中的世界有一種混和的、連繫的和交叉的關係。對於這種種關係，他慣用所謂「阿波羅式的」（Apollinian）模式和「浮士德式的」（Faustian）模式來解讀。前者是尼采所優言的，後者則是歌德所慣言的。他把世界歷史上所出現過的文化體系歸為多種（或謂 9 種，或謂 10 種）。若和黑格爾比較，黑氏以連續相聯結的歷史單位或文化單位展示出一種精神性格，這種性格展露出精神自身的運行、開發的本質，史氏則

持另一種看法：在這些歷史單位或文化單位之間，並無理性性格的連續性可言，它們各自之間並無一方影響他方的關連。但雙方也有相似之處，特別是史氏對人類的文化思考或概念性格和黑氏在政治上的國家概念，都具有人類活動的有機性或機體性的傾向。

要注意的是，歌德所說的浮士德精神，不必便是史賓格勒所提的那種。浮士德的原意表示一種對於文化、歷史以至一切學問具有無窮無盡的追求的那種恆久的、無限的意志，這正符順西方文化所展示的對科學知識的天地不斷發掘、不斷尋索的對具體和抽象事物的求知欲望，是一種對總相（一般相）和別相（特殊相）皆有所觀照、認知的願欲。這正相應於人類的知性對存在世界的一切事物的性格、性質的無涯岸的追蹤。這是科學世界的人格典範。史賓格勒對浮士德精神卻是捉錯用神，將之理解為不斷向外拓展的殖民政策與侵略行為。這正把浮士德的正面形象扭曲成負面方面了。

二、四季的説法

順著有機觀念或機體主義思想說下來，史賓格勒喜歡以四季的相互連結、前後次序來說各個文化體系的開展與成長，以至於衰亡。它們各有自己的璀璨的春天，特別在農耕的、農村的和封建的階段。在阿波羅式的文化中，這是大詩人荷馬模式的時期（Homeric Period）。在浮士德式的時期（Faustian Period），文化是生長旺盛的中古世代。這是一個多產多姿的神話，可生起無限界的史詩和神秘的宗教。夏季到來，帶出多數城鎮的建設，這是貴族的世代，也是偉大的藝術家冒起的時代。在阿波羅文化中，古希臘和意大利的城邦紛紛成立。在浮士德的文化方面，文藝復興，偉大

的莎士比亞、米開蘭基羅和伽里略等天才人物降臨，傲視群雄。到
了秋天，文化的精神資源會衰退，但城市會陸續建造，商業也開拓
與興旺起來，中央集權現象開始承運而生。在思想與文化方面，宗
教不復往日的興盛，多面地受到哲學的質疑，啟蒙運動也對傳統造
成壓力。在古典的世界，辯士與蘇格拉底、柏拉圖、亞里斯多德也
活躍起來。在西方，正是啟蒙時期的天下，並逐漸向外開發，臻於
成熟。這可從莫扎特的音樂、歌德的詩和康德的批判的哲學中看
到。轉移到冬天，則由大城市模式來領銜，其基調是資產階級、享
樂主義、神秘主義，懷疑主義和唯物主義也崛起。到了帝國主義時
期，政治上的暴政紛紛出籠，戰爭連年出現。一言以蔽之，文化失
去它的靈魂，最後淪為了無生氣的、僵化的文明。

　　以另外的語言來說，特別是從類比（analogy）來說，史賓格
勒一方面顯得特別意氣風發，把一個文化模式，類比到一棵植物或
一頭動物的生命迴轉形態。在他看來，文化正像一個生命的機體
（organism），會變老的，不會青春常駐。在這點上，史賓格勒另
方面顯得有點悲觀，前後不是很一致。他不似黑格爾不單要展示出
歷史的單位，這是政治實體的國家，他以理性的或辯證的方式把這
些歷史的單位編排成一個連續體。在這一點上，史賓格勒傾向於孤
立形態，黑格爾則遠為樂觀，把先後出現的國家連結為一個歷史的
連續體。

三、文化的宿命性

　　史賓格勒在他的《西方的沒落》中表示，偉大的文化是起源於
性靈的最深基礎的原始實體，在這種文化的影響下，諸民族的內在

形式和整個表現是相似的，是文化的產物，而不是它的創造者。這些抓住和塑造人類的樣式，和各種藝術及思想方式一樣，具有風格和風格歷史。世界史是各偉大文化的歷史，民族只是這些文化中的人們借以履行他們的宿命的象徵形式和容器（《西方的沒落》上，頁 306）。這裡正式提到的文化的宿命問題。不過，史氏一方面說偉大文化起於性靈的最深基礎的原始實體，另方面又說諸民族的內在形式和整個表現的相似性，這便有矛盾。性靈的最深基礎的原始實體應該是自由性格的，而諸民族的內在形式和整個表現的相似性，似乎不太協調。前者是自由的，後者則有相似性，這相似性便可以推衍出宿命的概念。自由與宿命如何能同時存在於同一個文化體系中呢？這是很難說得通的。

　　或許我們要進一步看看文化的宿命的問題，特別是關連著西方文化來說。我們可以先提出，西方文化的宿命是甚麼呢？史氏表示，一切文化體系都含藏三個階段，那就是前文化階段、文化階段和文明階段。這是一個循環，永無止息。史氏提出，世界上總共出現過八個文化體系：埃及、巴比倫、印度、中國、古典（應是指希臘）、阿拉伯、墨西哥和西方。其中七個已經衰亡。只有西方文化還處身於文明的第一個時期：「戰國時期」。這個時期的與眾不同的地方是連綿不斷的戰爭和武力革命。各個不同文化的國家不停地相互攻伐，最後由一個大帝國勝出。由拿破崙起到第一次世界大戰是西方文化的「戰國時期」的序幕，二十世紀亦即是上一個世紀則是真正的戰國世紀。戰國階段的結束後是大一統的帝國出現。上世紀的美蘇冷戰仍是戰國時期，蘇聯解體，美國獨霸全球，那是史氏所未及見到的。下一波是怎樣呢？有人說中國和平崛起，是否能替代前蘇聯而與美國分霸全球呢？沒有人正確預知，因為這是未來

的。客觀地說是這樣。但史賓格勒有他自己的看法。他視德國日耳曼民族是西方最後一個民族，它負有歷史的使命：成為西方文化中最具有生命力量的民族，此中無疑地是宣示一個訊息，最後主宰世界、獨霸全球，正是德意志民族的歷史宿命。關於這整個形勢，可以下表作一例示：

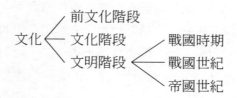

至於其他文化又如何呢？在墨西哥文化和中國文化中，在印度文化和埃及文化中，依史氏所見，都各有一群風格相同的偉大民族。它們出現於青春時期開始時，形成國家，推動歷史，並且在其演化的整個過程中帶著它們的基本形式向目標前進。此中有一定的宿命意義，但分而說之，仍各有其自的命定方向，彼此並不混同。

　　史氏以比較形態學為預測一個文化的未來發展的基礎，以至於對歷史有決定的作用。在這裡也可以談宿命問題。不過，一般的評論是，在追蹤文化的生命週期方面，未有詳盡地理解文化本身，未有從文化的內裡研究那些相關人物何以在實際上、事實上有那種有宿命義的相應的做法。史氏似乎認為自然本身包涵著既定的精神性，把這種既定的精神性視為屬於自然自身中的某些成分。在史氏眼中，不同的文化體系相互之間不可能真正理解對方。這是由於這些文化體系總是沒有相互地理解對方或他方的基源的表徵（prime symbol）。他基本上是依靠著文化的相互孤立性來進行他的歷史的理解。舉例以言，中國文化發展出來的仁、涅槃觀念，都先後突顯

出它的先、後週期的表徵。實際上，比較形態（comparative morphology）自身是預認對於比較的諸方能正確地把握到其中的教說的，但不一定是如此。這的確是一個困難。史氏如何解決這困難呢？他仿效柏格森採取浪漫的英雄主義，提出一些具有直覺的睿見能力的人會乘時而起，凌駕文化相對主義的關卡，挽救時弊。但那是沒有保證的、說不準的。這些具有睿智的人是可遇而不可求的。

上面提到文化的相互孤立性。這影響到全人類的歷史問題。即是，史賓格勒認為，所謂全人類的歷史實質上不存在，我們不能對這種歷史作為一個整體（as a whole）來建立，而只能建立各個文化的歷史。研究世界歷史，就是研究各個文化的歷史。即是，我們先對各個文化體系作歷史的研究，最後把這些歷史集合起來，而成就世界歷史。在史氏眼中，每一偉大的文化體系都源自於性靈的深藏不外露的基礎之上，每一文化體系都有其根本的象徵，如上面提及的仁與涅槃，表現於這個文化體系的各個面相上。每個文化各有自己的觀念、情欲、願望、感受和生活面貌，彼此之間是互不了解的。我們如何能研究和成立這種由各個文化體系組成的世界歷史呢？史氏的答案是通過文化形態學來達致。不過，這裡仍然有一個問題：既然各個文化體系之間相互不能理解，則他本人又如何理解西方文化以外的其他的文化體系呢？這便存在著矛盾。

四、戰國時期與會盟

在史賓格勒的文化形態史觀中，戰國時期是一個挺重要的階段。那是大戰爭的時節，諸侯之間相互攻伐，戰爭慘烈，死傷無數。以下試關連著中國的歷史來述說一下這個階段的慘酷情況。史

氏首先指出，在公元前 1500 年以後，有三種文化體系興起。首先登場的是旁遮普的印度文化；其次是一百年後發生於黃河中游的中國文化；再次是公元前 1100 年左右發生的愛琴海上的古典文化，亦即是希臘文化。在中國，在公元 441 年有其名而無其實的周王成了「東周公」的一個受國家供養時，文化已名存實亡地變成了文明。很明顯，從理性角度看，文明的層次遠較文化為低。中國的史學家稱這段時期為「戰國時期」。這個時期發展到最後階段，是群眾大軍之間的連年戰爭，社會也呈現著可怕的騷亂、暴動，結果是出現了「羅馬式的」秦國，作為中華帝國的建造者。在這裡出現了秦王政（嬴政）這樣的強人，他領導秦國，在最後的決定性戰爭中，成為全中國的霸主，並採用了「秦始皇帝」的名號。他建立了「中國和平」，以獨夫民賊的身分在疲弊的帝國中實現了規模宏大的改革，並像羅馬那樣迅速地建築他的「邊界」：有名的萬里長城。在這一連串運動中，作為丞相的大政治家李斯居於顯赫的地位。繼秦朝而起的兩漢，日漸擴展中國的疆界。而由宮中的宦官大臣、大將軍和軍人團體不時擁立和廢黜皇帝、統治者。

　　稍早於戰國時期的春秋時期（有人把這兩者視為同一個時段），曾流行過所謂會盟的活動。其中有盟主；在這個階段，有五個盟主相繼出現，他們是齊桓公、晉文公、宋襄公、秦穆公和楚莊王。盟主亦即是霸主。會盟的目的在把當時顯赫的諸侯聚集在一起，以和平的方式解決問題，盡量避免流血的戰爭。這些盟主是公侯出身的護國者，他們對陷於無政府狀態的許多國家行使一種非立憲的、然而是實際的權力，並且為了恢復秩序和承認穩定的政治原則而召集會盟，甚至把「中國的統治者」本人（這時變得完全不重要了，亦即是指中央的周天子）也從周室方面被召集過來。第一個

是齊桓公，他曾召集了公元前 659 年的會盟。關於齊桓公，孔子曾讚美他使中國免於倒退到野蠻狀態。實際上孔子是指當時的齊桓公的丞相管仲。所謂盟主，如同「潛主」一樣，其後成了一個詬罵的字眼，因為後來的人只把這種現象視為一種未經法律認可的權力；但毋庸置疑的是，這些傑出的外交家的任務是熱切地關心國家和歷史的福利，因而有相應的行動。他們反對古老、僵化的元素，並且得到年青的階級、才智人士和經濟上的支持。這是一種高級的文化現象，它告訴我們的只是我們迄今為止從中國史料中有關盟主們所了解的那一點。某些盟主是作家，另外一些盟主則喜歡挑選哲學家來做他們的大臣、下屬。

五、合縱、連橫與帝國主義

讓我們回返到戰國時期，這是西方文化目下所面臨的局面。史賓格勒認為，這是從拿破崙主義到凱撒主義的過渡，是一個普遍的演化的階段，它至少延續達兩個世紀之久。而且這又是一切文化體系中所必有的階段。在中國的這戰國時期，出現了七個強國：齊、楚、燕、韓、趙、魏和秦。它們最初是無計劃地，但以後越來越具有明確目的地走向那不可避免的最終結局，這就是前面提及的連綿不絕的戰爭和革命。周朝的統治者或周天子成了「東周公」的一個受國的供奉者，因而他所佔有的殘餘領土也不再在後來的歷史中居於顯要的地位了。

同時，「羅馬式」的秦國在非哲學的西北方迅速地興起了，它將其影響向西、向南擴張到西藏和雲南。蘇秦說秦惠王而未用，後之燕，說燕文侯，復說趙、韓、魏、齊、楚等國，佩六國相印。後

來變為國際聯盟（合縱）思想的支持者，投身於敵對的陣營，即六國，組成了兩次偉大的聯盟。然而，由於內部的不團結，聯盟在最初幾次戰鬥時就瓦解了。他的偉大敵手丞相張儀是一個堅決的帝國主義者。由於王位的更換，他（按指蘇秦）的合併流產了。強有力的秦王政在十三歲時候做了秦國的皇帝，採取了「始」的稱號。這就是中國的帝國時代的開始。

在公元前 480 至 230 年間，中國的一群國家在走向帝國主義。帝國主義的原則（連橫）在「羅馬式」的國家「秦」格外得到實行，它的理論上的代表是哲學家張儀。鬼谷子是一個淵博的懷疑論者，他對於這種「後期的」人和政治上的可能性不存任何幻想。一種國際聯盟的觀念（合縱）主要是從蘇秦得來的（註：蘇秦、張儀均出鬼谷子門下，史賓格勒即由此附會而言合縱思想始於鬼谷子）。它攻擊帝國主義的原則，但是完全無效。雙方都反對老子的及政治的唯心主義，但在他們兩者之間，順應擴張主義文明的自然趨勢的是連橫，而不是合縱。

六、小結

史賓格勒的《西方的沒落》內容非常複雜。在時間方面，它概括東西方文化在數千年的歷史的發展，在空間方面跨越東西方整個地球的全面範圍。此書在內容的敘述上，有多處重複、缺乏系統性的處理，也缺乏一種終極性格的歷史觀念。它說及多個文化體系的狀況，西歐只是其中的一種而已。它亦不復持西方文化的中心說。史氏對於文化的比較形態作了歷史哲學的剖析，視各文化體系為一種精神性的現象，植根於固定的自然性向。在他看來，一個文化體

系是一個族群對於他們的世界有一種和合的、連繫性的精神導向，
而且不是機械性的，卻是有機性格的。他把文化體系歸納為多種。
對人類的文化概念或思考，有點像黑格爾的國家概念。雙方都聚焦
在人類的活動的有機性格，展示出人的精神的某種確定的形式。與
黑格爾仍有明顯的不同，他不接受黑氏的歷史單位的陸續相連性、
連貫性，不認為這些文化單元所共同展示出來的精神性格，不認為
這種精神性格披露出來的精神的發展本性。他認為在這些文化單位
之間並不具有理性的連繫，它們相互之間並不具有一方影響他方的
發展程序。這種概念讓人想起萊布尼茲的單子論（Monadologie）
的思想：單子之間是各自獨立發展的，互不相通的。

筆者註：在撰寫這篇文字中，曾參考過以下文稿：

1. 齊世榮：〈德意志中心論是比較文化形態學的比較結果：評
《西方的沒落》〉，奧斯瓦爾德‧斯賓格著，齊世榮、田農、
林傳鼎、戚國淦、傅任敢、郝德元譯《西方的沒落：世界歷史
的透視》上冊，北京：商務印書館，2001。

2. W. H. Dray, "Spengler, Oswald", Paul Edwards, Editor in Chief,
The Encyclopedia of Philosophy. Vol. 7, Taipei: Rainbow-Bridge
Book Co., 1968.

第十章
史懷哲的敬畏生命的文化哲學觀

史懷哲（Albert Schweitzer）是近、現代的一個偉大的人文學者、思想家，他很有自己的一套文化哲學觀，對於近、現代的西方文化精神的衰退，有極其嚴刻而敏銳的批判，並提出自己的獨特的文化思想，這即是尊重、敬畏生命的文化倫理觀點，同時也強調積極的、樂觀的世界觀對文化成立的重要性。

一、總持的文化哲學觀

首先，史氏提出文化的本質問題。他從實現方面強調文化有雙重意義。即是，文化實現於理性對自然力量的控制中，也實現於理性對人類信念的控制中，並強調後者較具本質性。原因是，我們通過理性對自然力量贏得控制權，但這並不意味一種純粹的進步；而是利弊兼而有之的進步，其中的弊端會產生非文化的效應。人們會利用機器中的自然力量，威脅到人的經濟生活。而理性對人類信念的控制，可深刻地使人們和各個民族不能協調地合作，以利用這種自然力量，卻是為了對這種力量的控制，進行非常可怕的生存的鬥爭。這種生存的鬥爭可使我們生活在文化和非文化的危險的混雜之中，不能分辨出應走的路向，致作為文化的最終目的的個人在精神

上和道德上的完善無從說起。

　　從實現觀點躍進上去，史氏提出著名的敬畏生命來說文化的本質，這當然有倫理的意義。即是，我們的生命意志努力敬畏生命，敬畏生命日益得到個人和人類整體的承認。因此，文化不是表面上的世界進化的現象，而是深邃地指涉我們內心對生命意志的體驗。這是一種進步，可以關連到生命意志來說。即是，這進步使世界中的生命意志激發起來，他們在自身的活動範圍內敬畏一切生命，並在敬畏生命的精神中證成完善性。史氏強調，真正的文化要到了敬畏生命才能說。

　　由敬畏生命，史氏提出世界觀問題，這是一切系統哲學所必須涉及的課題。史氏強調，文化以世界觀為基礎，因此有所謂文化世界觀的說法。史氏強調，世界觀要由許多個人的精神覺醒和倫理意志而成，不是表面上對世界的看法那麼簡單。如果倫理的精神確實是實現文化的現實領域的充分基礎，那麼只要把這一領域重新導向文化世界觀，以及由此產生的文化信念，我們就能夠回復到原來的文化。這樣，倫理精神被視為實現文化的基礎，便有所謂倫理的世界觀。

　　這種世界觀是肯定世界和生命的，也是樂觀主義性格的。這種世界觀能夠鼓舞、激發人從事以文化為目標的行為。同樣，只有倫理的世界觀才具有使人在行為中抑制以至放棄利己主義的利益的力量，同時促使人把實現人的精神和道德完善作為文化的根本目標。

　　在近、現代，文化理想逐漸不為人所關心，而變得衰竭了。文化理想為甚麼衰竭呢？它如何衰竭呢？史懷哲指出，我們不能基於自然生命的種種類比來回應。他往樂觀主義的世界觀和倫理的世界觀追溯上去，認為文化理想不能夠充分地、堅定地證成這兩種世界

觀，所以衰竭了，下滑了。如果我們能夠重新提出一種令人具有充分信心的倫理性格的肯定世界和生命的世界觀，我們便能抑制不斷在加劇發展的文化的衰落現象，而重新達致一種真正的和富有活力的文化。文化革新是來自世界觀的革新的，這是文化的真理。

　　史氏又把文化衰落關連到哲學方面來。他抱怨人們不再反思文化問題，不關心精神生活問題。哲學方面應就它的不稱職而負上責任。他指出哲學家如康德、費希特、黑格爾等只以思辨的方式，通過對存在和後者展開而成就世界的「邏輯和認識論的思考」，論證或證成一種樂觀主義性格和倫理性格的總體的世界觀。但他們的思辨哲學敵不過強力的科學，因此被打壓下去了。結果是作為文化基礎的倫理的理性理想四處飄散。哲學失去真理的意義，而要向科學讓路，後者被視為真理。史氏認為，哲學本來是普遍的文化信念的創造者，但在十九世紀中葉崩潰了，漸漸遠離現實。它淪於自然科學和歷史科學的成果的整理者。它也日益專注於研究自己的過去，哲學逐漸成為哲學史，沒有了創造的精神。

　　進一步，史懷哲更以「災難」的字眼來說十九世紀中葉以後西方世界的文化狀況。他一針見血地指出，西方文化的災難在於物質發展大大超過了精神發展。科學上的發明和發現使人們以不同於平常的方式控制了自然力量，也改變了個人、社會團體和國家的生存狀況。我們的耳目被文化的物質成就所遮蔽，不再關心看不見的精神文化的重要性。史氏作了一個譬喻：只在物質方面，而不同時以相應的速度在精神方面發展的文化，就像一艘加速航行而舵機受損的輪船，失去了控制而駛向災難那樣。

　　在文化的滑落、崩潰下，倫理也失去了存在之所，它不能對社會有甚麼有力的影響，反而受到現實社會的管束。正常的情況是，

倫理是從事思想的人的事業,個人可以在社會中持守自己的倫理的人格。在這種情況,社會可以從純粹自然的單位轉化為倫理的單位。我們在生活上的原則、信念和理想,都基於絕對倫理而建立起來的,這絕對倫理即是對生命的敬畏。文化的崩壞,讓這條道路堵塞了。

史懷哲又把文化與人性緊密地連合起來。他指出,文化的基礎包含著人性的踐履、展現;必須要能保持著人性,不讓它被踐踏或扭曲,才能說是文化的人。他很重視思考,特別是倫理性格的、道德性格的反思,強調我們要牢固地守著這種反思,才能讓自己不受外在的、表面的物質發展所干預,維持文化的獨立與尊嚴。現代人要有成為真正的人的渴求,才能從徬徨於其中的、為知識的不斷膨脹而自傲的失誤中回過頭來,恢復原來的自然心態,以抗拒威脅他的人性的生活上的壓力。最後他強調,只有敬畏生命及對世界和生命的深切的肯定,做一個倫理的人,才是真正的人性。

在文化的發展方面,史懷哲也有他自己個人的看法。他認為個人的思考應該追求整體進步的理念,並盡量在現實的環境中把這理念實現開來。在他看來,理念是基於理性理想,我們要讓它以一種最恰當的方式來影響現實世間。人作為文化的承擔主體,有能力理解文化,為文化而展開種種活動,但他必須表現為一個思考的和自由的人,他要讓理念、理性理想向大眾發放開去。

最後,對於上面提到史賓格勒的文化形態史觀,認為歷史、文化是有生機的,會經過生、長、老的歷程,最後會瓦解、消亡的看法,史懷哲並不同意。他表示,說文化也具有自然性質,它在特定民族的特定階段會繁盛起來,然後必定走向衰老、凋謝,以至於必定有新的文化民族產生,取代消逝的文化民族,這種觀點不能接

受。文化民族可憑藉倫理的理性理想，讓個人和社會贏得它們撐持下去的力量。他認為只有倫理的文化概念才有其常住性，才有權利繼續撐持下去，而不會消亡。

社會主義特別是共產主義所提的階級鬥爭的歷史觀或文化觀又如何呢？史懷哲也不認同。他表示有些人把拯救的希望寄託於社會主義和共產主義的社會組織。他們認為我們生於斯長於斯的無文化狀態甚至反文化狀態來自制度的失靈；他們期待一種從新的社會組織產生出來的文化。史氏表示，這些人相信新的社會制度會帶來新的精神。史氏斥責這些唯物主義的信徒顛倒了精神和現實的關係，認為精神價值能夠以事實的產物而生起。他們甚至希望戰爭特別是階級鬥爭能使我們的精神產生和煥發起來。

二、史懷哲的文化哲學的總綱：敬畏生命的倫理

以上概括地闡述了史懷哲的文化哲學思想。以下我們要對這種思想的一些重要觀念或觀點較周延地述說一下。首先是敬畏生命。按敬畏生命（Ehrfurcht vor dem Leben）或尊重生命是史懷哲的整套學問，包括哲學、神學、音樂和醫療的核心觀念，他的整個人生觀也是從這裡開始的。他如何構思和發現這個觀念呢？以下是在他的《自傳》中選取的一段話語：

船費力地在砂丘中間的河道穿行，緩慢地逆流而上～這時正逢旱季。我茫然坐在駛船的甲板上，心中想著在任何哲學中都找不到的根本的普遍的倫理性概念。……在第三天日落的

時候，船正從一群河馬中間走過，我心中突然閃現「尊重生命」這幾個字，那是我從未預感到也未預期到的。～鐵門終於打開了，叢林中的道路變得清晰可見了！現在我終於找到一條道路可通往對世界的肯定以及倫理都包含在內的理念！現在我終於明白，倫理性的對世界和人生的肯定態度與文明理念都是具有思想基礎的。……笛卡兒以「我思故我在」的命題做為思考的出發點。他選擇這樣一個開端後，便發現自己無可救藥地走到抽象的路上去。從這個空洞的、造作的思考法，關於人對自己以及對宇宙的關係，當然無法產生任何結果。但事實上意識的最直接的活動是具有內容的。思考意謂著思考某種事物。人類意識的最直接的事實是：「我是為有『生存意志』的生命所環繞的有『生存意志』的生命」。[1]

他表示自己終於明白怎樣論證倫理並把它與肯定世界和生命結合起來。他表示敬畏生命是無限的、根本的、前進意志的主動存在。一切存在的根源都在這種意志之中。這種意志使我們超越對事物的所有認識。一切富有活力的虔敬都出於對生命的敬畏，和對理念的需求。按這裡史懷哲給予敬畏生命一種存有論的意涵，但他沒有提供論證，因此說服力不是很大。另外，他說意志讓我們超越對事物的所有認識，有倫理學或道德的涵義，這有類於康德講純粹理性之後復講實踐理性。認識是純粹理性或知性的事，超越它便碰觸及實踐理性，那是處理一切倫理或道德問題的。

---

[1]　史懷哲著，梁祥美譯：《史懷哲自傳：我的生活與思想》（臺北：志文出版社，1998），頁 178-179。

在內容方面，史懷哲強調敬畏生命產生於有思想內容的生命意志，它內在地包含肯定世界和生命與倫理。它自始至終都是對一切倫理文化理想的思考和意願，也能夠把這種理想付諸實踐，在行動上表現出來。

在對世界的態度方面，就敬畏生命來說，人們過退隱的生活，追求自我的完美性，雖然有其深邃性，但這不是一種完整的文化理想。敬畏生命不允許個人放棄對世界的關懷，對於世間的種種苦難掉頭不顧。敬畏生命促發個人與其周圍的生命盡量保持頻密的交往，並感受到對它們負有責任。

就主體應該履行他的責任來說，史懷哲提出，人的生命本身便藏有意義；這意義是他使他的生命意志中的最高理念～敬畏生命的理念～富有活力，能夠不斷活轉。依於此，人賦予自己的生命和周遭所有的生命意志以價值，並促使自己行動起來，創造價值。這是根源之處，倫理與肯定世界和生命都從這裡來。在史懷哲看來，倫理正是敬畏生命。敬畏生命把道德的基本原則賦予人。一切善惡都從這裡說起；即是，保存、促發和提升生命，便是善；而惡則是毀滅、防害、阻礙生命的前進。而上面提到的所謂創造價值的具體做法是如何呢？史氏認為，世界的意義不是對它言說一番，卻是以內在的、內心的道德的必然性的行為去做，在世界之中和對世界堅持倫理的原則。他甚至上訴到宗教方面去，強調要使自己的生命活在上帝之中，活在神秘的上帝人格之中。

在這裡，史懷哲又提世界觀的問題，並強調對它的革新。他表示，我們在世界觀的革新方面只能出於一種徹底地真實和堅定地勇敢的想法，而且是吊詭性格的。如同理性一樣，如果它思考到底的話，就必定會轉變為非理性。譬如說肯定世界和生命與倫理是非理

性的。這些東西不能在關於世界本質的相應認識中被論證，而只能是信念。即是說，像世界、生命和倫理這樣的非對象性的東西，不能在純粹理性之下被認知、被證成。它們是信念，只能交由實踐理性來處理。史氏的意思是，這些非理性的背反或悖論支配著我們的精神生活。因此他指出所有具有價值義的信念都是非理性的，是超越理性的。由於這些信念不可能出於對世界的認識（按指知性層面的認識），而只能出於對生命意志的思想體驗的昇華中，因此具有熱情的特性。在這種體驗中，我們超越了所有的世界認識。史懷哲繼續表示，經由理性的思想，真正的神秘主義之路達到了對世界和我們的生命的深刻體驗。最後，史氏作結謂：在認識中，我們必須把認識提升為對世界的真正的體驗。在這種情況下，思想最後會成為宗教。

上面提到敬畏生命含容著肯定世界和生命。這意味著保存我們自己的生命和保存所有我們對它們能夠影響的存在，實現其最高價值。在史懷哲看來，深邃的肯定世界和生命涉及我們要思考個人、社會和人類的物質和精神完善的一切理想，並透過這種理想使我們獻身於永恆的行動和希望之中。這種深邃的肯定世界和生命不容許遁世的行為，卻是促使我們積極地、盡可能地在行動上關注我們周遭的一切事物。按這裡強調行動和希望，與基督教和儒學的態度頗為相應。

史懷哲強調，敬畏生命的信念具有濃厚的宗教性，因此能夠推動教會實現宗教共同體的理想。在一切表述於歷史中的信仰之中，敬畏生命有促使宗教神秘主義成為虔敬的基礎和本質的作用。這宗教神秘主義是與無限意志合一的。在我們的心靈中，無限意志作為愛的意志有自覺的作用，作自我體驗。另外，敬畏生命的信念所關

注的是最有活力和最為普遍的東西，因此能促使不同的宗教共同體擺脫其過去歷史的偏隘性，開拓出它們之間的相互理解和統合的路向。

　　理性主義與神秘主義有密切的關係。我們可以這樣說，在敬畏生命之中，始終保留著一定程度的理性性。在其中，我把最高的價值賦予自己的存在，並把我的存在奉獻給世界。史氏強調，神秘主義的動力來自敬畏生命，前者創造和保存了一切價值，並服務於人和人的完善性，構築整體的文化。這種說法與柏格森的神秘主義有很寬廣的對話空間，後者便很重視神秘主義的動力作用，視之為宗教的形成與活動的基礎。

　　敬畏生命的一種重要活動是肯定生命。但這肯定生命與它的對反面亦即是否定生命之間，需存在著一種有效的平衡關係。這不容易做得到，雙方總是處於一種張力之中。史懷哲很重視這點。在他看來，倘若這張力扯得很緊，便不能鬆弛下來。若果鬆弛了，倫理就會崩潰。倫理本身是一種無限的熱情，這熱情是倫理的中流砥柱。這倫理與思想有些淵源，但與邏輯無關連。倫理有其情方面的內容，不能被邏輯化。但這情或熱情性必須處於中和程度，如果過於氾濫，則會使人迷失了理性，倫理便易情緒化，生起激情，使文化停滯不前。

　　上面說過，史懷哲以對生命的態度來說倫理，特別是善惡的問題。他提出善是保存生命，促發生命，使可發展的生命實現它的最高價值。惡則是毀滅生命，傷害生命，壓制生命的發展。在史氏看來，生命自身便神秘地有我在思想和行為中應該敬畏的價值，這價值是獨立的，不能被取代。故以對生命的迎拒來說倫理上的善惡，是有其依據的。這頗令人想到魏晉時期的道家如王弼和郭象的自然

思想。對於自然，王弼提出要隨順它，讓開一條它要發展的通道：不禁其性，不塞其原。郭象則提出萬物雖然有種種不同大、小和樣態，但在自然之下，它們都是平等的、處於逍遙的狀態，不能被取代：「逍遙一也」。

　　順著上面所說以對生命的或迎或拒來說善惡，我們回返到倫理方面。在史懷哲看來，倫理的核心意義是對於生命有一種必然的道德的、同情共感的體驗：對自己的生命意志採取敬畏生命的態度，對一切其他的生命意志也採取同樣的敬畏生命的態度。在這裡便可以確立道德思想的必然的基本原則。善是保存和促發生命，惡是毀滅和阻礙生命，像上面所說那樣。史氏表示，實話實說，在對人際行為的倫理的評價中，對人類生命的物質和精神的保存或促發，對實現人類生命的最高價值的追求，便是善。反之，對人類生命的物質的或精神的毀滅或阻礙，對實現人類生命最高價值的追求的疏忽，或袖手旁觀，毫不關心，就是惡。很明顯，史懷哲是以生命的發揚來說倫理學與善惡：能發展的是善，不能發展甚至阻塞的是惡。但所謂生命的最高價值究竟是甚麼，史懷哲則未有明說。

　　敬畏生命自然有尊重生命的意涵，這裡也涉及世界觀的問題。特別是就尊重生命來說，史懷哲提出尊重生命包含「覺悟與超脫」、「對世界和人生的肯定」和「倫理性」。他認為這是世界觀中有相互關連的三種根本要素，是真正的思想所能夠產生出來的成果。從過去到現在，曾經出現過求道與求超脫的世界觀，有過肯定世界和人生的世界觀，也有過追求符合倫理的世界觀，但從來未出現過能將這三者結合在一起的世界觀。只有認為這三者是「尊重生命」的普遍信念的產物，並承認三者都包含在「尊重生命」的概念中，才能把它們結合起來，而成一個總合的世界觀。史氏指出，

「覺悟與超脫」及「對世界和人生的肯定」都不能獨立地存在於「倫理性」之外。按史氏的這種說法，無異是所謂三位一體。

　　在人生的存在的意義上，史懷哲強調，人能夠讓自己的生命存在具有意義的唯一方法是，把自己與世界的關係由自然性格上提到精神性格。怎樣做呢？史氏指出，首先，與世界的關係處於被動境況的人，必須藉「覺悟與超脫」而與世界成立一種精神的關係。他強調，真正的覺悟與超脫是指人一方面感到自己受外界現象的支配，但另方面又能向內在的獨立自由挺進，以擺脫被外在的環境決定的命運。甚麼是內在的獨立自由呢？就是人有能力克服命運中的一切安排，包括困苦在內，他便可以成為更有深度、更有內涵的人，可以自我淨化而保持內心的平靜。因此，覺悟與超脫正是在精神上和倫理上肯定自己的生命存在。最後他指出，只有通過覺悟與超脫而被淨化的人，才具有肯定世界的資格和能力。

　　在以上的有關問題上，史懷哲對歐洲哲學進行過反思。他認為歐洲哲學的優點在它有願望要得到樂觀主義～倫理的世界觀；它的弱點或不足在於，它未能對這種世界觀作出論證。因此，他提出，我們這一代人所要注意的是，以深邃的思想追求真實不虛妄的、富有意義與價值的世界觀。他並表示唯一富有意義與價值的世界觀是樂觀主義～倫理的世界觀，我們有責任革新與推展這種世界觀。

　　在這裡作一小結。史懷哲在文化哲學方面，有很明顯的貢獻。他提出以敬畏生命為總綱或主軸的倫理學的文化觀，以此為基礎建立一種具有普遍意義與價值的世界觀，突破基督教的以人格神為中心的宗教哲學，開拓出更寬廣的意義與價值的世界。在這個方向上，他拉近西方宗教與東方宗教的距離。西方宗教一向都是以人格神為中心信仰的，東方宗教則不大有這種情況。即便說有神，也非

常多元和複雜。我們不必在這裡牽纏下去，不如處理一些較具意義
的問題。

三、世界觀問題

　　首先看史懷哲對世界觀的理解。他先提出世界觀是思想的總
和。這種思想促發社會群體和個人思考世界的本質和目的，思考人
類和個人在世界中的地位和使命。例如思考我們生於斯長於斯的社
會有甚麼意義，我們自身在世界中有甚麼意義，我們在世界中有甚
麼要求，我們向世界有甚麼盼望。按這樣對世界提出問題，並不是
把世界作為一個純然是客觀的、獨立的領域來看，而是在與自身的
切身關係的脈絡中來探討世界。這樣，世界觀便具有理想的意涵、
現象學的意涵。

　　史氏提出，世界觀與生命觀有密切的關係；在世界觀中，有兩
種東西交織在一起，這便是關於世界的觀念和生命的觀念或生命
觀。這兩種東西是相互諧和、協調和相互補充的。史氏批評有人天
真地認為世界觀是基源的，我們可以在世界中開拓出生命觀。這似
乎是特別針對歷史形態學或文化形態史觀而言，後者認為歷史或世
界具有生機，有生、長、老、死的歷程。史氏認為我們應該放棄一
切廣泛地、有機地包括生命觀在內的世界觀概念。

　　史氏指出，說到思想的歷史，人們總是把它只看成是闡述哲學
體系的歷史，而不把它看為是探尋世界觀的歷史。歷史或文化與世
界觀有密切的關聯，我們講文化，是不能把世界觀問題拋棄在一旁
的。他強調我們應把哲學思想視為對世界觀的努力探索。思想的本
質在於對世界觀的努力探尋，其形式為何，則不是那麼重要。

　　再進一步，史懷哲強調世界觀的特別的重要性。他從思想與精神說起，指出思想構成文化的本質，精神則也涵具文化的本質的意義，同時具有豐富的價值內涵。在這裡，史氏提出兩個問題：一、理性主義者所提出的文化理想的動力來自甚麼地方呢？二、對於能夠實現這種文化理想的信念、信心又來自何處呢？史氏的答案是來自他們的世界觀。他進一步強調，理性主義的世界觀是樂觀主義和倫理性格的。他們的樂觀主義在於，他們設定了一種普遍的、在世界中起作用的、指向完善的合目的性，個人和人類對物質和精神進步的追求在其中獲得了意義、重要性和成功的保證。這種世界觀之所以是倫理性格的，是由於它把倫理視為某種合乎理性的事實，並且以此要求人放棄利己主義的利益而獻身於一切可能實現的理想，也是由於它把倫理視為決定一切的尺度。

　　因此，史懷哲提出要重建世界觀，並且強調這種重建的工作是非常逼切的，幾乎沒有其他的工作比它更逼切了。他特別提到「文化世界觀」，這是一個純正的思想的大廈，人可以在其中安身立命，吸收到一種生活和行動的理念，形成一種具有「宏偉方向的理念」的社會。對於這種理念，我們不能讓它掛在空中，卻應把它實現出來。他很有信心地說，我們一定能夠從新的理念創造出新的歷史與文化。

　　史氏繼續強調，如果思想家為一個時代創立了有價值意義的世界觀，這時代便能在理念上提升其境界與使命，這便是所謂歷史文化的進步。如果不能這樣做，其結局是歷史文化的落後。他舉例說，羅馬帝國雖然有很多傑出的政治家和統治者，但最後還是逃不了崩潰的命運。原因很簡單：古代哲學沒有產生一種有理想而且能實行並維護帝國的思想性格的世界觀。

　　上面提到文化世界觀，史懷哲作出深邃的檢討，特別是從實踐方面著眼。他的問題是：怎樣才能使世界觀成為可能呢？在現實的、具體的生活中出現呢？他歸結為這樣的問題：世界觀應該滿足哪些條件呢？或者說，怎樣的性格才能與世界觀相互連繫起來呢？他先強調世界觀必須是思想性格的。思想的重要性，在史氏看來，只有產生於思想並求助於思想的東西，才能夠成為一種精神力量，以支配整個人類社會。在許多人的思想中，那些被選擇出來重新思考的，作為真理而被把握的東西，才具有直接的和持續的使人確信的力量，才具有說服力。

　　就一般人的看法來說，世界觀的成立，需要通過形而上學。史懷哲不同意這種說法。他認為有謹慎的學術的「形而上學」，和自負的、幻想的「形而上學」，前者是嚴守學理的義理的「形而上學」，後者則是浪漫的、主觀的「形而上學」，都與世界觀沒有直接關連，不能真正地為我們提供世界觀。

　　上面講的兩種形而上學，都不能對世界觀有所貢獻，這是實踐的問題。從實踐的角度來說世界觀，史懷哲強調有兩點是要注意的。一是有關世界觀的性質對於探尋世界觀的特別意義。即是，在關於世界和生命這兩個基本問題的構思方面，對於我們有價值的、提升我們的生命意義的活動，必須肯定世界觀和生命與倫理的重要關係。我們應圍繞著這兩個基本問題去探索，方向就會很正確。另外，我們要明白，西方思想必須論證一種肯定世界和生命的倫理的世界觀，才能在認識論、形而上學和思考的策略中，在某種程度上透過肯定世界和生命與倫理來解讀世界。最後，史懷哲遺憾地說，當啟蒙運動、理性主義和十九世紀初期的偉大哲學上的理想主義世界觀變得軟弱，而失去影響力量時，就出現世界大戰。在那個時

候，人們所具有的理念和信念已經不能合理地解決各民族之間所存在的問題了。按史氏似有這個意思，傳統哲學的理念與信念能夠促成世界觀，近、現代發展出來的科學與技術（科技）則會摧毀世界觀。

以上是史懷哲的有關世界觀的思想。由於世界觀所牽涉的事物非常多元，他只強調世界觀是思想的總和，是不夠的、太寬泛。思想所涉及的範圍非常寬廣，不同思想之間有時有衝突的情況出現，如何能夠把它們拉在一起，而成就世界觀呢？這總和是量性格抑是質性格呢？沒有說清楚。

另外，世界觀中的世界，不是經驗性格的客體，因此不可視為是知識的對象，它應有主體性的成分滲入其中，例如一些洞見、智慧或睿見之類。我們要成就一種世界觀、正確的和有內涵的世界觀，是需要在現實生活中有多元的體驗；這些體驗不純是知識性的，毋寧是，它展現一種明覺性、一種在實踐方面才能達致的精神境界。故世界觀是一個存有論的概念、觀念，也是工夫論的觀念。

進一步從內容方面說，我們看世界，可以從不同的角度看；可以從科學、道德方面看，也可以從藝術、宗教方面看，因而分別開拓出科學的世界觀、道德的世界觀、藝術的世界觀和宗教的世界觀。這些不同的世界觀也不應是相互獨立的、沒有溝通的空間，而應是交互影響、參涉，互補不足，最後成就一種具有價值義、理想義、現象學義的世界圖像，像佛教華嚴宗所強調的法界（dharmadhātu）。史懷哲雖然提到文化世界觀，但未有作進一步的闡述文化的內容，更不要說論證了。實際上，上面提及的科學、道德、藝術和宗教，都可以被視為是文化開拓的多元表現、成果。

在世界觀之外，史懷哲也提出生命觀，後者是一個非常重要的

觀念。史懷哲認為，這兩者之中，生命觀比世界觀更具多元性。我們可以從生命觀開展出世界觀，反之則不然。即是，世界觀不能開出生命觀。其中重要的一點是，世界觀傾向於客體方面，生命觀傾向主體方面。史懷哲承接德國觀念論，因而比較重視觀念方面、主體性方面。但世界觀與生命觀的關係如何建立，又如何讓生命觀主導世界觀，史氏都略而不談，這不免讓人感到可惜。

另外也有一要注意之點。史懷哲不是一個純然的、典型的哲學家，他的著作不是純粹的哲學著作。他有很深厚的人文關懷，知識也非常豐富。要把他的哲學思想特別是文化哲學思想料理出來，不是那麼容易，需要具備多元的知識才行，例如神學、音樂和醫療等方面。在這些方面，他的成就也是挺高的。他不是一個分析性的、事業性的哲學家，而是一個綜合性的哲學家。要把他的哲學思想周延地講出來，作者需要具備多方面的知識，特別是上面提到的幾種。

第十一章
佛洛伊德的精神分析史觀

一、今日的佛洛伊德

黃奕睿：今天我要講佛洛伊德（Sigmund Freud）的精神分析史觀。如果說佛洛伊德是「精神分析學派」的創始者，我想在學界應該是普遍被承認的事實，而在佛洛伊德的時代（20 世紀初期，尚未經歷戰爭而對科學懷抱著一種樂觀進步信念的背景中），我相信最初佛洛伊德認為他的精神分析方法（包括了拓樸學方法的典範轉移）是一門新的科學技術，但隨著科學一詞在其本身的進步以及一群科學哲學家於二十世紀中的努力，精神分析方法的科學有效度也漸漸受到揚棄。就今天的角度看來，至少在心理學領域，佛洛伊德的精神分析好像已經是落伍的歷史殘骸，是教科書上不得不提但僅作為一種回顧的學科發展脈絡；甚至連佛洛伊德未曾謀面的學生拉岡（Jacques-Marie-Émile Lacan）都好像比這位創祖更令學界著迷。而佛洛伊德自身也是研究精神醫學出身，因此，就他本人而言我可以斷定，對於「精神分析」的概念是環繞在科學要求之上的，這在此是個重點。

吳汝鈞：等一下，精神分析和神經科學是不一樣的東西對吧？

黃奕睿：是，是不一樣。

吳汝鈞：神經科學就是腦科，在香港還區分了神經外科和神經內科，外科就是做手術的，內科就是給藥的。

黃奕睿：臺灣也有同樣的區分。而他們跟臨床心理學又有些差異。隨著時代演變，大概在上世紀 70 年代左右，科學的發展又限縮了對於「甚麼是科學的」之概念，在今天的心理學系中好像已經沒有甚麼人在做精神分析研究了，這個學說好像已經在科學的發展中被否定掉，造成這個結果的成因也包括了科學哲學在近 50 年至一百年間的討論中，精神分析好像已經不符合科學哲學中對於「真科學」的條件要求，今天即使在哈佛大學中甚至無法在心裡學系中找到一個佛洛伊德的專家。雖說如此，佛洛伊德依然為許多學科遺留下珍貴的資產，我想這是他始料未及的；包括了哲學、社會學、文化研究和文本分析等等，一直到今天都還是可以看到佛洛伊德對它們的顯著影響，而當代火紅的人文學家如齊澤克（Slavoj Žižek）、傅科（Michel Foucault）、阿圖塞（Louis Pierre Althusser）等人的論述亦時常包圍於精神分析之上。有趣的是，在這些當代的研究裡，佛洛伊德的精神分析「方法」已經不再總是被以一種「科學研究方法」看待，精神分析延伸為一種主體性分析，且可以是一種以文化主體為對象的分析方法，在這個轉化中，拓撲學變成了系譜學，於是主體性一詞又回到討論的中心；而潛意識變成了意識形態，[1]現代性問題與個人從一個新的面向連結起來；同時現代社會中的倒錯（perversion）和歇斯底里（hysteria）的對立

---

[1]　不過這也是涉入了榮格的集體潛意識學說以後才得以形成的概念。

關系建立在性化（sexualized）或非性化（non-sexualized）等問題亦必須在經過佛洛伊德的禁律（prohibition）──匱乏（privation）的相互關係作為基礎方能解釋。有趣的是，這層關係在佛洛伊德那裡原本是作為社會發展原則來討論的，主要內容座落在〈一個幻覺的未來〉（*The Future of an Illusion / Die Zukunft einer Illusion*, 1927）和〈文明及其不滿〉（*Civilization and Its Discontents / Das Unbehagen in der Kultur*, 1929）。從這個角度看來，佛洛伊德基於其精神分析基礎所建立的文化相關學說一直到今天依然有其價值，在後面我也會講到這個方面。

　　有一個重點我先提一下，在當時主流的實證主義科學觀背景中，不認為主體概念是科學可驗證的，因此佛洛伊德不提主體，而提「拓樸學」作為使精神分析可被實證的方法論典範。

吳汝鈞：拓樸學最初是屬於哪一學科的呢？

黃奕睿：拓樸學最早是數學，那是一種數學對於空間或某種函數或視覺形象的轉換，如果去維基百科上查詢，可以看到一個例子：一個馬克杯形象在被壓縮以後可以變成另一種形象。這方面的就真的是屬於數學方面的知識了，而佛洛伊德使用這個字詞概念時，我認為他是取其寓意概念。就像是尼采在講述道德的系譜學時其實也是類似佛洛伊德在講述拓樸一般。最後我再提一下我主要要考察的部分：第一，佛洛伊德畢竟不是一個歷史學家，因此談他的精神分析史觀究竟是怎麼一回事呢？第二，在今天，佛洛伊德的精神分析方法已經不再是那麼「科學」了，他還留下了些甚麼呢？又是以何種方法保留了獨特的價值在其他的學科之上？

二、佛洛伊德的精神分析史觀

接下來我就來講第一部分：佛洛伊德的精神分析史觀。

佛洛伊德對於個人精神有著著名的三層架構，即是本我、自我和超我。本我在時態上是最早出現的，並僅僅為了滿足快樂和欲望而驅動；佛洛伊德的觀點中最純粹的本我表現在人類嬰兒時期，餓了便哭、累了便睡。同時，本我是盲目（outrageously stupid）的，這意謂著它是非理性的表現，也不具有理解意義的能力。佛洛伊德將嬰兒時期的本我表現另稱之為「多形性反常」（polymorphous perversity），意謂「追求純粹的快樂」。但不幸的，世事總難以盡人意，隨著時間的前進嬰兒會發現當他意欲滿足於快樂的追求，卻不能總得到滿足；這時候「挫折」（frustration）便會出現。一旦挫折出現，作為妥協的自我也隨之建立，這個妥協包含了「尋求滿足快樂的辦法」以及「試圖壓抑對於快樂的欲求」兩個面向；無論是哪一個，都需要具備一般詞語意義中的「理性」方能達到目標，或是說，自我的出現象徵著「意識」的起源。最後是作為挫折的另一面向：「規戒」或「禁律」；也就是挫折的起源。在這之中，規戒內化於個人形成超我，它透過「由於違背規戒而受到懲罰」的過程中建立形象，其內容包括了道德、良知、公共意識等等。同時，超我也是盲目的，它並不具有自我反省的能力，它只會不斷對自我提出規範中的要求以及質疑本我的欲求是否符合規戒內容。

自我便是夾在本我和超我抗衡之間，一方要求滿足欲望，另一方則不斷提醒滿足欲望是羞愧的，這個羞愧的對象便是自我；或是說，從自我發展而來的意識。不過值得注意的是，在佛洛伊德的理論中，這三層架構絕大多數都是落在「無意識」之中，我們並不能

察覺到這三層結構於知覺之中，這意味著人並不能透過單純觀察或感受來掌握這三層結構，如同腑臟的運動和控制；無意識大概可以用此類比，它的確有在運作，但是在一般狀態下我們難以察覺。

吳汝鈞：你這裡提到的三個我：本我、自我和超我，有一種解釋就是，自我便是 ego，本我就是潛意識，而超我的意味就是對於自我提出警告，對於自我提出行為要求。有人認為超我是一種良知，但通常我們講道德良知時是一種出自於自主的狀態，所以超我的這種良知沒有道德的意味。但不管是超我、自我還是本我基本上都沒有「超越」的意味，即使本我相當於唯識學的第八識「阿賴耶識」，但那還是在現象界中的，基本上沒有超越現象性。在佛洛伊德的學說中基本上找不到具有超越意識、現象的說法，也就很難去找到對應於道德良知的說法。這是一般的看法。有些人覺得精神分析已經過時，他提出的那些心理治療的方法已經在時代中被超越了、過去了；我要說的是，如果他提出的精神分析跟我們實際上的自我活動還是不相應的話，那就沒有過時與否的問題了。例如性慾，佛洛伊德認為很多事情對人類來說都和性慾有關，包括各種情結；佛洛伊德認為，人從嬰兒時期開始男女的情結就不一樣，男生有一種戀母情結，女生則有戀父情結。

黃奕睿：我補充一下，戀父情結是後來佛洛伊德遭受質疑才添加上去的，最初佛洛伊德根本認為女性沒有超我的部分。佛洛伊德是一個有強烈性別歧視的男性，因此他一開始就沒有考慮到關於女性的部分。不過我大致上講一下戀母情結和父親的關係：嬰兒出生以後第一個受到的便是母親的關愛，進一步他想佔有母親，在性成熟以後他更想娶母親為妻，此時父親就成為阻礙。父親才是真正能夠跟

他搶奪母親的對手，但在身體成熟度上他不比父親強壯。佛洛伊德認為兒童害怕被父親「閹割」，所以投降，在投降以後用康德的語詞，父親成了一種具有「崇高」形象或具有權力的角色去制約兒童的行為，此時他從對母親的依賴轉換為對父親的恐懼，再由恐懼轉換為對父親的依賴，尤其是在禁律方面的制約。其實這個過程就像前面所講的本我自我超我三者的拉扯關係，也和挫折、禁律和匱乏關係在同一種論述系統中進行。佛洛伊德的這種論述貫穿了整個精神分析學說，包括他在講文明起源與發展和歷史也是有這樣的類比。以上可以視為佛洛伊德的理論基礎，由於本文主要不是針對心理學史為主要重點，我大致上就先提到這問題。不過，就一個理論基礎來說，以上的結構和結構的作用方式將會以一種類比的方式再次出現在佛洛伊德的精神分析史觀之中，同時這也是某些批評者認為佛洛伊德的精神分析方法並不是「科學的」之緣故。同時我也認為，精神分析的科學性格與否在映射精神分析史觀來說，是值得考量的部分；在佛洛伊德以後的拉岡將精神分析重新歸入人文科學而非自然科學，[2]最終導向一種精神分析哲學時，「史觀」這種概念才能在佛洛伊德的學說之中被發掘出來。

同時，也因為這樣的性質，文明和文化的區分就顯得沒有那麼重要。佛洛伊德在〈一個幻覺的未來〉[3]一文中講述了從精神分析角度下對於文明起源的詮釋，首先他並不區分文明和文化的差異，他如此言道：

---

[2]　〈專訪拉岡嫡系弟子霍夫曼：精神分析的實踐（上）〉引自網路資料。

[3]　此文譯本收錄於佛洛伊德著，徐洋、何桂全、張敦福譯：《論文明》（臺北：國際文化公司，2001）一書。

人類文明，我的意思是指人類生命將自己提昇到其動物狀態
之上的有別於野獸生命的所有那些方面——我不屑於在文化
和文明之間做出區分——如我們所知，向觀察者展示了兩個
方面。一方面，它包括人類為了控制自然力量並獲取其財富
以滿足人類需要而獲得的全部知識和能力；另一方面，它還
包括調節人與人之間的關係的、尤其是調節可用財富的分配
所必須的規章制度。文明的這兩個方面並非相互獨立：首
先，因為人與人之間的相互關係深受本能滿足的數量的影
響，而正是現存財富使這一滿足成為可能；其次，因為某個
人相對另一個人而言，他本身可以起到財富的作用，例如另
一個人利用他的能力去工作，或將它選擇為性對象；第三，
更主要的是，儘管文明被認為是一個有利於人類普遍利益的
目標，但每個個體實質上都是文明的敵人。顯然，既然人不
可以單獨存在，人們就應當感到，那些為了使共同生活成為
可能而由文明期望於人們的醫生是一種沈重的負擔。因此，
必須保衛文明，防範個人，文明的規章、風俗和命令是為完
成這一任務而產生的。它們的目的不僅在於影響財富的一定
的分配，而且在於維持這一分配；確實，它們不得不保護一
切有助於征服自然和生產財富的事物，防範人的敵意衝動。
人類的創造物容易被破壞，而創造它們的科學和技術也可以
用於毀滅它們。[4]

吳汝鈞：你這裡提到文明這個名相，佛洛伊德如何理解文明或文化

---

[4]　《論文明》，頁 2。

呢？如果他把文明或文化解釋成為一種能夠讓人的原始欲望得到滿足這個角度來講這個文明或文化的話，這裡面可以說他沒有一種反省的或道德的內容，而純粹是一種欲望或情感上的表現。要讓欲望成為事實，也就是得到滿足而有文明，這種說法跟理想就無關了。你也可以說這是戀父或戀母情結這類原始欲望的滿足需求，所以人採取了某種生活方式，生活方式意味著要滿足某種欲望。所以在這裡我們可以提出一個問題：精神分析這種學問，基本上提到的三種的「我」而展開的活動不是具有道德或超越性的理想，僅僅滿足欲望。就此來說，文化便不會具有理想和道德的意味了。

黃奕睿：佛洛伊德在另一篇文章〈「文明的」性道德與現代神經症〉[5]中，他直接認為文明是建立在「對本能的壓制」之上，那我們剛剛已經看到一個面向，便是禁律的要求。如果我們用社會契約論的角度來說，文明就是對各種本能進行壓制，不然的話社會就難以建構。另一面向上，滿足禁律的要求也會給予人們一種「心理財產」，他用這個概念來解決道德問題：滿足超我的要求便是善的，而這個滿足同時也會符合自戀情感的要求。如果文明的要求僅僅在於對本能的放棄的話，而沒有給予任何好處，那就沒有人會去依循文明的要求。不過就佛洛伊德這種說法，道德不會是超越性的，而會是政治性的，這種延伸性的說法我們在後來的傅科或齊則克在討論時使用了許多精神分析的語詞，可以看出這種系統對於政治性狀態的討論是可以提供許多有用的概念的。

5　中譯引自佛洛伊德著，車文博主編：《佛洛伊德文集：性學三論與論潛意識》（長春：長春出版社，2004）一書。

三、佛洛伊德看歷史與史觀

　　同時，佛洛伊德認為，「個人對於未來的尋問之價值是低落的」，因為對於個人來說，對於未來的看法會受到個人經驗影響而導致對未來有主觀期望。[6]這點值得著墨，在下一節提及史觀與科學的問題時再回顧。在這一章節，我主要處理佛洛伊德如何看待歷史，或是說，歷史的發展。從以上引文已經可以看出大致的輪廓，對佛洛伊德來說，人類歷史的動力是攸關於本能和生存的，而文明的出現即是為了保護群體人類及維繫關係而來。且同時對於本能有否定和強制的要求，那是一種從物質到精神、由外而內的發展。也因為文明具有這種強制性，其自身才得以維持。這種強制性和對於本能的否定透過規章制度彰顯而出，而後內化成為文明的一部分。另一個面向，指向文明理想的心理財產給予人在超我層面的滿足，進一步達到自戀的效果。自戀必須合乎文明理想的要求，包括了美、善等屬性；同時這些屬性也必須是合乎規章制度所要求的內容。[7]

　　前面提到佛洛伊德講述人格發展的幾個階段，在文明發展時有一種關聯；即是挫折、禁律和匱乏三者的辯證關係。本能無法得到滿足於是產生挫折，挫折賴以成立同時也是本能無法滿足的原因為禁律，禁律出現之因素是匱乏；匱乏成因包括了資源分配不均或不足所造成的本能無法滿足，也包括了人與人之間本身具有的對立關係等等。簡而論之，佛洛伊德認為，這三者的相互關係便是文明的

6　《論文明》，頁 1。

7　同上書，頁 7。

根源性。

　　在〈一個幻覺的未來〉[8]第三章中佛洛伊德進一步解釋宗教是一種心理財產（即是給予超我滿足的那些）。宗教在心理上保護人類，[9]並且進行心理上和自然的抗爭。當然，宗教也包含了其內部的禁律，人們為甚麼會畏懼宗教的禁律呢？佛洛伊德依然從一個個人的發展觀點來解釋，即是他著名的伊底帕斯情結（Oedipus Complex，戀母情結）：兒童依戀母親進而仇恨父親，但又怕被父親閹割，於是這份仇恨轉化為投降，接受了父親的權威地位，這個父親的形象可以轉化為其他物件／符號。如在宗教相關論述中，佛洛伊德認為宗教中圖騰的權威性便是來自於父親形象的轉化。佛洛伊德對於挫折、禁律、匱乏三方辯證的觀點也可以在此看到。但是在宗教面向上，佛洛伊德卻認為宗教僅僅是一種幻覺，[10]作為滿足人類願望之用。在佛洛伊德的解釋裡，幻覺和錯誤不同，也並不一定是錯誤的；科學研究中的錯誤並非是一種幻覺，但如「哥倫布發現到印度的**新航路**」命題對哥倫布來說則是一種幻覺。幻覺的重點在於滿足人類的願望，源於人類的願望。宗教能給予的，包括其心理財產，都是基於人類信念中的期待而來，期待天堂或是期待超越性的公正等等。另一個區分在於幻覺和妄想，佛洛伊德認為這兩者的差異在於個人的態度：以滿足願望為動機的信念並作為某種知識內容時是幻覺，在這個情況下幻覺與真實性並沒有絕對關係，但是妄想在內容上與真實是矛盾的，本身具有對立於現實的性質。最後，不得不提的是佛洛伊德於〈一個幻覺的未來〉言及：「所有宗

8　同引於《論文明》一書。

9　同上書，頁 12。

10　同上書，頁 29。

教教義都是幻覺，都是不可證明的。」[11]這點倒是與波普（Karl Raimund Popper）的觀點類似。

吳汝鈞：按以宗教為幻想是一種極端（radical）說法，遠離了宗教的精神價值。神學家田立克（Paul Tillich）以終極關懷來說宗教。京都學派的開創者西田幾多郎則認為宗教是心靈上的真實。

黃奕睿：我認為佛洛伊德在描述妄想和幻覺時是作為一種理論策略，他要講的是宗教是不可證明的。在〈一個幻覺的未來〉第七章之後幾段主要是佛洛伊德提出可能試圖對他論點進行批判之反駁。就歷史發展層面，他認為自己「只是為前人的批判增加了心理學基礎而已。」[12]假若精神分析具有某種史觀，則比較類似於一種以發生論角度來看待歷史事件，作為事件背後因果關係之考察之用。此外我認為，對佛洛伊德來說，於歷史之考究或也是一種對於精神分析方法的有效性的證成過程：作為科學的方法，精神分析必須對於現象有足夠的解釋力，歷史提供了很好的個案和對象。

　　然而當我們提及「史觀」時，究竟是甚麼含意呢？以馬克思唯物史觀（Historical Materialism，歷史唯物主義）為例，大致上是認定歷史的發展受到物質，尤其是經濟物質（生產工具／技術）為導向，並且作為一種闡明歷史發展律則為目的的「理論」。從上述佛洛伊德的歷史文明的分析，大抵也可以看出有這樣的理論傾向。黑格爾在《歷史哲學》中區分了三種歷史的研究方法，即是原始的、反省的和哲學的。就其內容看來，史觀概念是出自於對歷史的

---

[11]　同上。

[12]　同上書，頁34。

反省，包括對於歷史本身的批判、對於歷史賦予道德性意含、從局部的歷史中推斷出整體的規律等等都包含在反省的歷史範圍之內。[13]柳詒徵於《國史要義》中提「史原、史權、史統、史聯、史德、史識、史義、史例、史術、史化」十觀之論也歸於史觀的東方思考以及諸多可能變化。光就「史觀」之討論本身就是一龐雜艱困的歷史學／哲學問題，後面我將採用佛洛伊德以及其時代觀點來探究精神分析對於歷史的看法和史觀之間的關係。

吳汝鈞：一般來說，我們對於歷史的理解是一種已經在過去發生的事實，對這種已經發生的事實我們要為他找出一個依據：甚麼原因讓這些事實發生呢？這便涉及到所謂史觀的觀念，這是對事實提供一種有依據的原因，在這點上，黑格爾的史觀和馬克思的史觀就很不一樣，前者是從精神出發，而後者是唯物的，認為歷史是從物出發的。

四、精神分析與科學

黃奕睿：精神分析具有科學性與否其實跟它是否具有史觀有著重要的關聯，同時這也是一個歷史考據問題。佛洛伊德曾經多次成為諾貝爾文學獎候選人（羅曼羅蘭於 1936 年推薦）和醫學獎候選人（1915 年首次被 Robert Barany 推薦，於 1917 到 1920 年間每年也受到提名），但皆未能真正得獎。這裡有個有趣的小插曲：縱然佛洛伊德曾在 1933 和愛因斯坦聯名發表《為何有戰爭》（*WHY WAR*），但愛因斯坦曾經寫過信件要求諾貝爾審查委員會阻止佛

---

[13]　牟宗三：《歷史哲學》（香港：人生出版社，1962），頁 3-7。

洛伊德得到諾貝爾醫學獎，愛因斯坦在信中說：「別把獎項頒給佛洛伊德，他不配得到諾貝爾獎，他只是一個心理學家而已。」[14]

　　為甚麼我要提及精神分析是否科學呢？這與年鑑學派（École des Annales），或實證史學（Histoire Positiviste）有直接的關係。就普羅斯特（Antoine Prost）的說法，「歷史學家」作為一種職業是在 1880 年代才真正出現，[15]這裡的職業化意謂著一種學院中具有某種特殊制度（例如評等、職稱、職業準則、論文格式等等），這些制度於 1870 到 1914 年間於大學漸漸形成，其原因與中等教育相關；中等教育的教師培育必須有其內部的要求，普羅斯特提出：「在大學任教以後，也無法與中等教育絕緣，因為教授的主要工作之一就是幫助大學生應付中學教師的資格考試。因此中等教育與高等教育息息相關」。[16]這裡可以看出一點，由於「歷史學家」這份專業至少在一定程度上和教育與知識傳播相關，因此其內部的知識內容必須能夠被系統化的取得一致性，當然這也涉及政治因素，尤其在法國，即便到了現在，法國總統在歷史教學研討會中出席、演說與進行討論是被視為理所當然的，是政治使命的一部分。[17]在這裡我們找到了歷史學在其發展為「職業」時內部系統化的其中一個根源。

---

[14]　原文為："Don't give the prize to Freud. He doesn't deserve a Nobel Prize. He's just a psychologist."。

[15]　蒲羅斯特著，王春華譯：《歷史學十二講》（北京：北京大學出版社，2012），頁 25。如果要理解「歷史學的歷史」，本書在此有許多著墨，並且本身透過一種歷史學方法的模式來考究；例如從外部政治角度、學院的實況、資源分配甚至是市場受注意度等面向。

[16]　同上書，頁 28。

[17]　同上書，頁 10。

　　另一個根源在於實證主義的影響，或是說，科學主義的影響。就發展時序來說，實證史學與年鑑學派有著一定程度的影響關係。實證史學作為 19 世紀中期至 20 世紀初期西方史學的主流思潮，其代表性人物為德國的蘭克（Leopold von Ranke），不過在蘭克的時代（19 世紀），他的學說被稱為「歷史主義」（Historicism），從其名言 "What really had happened?" 可以看出他對於歷史的基本態度是強調事件的真實客觀性而非史家的主觀詮釋。以中國的學者來講，主要的追隨者為傅斯年；余英時亦曾對此有過批評，這點稍後再說。蘭克認為歷史是一門不折不扣的科學，畢竟他也有著「科學的歷史之父」（The father of scientific history）之稱；但後世的研究將蘭克的「科學」和「方法論」進行了改寫，於是實證史學和歷史主義開始有所分歧。這種分歧在我的觀察中是來自於「甚麼是科學的史學？」這個問題而產生。對蘭克而言，強調材料和客觀性是科學的；對於實證史學來說，進一步強調事實，撤除任何可能帶有主觀性的思辨，完整的展現歷史事件之原貌方得歷史之科學性。到了年鑑學派，最大的差異在於歷史學探討的對象和提出的問題進一步的從實證史學中擴張了。[18]與實證史學的基本立場不同，年鑑學派將視野放於諸如文化史或經濟史之上，同時追求一種「整體的歷史觀」，雖然試圖整合社會學和經濟學，但將哲學問題排除於外。對年鑑學派來說，「分析」和「提問」更是史學的重要性議題。[19]在此時，分析群體或整體的歷史結構與因果聯繫是年鑑學派所認為

---

[18]　同上書，頁 31。

[19]　何兆武、陳啟能主編：《當代西方史學理論》（臺北：五南圖書出版公司，2015），頁 26。

的「科學的史學」。[20]柯林烏（R. G. Collingwood）在《歷史的理念》（*The Idea of History*）一書統整了歷史學的幾個問題：歷史的定義、歷史的客體、歷史當從何處著手、歷史為的是甚麼。[21]在他的討論中，實際上就是圍繞歷史是一門科學的說明，對於上述四個問題，他給予了四個歷史科學的答覆。但對於柯林烏來說，他的出發點和上述歷史主義以至於年鑑學派不同，他認為歷史的發展核心在於思想，且即便如此歷史依然是科學的；但對於實證主義和年鑑學派的方法論來說，這樣的觀點肯定難以進入具有客觀性的歷史材料範疇，畢竟思想的內容必從透過史家對於史料之詮釋而來，是以在當時，柯林烏之學說並不真正受到西方歷史學界重視。[22]

從上述資料看來，大抵我們可以給出一個結論：在歷史主義到實證史學以至於年鑑學派這個進程中，也就是十九到二十世紀初的主流歷史學方法，「史觀」從最初完全被摒除的主張雖逐漸鬆動，但對他們來說，歷史終究是追尋一種客觀、科學的學科。

---

[20] 在作為「整合」方面，第三代（1968 年後，又被稱為「新史學」Nouvelle histoire）的年鑑學派學者也涉入了許多精神分析和心理學的色彩於歷史研究之中，例如雷勒度利（Emmanuel Le Roy Ladurie）。詳細可參照《歷史學家的思想和方法》（*Le Territoire de l'historien*），上海人民出版社於 2002 年出版的中譯版本，以及雅克‧勒高夫（Jacques Le Goff）的《心態史：一個模糊不清的歷史》（*Mentalités: une histoire d'ambiguités*）等著作。回應黑格爾的歷史哲學所述，這種「整合」其他學科的方向可說是貼近他對於「反省的歷史」所作之詮釋。

[21] 柯林烏著，陳明福譯：《歷史的理念》（臺北：桂冠圖書公司，1992），頁 11-13。本書最早於 1946 年出版。

[22] *History as a Science: The Philosophy of R.G. Collingwood*, p.1. 柯林烏的學生 Louis Mink 曾言柯林烏為 "the best known neglected thinker of our time"（指他為這個時代最為人所知的被忽略的思想家）。

　　若我們回到當時的學術風潮環境下進行一個推論，對當時主流
的歷史學方法來說，科學和史觀出現了一種衝突：若科學的則非史
觀的，若史觀的則非科學的。我們依此作為前提來檢證佛洛伊德精
神分析的史觀論：

　　　　若精神分析具有史觀，則它是非科學的。
　　　　若精神分析是科學的，則它是沒有史觀的。

佛洛伊德同時強調一點：精神分析是科學的。若此，精神分析應當
不具有史觀。在這種情況下為了使推論成立，要不是佛洛伊德錯
了，精神分析事實上並非科學的，不然便是佛洛伊德對於歷史的推
論在當時並不被主流學界認為是符合科學的歷史學的。當然，還有
一個可能：佛洛伊德並不是作為歷史學研究而提出如此理解。但若
如此，作為史觀而論的內容便是由後人對文本加以解析而來，並非
作者之本意了。

　　從今天的角度來說，史觀與否並不影響歷史學的有效性，在
1970 年代也出現了以精神分析方法為基底的心理史學
（Psychohistory），在這個典範轉移的過程（從自然科學到人文學
科），佛洛伊德對於人類發展和文明進程的解釋離開了科學而進入
到歷史之中，在現代才真正變成了一種史觀，或是說，歷史解釋方
法。

五、史觀與科學

　　在下一個部分，我將解釋佛洛伊德和其後的精神分析史觀如何

在今天發生影響力。

吳汝鈞：在史觀跟科學的關係上，我想我們可以提出一個問題：史觀是不是一種科學，要解決這個問題必須先把科學給講清楚，甚麼是科學，甚麼不是科學。我想科學研究的是「甚麼可以證驗的」，並且是透過科學的方式來證驗。譬如說在化學中，水可以被分解成氫跟氧，而這是經過一種科學方法：電解，且這個產物是可以透過化學來證明的。這樣的過程可以說是科學的。如果我們用這點來看史觀跟科學的關係，史觀便可以很確定地說不是科學的。因為史觀是對於已經發生的事件提出原理，我們只能在「事後」探究事件背後的動力或因素使得歷史事實出現，但因為事情已經過去，回頭來看而提出史觀的情況已經是無法再次證驗的了，和水可被電解是不同的。在歷史中已經發生的事實是不會再次發生的。

黃奕睿：我贊同老師的說法。上面是第一部分，關於「佛洛伊德有沒有明確的史觀概念」的部分。接下來我要來講第二部分，關於佛洛伊德精神分析史觀的價值。回到第一部分我們講到，佛洛伊德的科學態度和史觀本身有著內在的衝突，但在這裡我們還是把「史觀」放進來討論，假設佛洛伊德的精神分析方法真的提供後來研究者一種史觀的概念。

　　第二部分的第一點，我認為精神分析方法可以作為一種話語、寓意式的描述：齊澤克在其書《神經質主體》（*The Ticklish Subject*）之〈導論：一個幽靈在西方學術界徘徊……〉開章便說有一種笛卡兒的二元論範式／笛卡兒主體（Cartesian subject）作為那個在西方學術界徘徊的幽靈，這包含從康德出發以至於海德格這種「擁護存在」的海德格派（Heideggerian）（強調需要「越過」現

代主體性的界線，這種主體性已在當前賈禍不已的虛無主義那裡達
到巔峰），或哈伯馬斯派（Habermasian）的溝通理論家（堅持要
從笛卡兒的獨白式主體性轉變為論述的互為主體性）。認知科學
家、後現代解構者、深層自然主義者、批判性的（後）馬克思主義
者、女性主義者等等都聯合起來對於這個學術幽靈進行圍剿。[23]齊
澤克認為這種現象是當今學術界的共識，他於此書便是要重申「力
主笛卡兒主體」，齊澤克說：

> 因此，本書重申力主笛卡兒主體，儘管，否定它可以成為當
> 今學術界一切競爭流派間心照不宣的共識：即使所有這些學
> 術取向表面上都鬥個你死我活（哈伯馬斯派 vs.解構論者；
> 認知科學家 vs.新時代蒙昧主義者……），但他們在否定笛
> 卡兒主體時都沆瀣一氣。這裡的關鍵，當然不是要那種主宰
> 現代思想（透明的思考主體）的觀念來回歸「我思」，而是
> 揭露它被遺忘的另一面，即「我思」之中那過剩的
> （excessive）、不被承認的內核，而不是那透明自我的平靜
> 形象。本書的三大部分把焦點擺在主體性問題以成為當務之
> 急的三個主要領域：德國觀念論傳統；後阿圖塞政治哲學；
> 從大寫的主體（Subject）轉為多重主體位置、多重主體化問
> 題設定的「解構」轉向。每一部分都以第一章來處理批判笛
> 卡兒主體的代表性作者；以第二章來處理構成前一章基礎的
> 各種基本觀念（德國觀念論中的主體性；政治的主體化；

---

23 齊澤克著，萬毓澤譯：《神經質主體》（臺北：桂冠圖書公司，2004），
頁1。

「伊底帕斯情結」作為主體生成的精神分析式敍述）。[24]

在上面引文所提到的「伊底帕斯情結」一詞之運用，為本章節討論之重點。以原初佛洛伊德的思路來說，精神分析和主體性並不是融貫的理論語詞。要點在於，佛洛伊德強調精神分析方法的科學性，甚至可說是帶有實證主義色彩的，然而主體性概念在當時僅僅是哲學性的。在本文前言中所提到「拓撲學變成了系譜學」的轉向帶有主體性意味之說若從哲學史的角度看來，較早將系譜引入現代哲學的大概是尼采，其著作《道德的系譜學》（*On the Genealogy of Morals*）把價值觀與詞語進行詞源學式的探討，而後傅科承接了這個模式，對於權力、知識、性意識等概念進行系譜建構。而佛洛伊德講述本我、超我、自我結構時使用了語詞為「第二拓撲」（第一拓撲指的是意識、前意識和無意識）（《精神分析新論》）；以拓撲和系譜看來，前者的出發點是一種結構性的，如果作為一種結構為對象的科學，在談論某對象物之「主體性」時，主體會在物之外，而非於物之內，這與拓撲學本身最初於自然科學發展的性質相關。反之，在談論系譜時，主體性（無論是笛卡兒主體還是哈伯馬斯的溝通主體）成為維繫和分辨物之差異的核心。作為一種關係的結構，關係乃從內在性質挖掘。以上僅為簡述，實際上在主體性問題上，系譜和拓撲的討論會更為複雜。

所以，當齊澤克使用「伊底帕斯情結」一詞時，有兩種意思：其一為他單純轉化了佛洛伊德的原意，使用了其語詞和寓意，但並非以佛洛伊德之本意呈現。其二，他透過拉岡將精神分析從自然科

---

[24] 同上書，頁 2。

學轉向到人文學科的過程取得一種精神分析術語的新的可能性運
用。這兩者的差異其實不大，僅在於直接或間接而已。但回顧《神
經質主體》一書，這樣的話語是有效的，讀者在閱讀時並不會出現
意義混淆的狀態，這也是我為何不在文章開頭先以定義性詮釋來描
述「史觀」究竟是甚麼的根本原因。

　　透過符號學和語言哲學的努力，大多數哲學家應當會同意能指
和所指本身具有一定程度的任意性，[25]就我個人來說，特定詞語的
意含會透過在文本位置和描述使自身意義被闡明，而定義性詮釋的
努力反而是拉開了讀者和文本的距離，它使意義在文本之外，而非
在其之內。以本文而言，「史觀」一詞作為核心討論目標，我至多
是採用了否定的面向來解釋史觀不是甚麼，在上一部分可以看出，
史觀一詞在本文「不是」在 20 世紀初期歷史哲學採用的科學方法
觀念中可以融貫的概念；反過來說，除此之外，史觀可以是其他在
本文本中能夠被讀者所理解的那些。從字詞源來看，史觀一詞在西
方語言中無論是英文或法文都難以找到全然相通的字彙，而在中文
裡除了前文所提到的《國史要義》十觀之論，在 1920 年李大釗亦
有一文名為〈史觀〉。而綜觀各家史觀，其內容、論述方向或要義
皆有不同，有的是歷史發生論，有的是歷史終結論，亦有決定論、
循環論，也有提及歷史推動基礎或歷史評價方法等等，這些都可被
認為史觀之範疇，作為一個中文歷史術語，我想它的意義並非是定
義性的，而是透過解釋而來的。這樣的流變，和齊澤克重新使用精
神分析術語有著類似的意味。

25　一定程度：例如結構主義者羅蘭‧巴特會採取元語言／意指系統／神話對
　　於能指和所指之間的任意性學說進行批判。

　　如果我們允許佛洛伊德在其科學概念下擁有史觀，其實也是可以的，在透過這種寓意式的詮釋，讀者依然可以理解佛洛伊德透過精神分析方法對歷史的闡述之意義，並且這對於人們理解世界、歷史等等有著充分的創新意涵，那麼在這個時候它內部的融貫與否真的是那重要嗎？

吳汝鈞：這個齊澤克是哪裡人呀？名子看起來像是斯拉夫那邊的學者？

黃奕睿：他是斯洛維尼亞人，現在可是英美學界炙手可熱的角色哩！

吳汝鈞：那他主要有甚麼研究呢？

黃奕睿：他研究的面相蠻廣的，包括馬克思主義、左派、文化研究、電影、文本分析或是環境倫理等等，都可以看到他的相關論述。關於剛剛說的第一部分老師有沒有要補充的？

吳汝鈞：我們先回到「科學」方面來把這個名相講清楚。一般來說，自然科學就是排除了主觀要素在其中的研究對吧！那現在人們又講自然科學和人文科學這是怎麼一回事呢？人文科學這方面當然有很多是有主觀的要素在裡面；所以我以前聽唐君毅先生的課時，他說這會使科學的意義不是很明確，因為科學一詞讓人想到自然科學那裡去，而自然科學的對象是外在的事情，但社會科學主要是涉及人的活動。在社會上呈現的各種不同的關係，有很多複雜因素，不像自然科學那樣單純。所以應該把科學這兩字在人文科學上倒過來，應該是人文學科，而非人文科學。

黃奕睿：自然科學就真的是完全客觀的嗎？我覺得這也可以有一些討論。譬如說，科學家選擇研究的題目這件事情是客觀的嗎？或是科學家在研究的歷程中所承接的典範（Paradigm）這點，可能也不是客觀的。像是哥白尼提出日心說，有他的歷史背景，而也必須有這個歷史背景或文化的影響，哥白尼才會去提出這樣的學說或是選擇研究的題目。這裡一定有一些主觀的，或是說由科學家本人詮釋以後的結果。

吳汝鈞：這裡是一點，的確不能說完全是客觀的。我們通常說人文科學，譬如說藝術活動、道德活動、宗教活動；這裡面有很濃厚的價值觀意味。這個價值觀在不同的群體中也有所不同，從這個方面看就與科學有差別，科學還是追求一種普遍的東西。所以唐先生才去說人文學科的概念。我想在這裡先做個釐清。

黃奕睿：好，那接下來我講第二點：精神分析可作為一種學術研究結構與方向。比對一下佛洛伊德的〈「文明的」性道德與現代神經症〉[26]和傅科的《瘋癲與文明》，兩者皆是一種以由實境（佛洛伊德以心理學角度，傅科以歷史事件角度）著手給予出一應然結論：治療方案。

吳汝鈞：你這裡提出了一個「應然」，應然通常是和實然做出對比。實然是在講述一個真實的事件；客觀性很強。應然主要就是講倫理學或是道德哲學這方面。這裡也涉及意識型態的不一樣，如果我們用唯物論或唯心論來說，實然就是比較靠近唯物論，應然就是比較靠近道德學。例如說，父親對待子女的態度；我們會說父親應

---

[26]　《佛洛伊德文集：性學三論與論潛意識》，頁 83-93。

該教養子女，這裡有一個應該的觀念，這便是一個明顯的道德觀念。

黃奕睿：對，這裡說的應然的結論，也就是這種治療方案是從一種病理學式的事件解讀出發，而有了一種價值疏離的色彩，但就內容而言，那種色彩與社會學傳統中的價值疏離又有所不同。病理學式所考究的另一個面向在於區分「甚麼才是屬於病症的」、「甚麼是病因」、「病症的判別之依據為何」這些差異；這差異和傳統哲學研究，如倫理學的角度亦有所不同，在倫理學角度中區分的是「符合規範的」或「規範之合理性」（規範倫理學或後設倫理學）。在這種角度中遭遇到女性主義或關懷倫理學之批判，以義務論為例講個笑話：當我去醫院探望受傷生病之好友，好友問：「哎呀！你怎麼有空來看我，謝謝你了！」，而我基於義務論的回答是：「我是因為善的義務所以來看你。」當然這樣的說法未免誇張，但也直接涉入規範倫理學的核心：基於某種倫理原則來判斷道德價值，而不是基於情感、個人關係或單純之意向。

　　簡單來說，傅科從精神分析那裡引介過來的可能是一種條件性有效的價值論述。不像傳統上的倫理原則是追求一種普遍有效的規範，可是傅科提出的解決方案是在某一些特定時期或場所有效的。就像佛洛伊德提出的方法：針對每個病人給予不同的建議，這個建議是偏向個人面向的，而不是一種如同現代科學要求的那種普遍性。

　　或許佛洛伊德的學說之所以能有這樣的動能，一個大面向上是來自於它內在具有的科學性初衷和人文學科解釋的衝突吧！雖然隨後這衝突立刻得到紓解，透過位於結構主義時代的拉岡，經歷李維

史陀（Claude Levi-Strauss）、雅各布森（Roman Jakobson）、德里達等哲人之研究，精神分析重新建構在話語的經驗裡，拉岡才能認識到精神分析的經驗是圍繞著主體在言說中的分裂——分裂為言說主體（le sujet de l'énonciation）和被陳述主體（le sujet de l'énonce）——而展開的。

六、精神病患者的增加

回到〈「文明的」性道德與現代神經症〉，佛洛伊德提出一個問題：為甚麼在現代，神經症患者的數量越來越多？佛洛伊德透過性本能的進化階段和文明的關係做出解釋，他說：

> 考慮到性本能的進化特點，我們可將文明劃分為三個階段：第一階段，性本能完全與生育無關而自由活動；第二階段，除了生育之外其他的性本能均受到壓制；第三階段，生育變成了「合法」的性目標。今日「文明的」性道德反映就是第三階段的特點。[27]

進一步，佛洛伊德解釋：

文明的標準要求每個人具有相同的性生活方式，這是社會不公正的明顯現象之一。事實上，由於肌體的原因，有些人可以輕而易舉的適應社會的要求，而有些人則須付出心理上的巨大犧牲。不

---

[27] 《佛洛伊德文集：性學三論與論潛意識》，頁 86。

過，由於道德規範時而被冒犯，其嚴重性也就不那麼明顯了。[28]

　　同樣的問題（現代社會的精神症患者增加）在傅科那裡有著微妙的差異。《瘋癲與文明》一書由中世紀開始講述在歷史中社會對於「病人」的態度和實況之流變，到其第五章講述到 19 世紀時，傅科如此說道：

> 現在我們已經站在 19 世紀的門檻。在 19 世紀，精神應激性將在生理學和病理學中交上好運。但是，它目前在精神疾病領域中畢竟留下了某種十分重要的東西。
>
> 這包括兩方面內容。一方面是對歇斯底里和疑病症作為精神疾病的完全確認。由於對敏感和感覺的重大區分，這兩種病進入了非理性領域，正如我們已看到的，非理性的基本特徵是謬誤和夢幻，即盲目。只要精神狀態是驚厥狀態或奇妙的穿越身體的交感狀態，即使導致意識減退和喪失，那就不是瘋癲。但是，一旦頭腦因過度敏感而變得盲目，瘋癲便出現了。
>
> 但是，這種確認賦予瘋癲以新的內涵，即罪孽、道德制裁以及根本不屬於古典經驗的正當懲罰。它使非理性負擔起這些新的價值：不是使盲目成為各種瘋癲現象出現的條件，而是把盲目、瘋癲的盲目說成某種道德失誤的生理現象。由此危及了以往非理性經驗中的根本要素。以往被視為盲目的將變為無意識，以往被視為謬誤的將變為過失。瘋癲中表示非存在的弔詭現象的一切，都將變為對道德罪惡的自然懲罰。總

---

[28]　同上書，頁 88。

> 之，構成古典瘋癲結構的整個縱向體系，從物質原因到超越
> 物質的譫妄，都將土崩瓦解，而散落在由心理學和倫理學爭
> 相佔領的領域的整個表面。[29]

比對起佛洛伊德的說法，在那三階段中，最終性的目標被賦予了道德價值的判斷標準，而這樣子的結構在傅科那裡，對象變成了瘋癲者，從一個與道德無關的角色變成了具有應然或道德限制的發展結構。這邊具有一定程度的類比關係。

吳汝鈞：你這裡說的瘋癲，我們通常所理解的瘋癲是在思考、言論都跟常人不同，尤其是他們可能會有一些暴力行為，會引起社會的紛亂；對於穩定社會的要求是背離的。共產黨在這方面有很多著墨，例如前蘇聯在過去有許多監獄，可以說是集中營了，他們把所有與當權者政治體制有不協調或反對者都安上瘋癲的罪名，關到監獄之中。理由是為了不讓這些人影響社會，這很明顯是政治上的瘋癲，我想這個是很悲慘的。因為一個正面的人物，你把他視為瘋癲，關在集中營裡面；使他沒有發言權、人權的保障，說他是瘋癲，其實這些人是頭腦最清醒的，他們懂得站起來為不平反抗，你把他關到集中營裡面這不是很荒謬嗎？也許現在已經沒有那麼嚴重了，但是在中國大陸依然是有很多這種情況。

黃奕睿：這就是傅科所批判的，當人們都以為現在好像比以前好時，其實權力者只是換了一個方式去隱藏那些他們不想讓大眾看到

---

[29] 傅科著，劉北成等譯：《瘋癲與文明》（臺北：桂冠圖書公司，1992），頁 137。

的，這是更可怕的。

　　所以傅科在研究中宣稱，文藝復興時期的瘋癲人群過活事實上比之後要好的多，他們並未受到隔離，可以自由的在社會中生活，甚至在某種程度上被認為是具有特殊智慧的人，如唐伯虎在詩中言：「別人笑我太瘋癲，我笑他人看不穿。」在這個時候這句詩詞就有了一種時代意義，至少在那個時代裡，被當成瘋癲者面對眾人時，也僅是一笑而過，並不會因此被關起來。古典瘋癲結構之崩解是透過對於「理性」與「非理性」的進一步劃分而來，對於傅科來說，這種劃分意識本身具有政治傾向。在提到這種政治傾向時，傅科便從精神分析跨到馬克思主義了。由這些線索解析，例如認為對「病人」所具有的不公正對待，其根源在於社會發展狀態，以及學說的跨域性，都一再的回應到佛洛伊德的精神分析方法所帶來的研究結構和方向。那是將人從「物質的構成」擴張到「精神的構成」，再到「語言的構成」或「社會的構成」之方向，且這個方向是不同於當時科學角度的。如同齊澤克所說，笛卡兒的幽靈迴盪在西方學術界，即使是科學界也難以避免。

吳汝鈞：我們常講，像佛洛伊德這種精神分析家，我們還是把他歸類在科學方面；或是說心理學本身被歸類在科學之中。心理學的對象是病理學的，而跟哲學不同，像佛洛伊德本身也是醫學起家的。

黃奕睿：他最初是做神經科學起家的，也就是對腦部的研究。

吳汝鈞：神經科和精神科是很不同的，神經科就是腦科，而精神科則是對歇斯底里這類的疾病為目標的。

在座同學：神經科在國內的範圍又更廣了，不僅僅是腦方面，包括

肌肉神經傳導等等也是相關的研究範圍。

黃奕睿：那我們來講最後一部分：「**精神分析作為一種啟蒙，或再啟蒙的濫觴**」。延續著上述對於傅科和佛洛伊德的理論內部關係，進一步的，傅科在《瘋癲與文明》中也提到對於佛洛伊德的看法。他說：

> 如果我們想要分析從皮內爾到佛洛伊德的十九世紀精神病學的認識和實踐的客觀的深層結構，我們實際上就得說明，這種客觀現實從一開始就是一種巫術性質的具體化，它只有在病人的參與下才能實現。它起始於一種明明白白的道德實踐，但是隨著實證主義推行其所謂科學家客觀性的神話，它逐漸被人遺忘。雖然這種實踐的起源和含意已被遺忘，但這種實踐活動一直存在。我們所說的精神治療實踐是一種屬於十八世紀末那個時代的道德運用方式。它被保存在瘋人院生活的制度中，後來又被覆蓋上實證主義的神話。[30]

我想他說的這種「活動」，包括了整個在精神分析治療時的器具、方法。例如常常在電視看到心理醫生要求病人躺在舒服的沙發上說出自己夢境中的內容這樣的事情，大概便是傅科所說的一種巫術性質的儀式性表現。

　　上面引文說的「實證主義」和「科學家客觀性」的神話在傅科下一本著作《臨床醫學的誕生》（*Naissance de la clinique: une archéologie du regard médical*），這本書主要在講述一種語詞關係

---

[30]　同上書，頁240。

在現代的演進，傅科透過現代醫學角度進行分析。而另一面向，這種關係的改變實際上顯現的就是「實證主義」和「科學家客觀性」的神話：醫生不將病人看作一個整體的人，而用一種「醫學直視」（the medical gaze）將病人用解剖學角度進行檢視，在這角度下病人被化約為某種器官功能缺失的載體。意思就是頭痛醫頭，手痛醫手，病人的整體被生病的器官化約。我認為這種「科學的」目光可以說是從上一個啟蒙所帶來的「理性的角度」。但精神分析是一對人的全面性關照，他關懷病人的歷史、童年和家庭。與啟蒙的理性要求相反，佛洛伊德在傅科的理解中似乎還包含著一種古典的實踐含意，而那種含意相較於 19 世紀的醫病關係而言更具有道德實踐的意義。因此就這個面向來看，精神分析可能還具有這種反啟蒙或懷疑啟蒙的性質。

　　在 20 世紀中期對於這種「啟蒙」、「理性至上」以及科學邏輯的批判已經有許多聲音，例如法蘭克福學派阿多諾和霍克海默的文集《啟蒙的辯證》（*Dialektik der Aufklärung: Philosophische Fragmente*）或是後晚期對於整個現代性問題的哲學探究，大概都是基於傅科所謂之「科學神話」的反動而來。對於佛洛伊德在這一系列反動歷程的貢獻，我認為將之比喻為哥白尼（M. Kopernik）是恰當的。哥白尼於 1514 年提出日心說，雖然他並沒有放棄宇宙中心論和宇宙有限論。正如同佛洛伊德提出了一種將精神或個人歷程視為中心的科學觀點，即便他依然希望自己符合當時代的科學觀，但這亦無損精神分析理論的原創性和啟發性。那我主要就講到這裡，謝謝大家！

吳汝鈞：有不少人認為佛洛伊德已經過時，但我認為你很難說他是

過時的。比如說他的治療有一些方面，像是解夢，在精神分析裡面解夢是一種治療的方法。或是在精神分析裡面他重視人在童年時期的遭遇，一個人若在童年時有著不幸或災難的情況，這比較容易患上精神病；這些童年的經驗會影響一個人往後的想法和行為，這是較難治好的，因為童年的時代已經過去，沒辦法要求時光倒流。但也不是完全沒有辦法。這方面用唯識學來講是很配合的；一個人童年的遭遇以一種種子的方式埋藏在你的第八識「阿賴耶識」中，在現實的條件齊備以後，這些遭遇不幸的種子會顯現出來。所以往事不僅僅是往事，一旦機會和條件來臨，這些潛藏狀態的會變成現實的狀態，在行為中顯現出來。所以說佛洛伊德這一套學說和佛教有著對話的空間。

　　另一種是催眠。有幾次我和研究心理學的朋友聊天，他們都認為佛洛伊德已經過時了，但我不那麼認為。前幾年我也出了一本書《唯識學與精神分析》，銷路還很好，那是不是表示還是有許多人對佛洛伊德這套精神分析感到有興趣呢？而且又可以通過佛教的唯識學來解讀，就像我剛剛說的，尤其關聯到童年那種個人歷史中不會消逝的，藏在第八識中成為種子的，在某種時間或階段，讓這些精神性的種子重現，從無意識變成意識的，所以我認為講佛洛伊德過時是不對的。

第十二章　京都學派的絕對無觀念和世界史觀點

一、絕對無觀念的哲學和歷史意義

黃奕睿：「京都學派」一般指從西田幾多郎與田邊元為創始人，而後有高坂正顯、高山岩男、西谷啟治等後進者為代表。除了京都學派一詞，又有「世界史（學）派」之稱。京都學派從西方承接了黑格爾、海德格以至於萊布尼茲等思想，同時也在中國哲學、佛學中吸收許多核心觀念。例如在西田的「絕對無」觀念裡，作為一種「邏輯」，且是面向宗教的非單純形上學概念的無，它包含一種方法論和價值取向。在這樣的前提底下引申出當代日本現況的歷史理念。這並不是單純的「對於歷史解讀」的史觀概念。京都學派的歷史哲學具有強烈的時代政治回應，甚至可說是為日本參與二戰，提出大東亞共榮圈以及神道教化的民族主義甚至原教旨主義提供了理論基礎。面向當下日本的文化狀況，京都學派的思想也漫布於大眾文化與次文化之中。本文便以此為主題，簡述京都學派的歷史哲學觀念和其根源，並且透過當代文化表現尋找一種史觀或歷史哲學在這方面的根源養分。

　　首先，京都學派是一個「學派」，不僅僅是一個單一哲學家的思想體系；比起佛洛伊德的歷史思想，京都學派表現出更深更廣的

哲學內涵。如果要認真的去討論「絕對無」這個觀念，可能要花一整個篇章或是好幾堂課來作闡述。在這裡我擬用一種近於學術思想史的考察角度著手，概述京都學派的歷史哲學。進一步嘗試用這些資料對日本流行文化的影響作些說明。以下先看一下「絕對無」這個概念。

西田幾多郎在1928年發表〈睿智的世界〉，將他的作為理論立場的「場所邏輯」進一步體系化，其思路由「自然世界」（判斷的全般者）到「意識世界」（自覺的全般者）、「睿智的世界」（睿智的全般者），最後推導出心之本體、絕對無的場所的哲學理論。

吳汝鈞：你這裡使用「心之本體」可能有點問題，因為京都學派在理論立場上是「非實體主義」；就是說他要「超越實體主義」，作非實體主義的轉向。實體主義一直是西方形上學的真理觀，從柏拉圖提出理型（Idea）開始，經過中世紀發展的「上帝」觀念，然後到德國觀念論，尤其是黑格爾所講的「精神」（Geist）。黑氏最重要的書《精神現象學》中也是把精神看作是一種實體，那便是精神的實體。然後接下來是「實在主義」和「新實在主義」：肯定事物的背後總有一個實體來支撐；這個實體有其獨立性，不會消失，也不會因人們的感覺或觀點而有所改變，是客觀的實體，這便是實在論。現代所流行的新實在主義，譬如羅素，他們主要認為，我們當前面對的現象其背後當然有實體存在，我們眼前面對的種種事物、現象，也具有實在性，不是虛妄的。這點跟唯識學或佛教完全不一樣，佛教認為我們所面對的這些現象是由我們的心識所詐現出來的，所以不具有客觀的存在性和實在性，其根源在人心之中。在中國哲學這邊，在近、現代時期，很多人都提倡實在主義，也有新實在主義的

意味，主要是受到羅素以及西方一些強調物質思想的影響。這包括馮友蘭，他的立場就是實在主義，並且用實在主義來詮釋中國哲學，特別是儒學。很多人提出反對，因為從這種實在論很難講出一套心性論。中國哲學有一個很大的與西方哲學不同的特色，便是心性論，如孟子言「盡心知性知天」和「存心養性事天」的說法。這表示在中國哲學的思考中，我們的生命存在不是單層的，是多層的，從心發展到性，從性發展到天。同時這也可以放到實踐的角度來看，這裡說的實踐基本上是道德意味的，不是純理論的意味。

京都學派不是實體主義的，它所講的「絕對無」是一個意識的空間，不是一個實體，所以它是非實體主義的。那你在這邊用「心之本體」，如果這本體能夠在形而上學上關聯到實體的話，那便是一種誤解了。

黃奕睿：這個部分是我找到一篇論文……

吳汝鈞：黃文宏麼？他在這裡可能有一種誤會，所以你這裡用他的這個「心之本體」可能會引起誤解，將京都學派誤解成為一種實體論。

黃奕睿：因為在黃文宏這篇文章中並沒有著重對「本體」這字眼做出語詞意義上的詮釋，所以這到底是一種「存有學」的本體還是一種實在論的本體呢？或是說他作為一具有場域性的屬性描述呢？可能這種字詞意義上的解釋也不是他這篇文章中主要處理的問題。從行文脈絡上看起來，我也覺得「心之本體」並不是實在論意義上的那種意思。

先不論其推論內容，但相信熟悉哲學的讀者一眼能夠察覺到這

一串的推導大概蘊含了幾個可能概念，那可能包括了佛家的「覺」和「無」，也可能包括了海德格的「虛無」和康德的「判斷」、黑格爾的「絕對性」概念以及中國哲學中道家「天下萬物生於有，有生於無」等等概念線索。當然在西田實際上使用這些字詞時其意義和以上所提之哲學理念有差異。

吳汝鈞：絕對無這個理論，它的背景基本上是從佛教的「空」跟「無」而來的。西田的思想根源是很多元的，其中的空跟無是最為核心的部分。也因此他對於文化層面來說是很有吸引力的。佛教講無自性、緣起，從這個地方來開展，這在哲學中是很重要的問題。哲學就是講人生，講世界，講各種事物的生生滅滅。基督教說萬物是上帝生的，京都學派或佛教則否認這種說法。

黃奕睿：謝謝老師的補充。就西田幾多郎當時的世界學術環境背景來說，日本在 1877 年設立了第一所現代大學，也就是東京大學（最初名為帝國大學，直到 1887 年改制，名為東京帝國大學，二戰後改稱東京大學）；其前身為教育儒學的昌平坂學問所[1]和蘭學[2]。也就是說，至少在現代大學改制以前，日本並沒有同西方學院中專業哲學家這樣的學者，西田便是身處於這樣的時代之中。西田由東大畢業於 1894 年，而後轉至京都大學任教。有一說法是「從學術

---

[1] 亦稱「昌平黌」。日本德川時代幕府直轄的儒學教育最高學府。是培養輔佐幕政的官吏和實務人才的教育機構。前身是 1630 年林羅山創辦的書院。

[2] 蘭學指的是日本江戶時代經荷蘭人傳入日本的學術、文化、技術的總稱，字面意思為荷蘭學術，引申可解釋為西洋學術（簡稱洋學）。蘭學是一種與荷人交流而由日本人發展而成的學問。蘭學讓日本人在江戶幕府鎖國政策時期（1641-1853 年）得以了解西方的科技與醫學等等。

存在上講，是先有東京學派，後有京都學派。從學術史概念上講，則是先有京都學派，相應地才產生東京學派。」[3]這樣的說法來自當時東大和京大在學術角度上的差異，但如果將康德視為專業哲學學者的起點來看，其宏大系統化的理論模式的確與西田以前日本學者有所差異，甚至於「哲學」一詞亦是在 1874 年由西周出版的《百一新論》中被翻譯出來。[4]從時態背景上說起來，西田幾多郎的確可被稱作第一個日本哲學家。

　　先不提哲學意義，西田在歷史意義上有重要的地位，在〈睿智的世界〉一文中我們可以看出他試圖回應哲學中的幾個基本問題，[5]如本體論、終極關懷和知識論，並且透過種種推論使之附上宗教性，引入了價值論述。關於這方面的深入內容，我建議可以從黃文宏的〈論西田幾多郎中期「絕對無」的意義——以《睿智的世界》為線索〉[6]一文作為參考，文中對於西田之理論有詳細的描述。從歷史意義角度來看，「絕對無」概念重新成為一種現代日本思想的起點，而後至少數十年間的日本哲學皆環繞這個觀念前進。另一面向，我認為絕對無作為一限定式的本體論架構，提出的再限定中超越限定概念（同時肯定限定但又超越限定）作為一種文化基底在當

---

[3]　Steffensen, Kenn Nakata, "Translation of Tosaka Jun's *The Philosophy of the Kyoto School*", *Comparative and Continental Philosophy* Volume 8, 2016, Issue 1.

[4]　卞崇道：《融合與共生——東亞視域中的日本哲學》（北京：人民出版社，2008），頁 144。

[5]　黃文宏：〈論西田幾多郎中期「絕對無」的意義——以《睿智的世界》為線索〉，《臺大文哲學報》第七十八期（2013），頁 117-142。

[6]　網路上亦能找到此資源：http://homepage.ntu.edu.tw/~bcla/e_book/78/7804.pdf。

時代對於政治發展和未來的文化影響有著顯著關係。

吳汝鈞：關於京都學派我已經寫了五本書，在中港臺華語學界也是我先把他們的思想帶進來。京都學派的學術實力是很強的，他們哲學的基礎一方面在佛教的般若思想的空和禪宗的無；西田幾多郎吸收了這兩個觀念，並吸取了西方哲學家的一些重要思想，把空、無上提到一個無所不包的意識的空間（場所），而把這種意識的空間講為「絕對無」（absolutes Nichts）。這也是一種形而上的綜合力量，也就是上帝，西田用不同的名相來講，這個絕對無，也就是他思想中的終極真理。京都學派的這種思想也和德國哲學，尤其是海德格的思想有許多相連，他們吸取了很多海德格思想。在當代國際上有人認為海德格是最重要的哲學家，也有人認為是胡賽爾或懷德海；這是指當代在西方分量最重、影響最廣的角度而言。要研究西方哲學，尤其是歐陸哲學的話，通常是難以避開這幾個哲學家的思想。當然懷德海是英美的，可是他的「機體哲學」（organism）有一種很強的辯證內涵，具有一種反實體主義的意味。

　　他們也提出絕對無的史觀，那是比較抽象的問題。絕對無也可以開拓出一種史觀，那是一種比較婉轉的開展，我在《京都學派哲學：久松真一》中有一篇講久松真一的絕對無的史觀，有些難懂，為了減少同學的壓力，故不在這裡重複。不過，有人若真要理解，便請找那本書來看。

黃奕睿：那我們進入京都學派的歷史哲學。京都學派學者有一個共同特徵，即是對於歷史哲學皆有所研究並且留下大量著書。卞崇道認為是因為「接受西方歷史哲學的影響」以及「處於日本對外發動戰爭的特殊時期，哲學家不免從歷史哲學的高度回應戰爭合理與否

的重大現實問題」。[7]右翼哲學家包括部分的京都學派學者如高坂正顯、高山岩男、西谷啟治等人在歷史哲學上提供了政治上的需求；更甚者如田邊元之《種的邏輯》在政治上進一步的將國家權力提昇至超越個人和社會的高度，戰後田邊則寫了《作為懺悔道的哲學》一書，反省軍國主義帶來的破壞。以下我簡述幾個京都哲學家的歷史哲學見解。

吳汝鈞：我這裡做一些補充。田邊元這個人的這本書《作為懺悔道的哲學》寫的非常精采；他主要是說，一個人在年輕活躍的時候做了很多壞事，到了後期他反思自己做了那麼多壞事，害死那麼多人，便覺得自己根本沒有資格再生存下去。這個人這樣的懺悔：對於過去根本不應該做，但已經做了的那些事情，而覺得自己沒有資格再生存於世上。另外，他的生命也因此產生一種反彈：越覺得沒有繼續生存的價值，內心產生了一種意志，便是盡量做好事，補救以往所做的壞事；非常努力的試圖讓自己有資格生存下去。這種懺悔的哲學是一種生命的學問。田邊元在思想上是屬於淨土宗的，在國際派的京都學派方面，只有田邊元和武內義範（田邊的學生）是屬於淨土宗；而淨土宗是一種他力主義，其他京都學派的學者基本上還是走禪宗的路線，是自力主義的。所以這《作為懺悔道的哲學》是一本具有濃厚生命氣息的哲學巨著。

　　另一點就是有關於歷史哲學這方面。京都學派堅持一種歷史哲學，便是「歷史不是個人的，而是團體的」，包括了社團、國家或民族，這包括了在世間存在的種種事情，歷史的故事等等。有人認為京都學派這種歷史哲學強調「大東亞共榮圈」的思想，而不大重

7　　卞崇道：《融合與共生——東亞視域中的日本哲學》，頁 201。

視個別國家的歷史，把重心放在一種全體的歷史；進一步把京都學派這種歷史哲學關聯到第二次世界大戰，所以京都學派應該為二戰負點責任。但到底有沒有關聯呢？到現在還是學術圈中一個懸而未決的問題，彷彿是海德格與納粹的關係一樣。

黃奕睿：謝謝老師的補充，那我繼續講。第一個我要講的是高坂正顯《世界史觀的類型》這書中的內容。高坂分析了前人關於世界史觀的三種類型：歷史的空間型、歷史的時間型、歷史的主體型。並且對此進行批判性的綜合，提出了「象徵型的世界史觀」，即「世界歷史式絕對無的象徵的歷史」。這種分類基於分析黑格爾的歷史哲學而來。[8]（我認為甚至也類同黑格爾對於歷史學的分類：黑格爾在《歷史哲學》中區分了三種歷史的研究方法，即是原始的、反省的和哲學的。[9]）首先空間型的歷史將歷史發展之根源性建立在地理之上，如黑格爾認為土地的特殊性是成為民族精神獨特化的基礎。但黑格爾也認為歷史或民族精神並非單就風土而來，歷史的根源性更在於時間，空間和土地則是一種近於舞臺作用的開展之處。高坂認為真正闡述「大地的原理」者是格雷斯（Johann Joseph von Görres）在其書《歷史的發展》將人的構造和大地與神等超自然構想連結，進一步闡述人性、精神和國家的關係。國家是人的高層次集合，而在國家之中的專制制度和共和制度反映了個人對應到大地之暗與光屬性的二分。且前者是國家的原始型態，後者為人類開化

8　同上書，頁 202。

9　G. W. F. Hegel，王造時譯：《歷史哲學》（上海：上海書店出版社，2001），頁 3-7。不過在此黑格爾分析的是歷史學在時態上的發展，而高坂則是以內容差異為取向。

時期的表現，人在此兩種屬性下動搖往返。對於格雷斯而言，人的生活最美好的時刻是在此二原理調和之際。對於國家與政治來說，最理想的世界便是意志和物質、宗教和哲學的調和。

高坂認為這種空間型的歷史觀之價值在於以下三點：一，地靈之物先行於天上的理念；地先於天、感性先於悟性、母先於父，而歷史起始於前者。二，反覆與循環的歷史觀。三，世界史的多元性思想。[10]空間型的歷史觀的幾個特點引出了歷史多元論。因為在循環之中可以創造差異，且在不同的大地之上引導出不同的歷史，如同獨特的感性優先於導向客觀的悟性。

在高坂對於時間型史觀的批判上，如阿奎那（St. Thomas Aquinas）的基督教歷史觀和孔德（A. Comte）的進步史觀則是反映了高坂所認為的歷史的時間型觀念。阿奎那的基督教歷史觀首先認為神創造世界，花了六天（第七天休息）。這個時態發展又可類比為人的發展，如嬰兒期、少年期、青年期、壯年期、中年期和老年期。孔德認為歷史經歷神學階段而後是哲學階段和科學階段，這個發展過程是朝向進步的方向邁進。以上兩者皆具有一種類比形式，阿奎那將世界構成的順序類比到人類發展；孔德將社會發展類比為價值發展。高坂統整這種時間型的歷史並指出其特徵：一，歷史的展開是合乎理性的展開，且是樂觀主義的。二，歷史是普遍的連續進步或發展。[11]

吳汝鈞：我想我們可以這樣說，所有歷史上發生的事情都是特別的，在這裡很難談一種普遍性，也不能像馬列主義那樣的歷史必然

10　《融合與共生——東亞視域中的日本哲學》，頁 204。
11　同上書，頁 205。

性；那種從原始到封建，然後到資本主義而後共產主義的歷史發展以達到真正普遍是很難說的。這些都可以從事實上去考證，去研究，看看考古的資料和歷史發展是不是真的像那些講普遍性的歷史觀一樣發生。

黃奕睿：主體型的歷史在高坂而言，是世界史觀中特殊的存在，主體型的歷史是以一種主體和客體內在關係的普遍表現為發展基礎的構想，這種觀點容許了在普遍性中保有特殊性和偶然性與非理性的存在；作為不同主體和不同客體的關係中，即便具有普遍的連結性，但基於材料的不同，會有差異化的表現。高坂認為這種破除連續性和理想主義的觀點構成一種超越思想。不過，高坂更進一步提出，歷史不能停留於這種主體性，甚至超越性之上。這種超越和內在相關性，高坂認為是歷史的開始，而非終結。

吳汝鈞：你這裡講高坂的歷史觀點主要是根據卞崇道那本書對吧！也就是我借你的那本。

黃奕睿：對。那最後提及高坂所言之「世界歷史是絕對無的象徵的歷史」。從前面三者看來，空間型的歷史提供了「象徵」的意義，呈現多元的根本可能性。另方面從實踐立場看來，歷史時常追求象徵性的中心，在這意義上又是一元的。空間型的歷史重新體現特殊之物的意義，但往往忽略客觀意義（普遍意義）而流於缺陷，用今天的角度來說，我認為這種類型或許可類比為人類學式的理論考察。第二，時間型的歷史，就高坂而言有著維度上的缺陷。從發展序列上看來，時間型的歷史僅能提供進步或是發展的模式；他認為這種歷史的「現在」既是過去的媒介，同時也把過去做為自己的媒

介。這就是「永遠的現在」的立場。高坂認為世界歷史是解決人的
存在問題的歷史。我也認為這方面高坂將問題做了一個轉向，試圖
視歷史具有救濟人的功用，時間型的歷史顯然不具備這樣的能力。
且以上兩種歷史型態都埋沒了主體性和超越性：若歷史要能解決人
的問題，便離不開人的主體性問題。這個「人」不僅僅是單純的個
人，也包含在歷史中的作為象徵性意義的人或具有世界史性的人。
如此的人必然存於國家實體之中，與民族的主體相關，因此，世界
史也可以說是象徵民族的歷史。但主體性的歷史無法提供超越歷史
的歷史，高坂認為主體要具有自覺義，必須要有超越性，而具有歷
史自覺義便要超越歷史，方達到真正的自覺。因此高坂認為世界歷
史是絕對無（無的普遍）的〔表現〕的歷史。這樣，作為象徵人類
命運的歷史的主體就是民族。他認為「真正的世界史的民族通過國
家這個形式進行實踐，同時產生世界史的文化。」[12]

　　但是從卞崇道這本書中，「具有世界史性的人」且由這樣的人
所構成的「民族」，究竟是先由具有這樣屬性（世界史性）的人所
構成還是先有這樣的民族而去構成這樣的屬性；在這個先後關係上
好像沒有描述的很清晰，這裡想請問老師有甚麼看法？

吳汝鈞：這方面可以做這樣的說明。你剛剛所說的那種具有「世界
史性的人」，那是不是表示人至少有兩種，一種是具有那種屬性的
人，一種是不具有的？若你說世界史性的人，那你便是把這種人放在
一個很廣大長遠的背景來講；那個背景就是「世界史」。你就是世
界史中的一分子，在此時人的個別性和差異性就不能成立了。無論
你是甚麼情況，你還是一個世界史性的人，所以你的種種活動都要

---

[12]　同上書，頁 208。

跟世界史有關連，或者說，被世界史所限定。如果是這樣的話，那世界史性的人就很難講如康德所說的那種「自由意志」，因為你不能以獨立的個體出現，你是在整個世界史的脈絡中的；這是一個問題，如果你提出世界史性的人，那便很難去講那種獨立的個體的自由。

黃奕睿：我對於「世界史性的人」的理解是，首先你必須把自己先看做是一個日本人，用這個身分去考慮跟世界的關係，也就是日本跟世界的關係。當你把自己當作是一個日本人時，你就是具有世界史性的人。

吳汝鈞：所以日本人這個概念就是具有日本的特性在裡面的，你就受限於「日本」這樣的社群團體，在這個團體裡面你不能有個人的決定，你要聽從「日本人」這樣的社團的要求和規矩。

黃奕睿：而且高坂強調是有自覺性的。

吳汝鈞：這應該很難講自覺性吧！

黃奕睿：因為高坂也強調自覺，我想他也一定會考慮到意志的問題（一個哲學中基本的倫理和價值問題）。但在自覺的成為日本人之時，自然就會滿足和符合這種概念其中的要求，並且是出於自我意志的。

吳汝鈞：那就不是真正的自覺啦！所謂的自覺就是具有主體自由才能講自覺，像這個「自」字，本來就具有主體性的意味。

黃奕睿：因為高坂所提的那種自覺會剛好符合世界史性內在的要求，就像我們前面所講的第一種空間型跟第二個歷史型雖然都是在

提多元性，但這種多元性的展開又會同時符合理性的要求。這裡也是類似的結構，人有自覺和自由意志，當你擁有這種自覺時便會同時符合這種世界史性的要求；若有自覺的成為「日本人」，那便會符合日本對於世界史的這種關係性的內容並且發為行動。我想他的強化是強化在這裡（對比於高坂所批判的過去的歷史觀點），因為他要講超越性，這個超越性譬如說：你去問日本人這個民族中「犧牲」的概念，肯定是建立在有自覺的情況下，這時候這個自覺便超越了個人的生命，切腹自殺這樣的事情同時滿足了超越性和自覺性，也滿足了日本人的這個民族身分的世界史性表現。

吳汝鈞：自我犧牲可以是盲目的，如果是要追隨一個整體的共同意願而自殺，不管是像三島由紀夫切腹，或是川端康成用煤氣自殺這類，人在這種情況很難去講個體性，而且是個體的主體自由。因為這種行為是基於你受限於某種群體的要求而來，無論是甚麼社會、民族或國家，實質上都是多元的體系。

在場同學提問：那老師有沒有對日本人崇尚自殺這行為的研究呢？因為這是一種違反生存意志的表現，但是在日本文化中，那好像又是一種具有美感的作為？這樣的衝突如何在日本文化中解釋？

吳汝鈞：我想這就關係到日本人對於美的意識和解讀，他們很強調一種美的意識，而這種意識也不光是講人，也可以用到自然世界。譬如說櫻花，是日本的國花，而櫻花的花季只有兩週，大概是四月初盛開，到了四月中就謝了。日本人認為日本的美的意識就像櫻花一樣。如自殺這種行為，來的突然，去的瀟灑。他們不認為這是一種悲劇，而認為是一種美的展示，一種對生命沒有執著的表現。像

川端康成用煤氣來自殺可能是來自諾貝爾文學獎給他的壓力。因為你拿了這個全世界最高的獎項以後，你要再去創作，便頂著這種諾貝爾光環去寫，非得要寫的更好才行。這一定是個莫大的壓力，也許對川端來說，這壓力太深重了。

我們剛剛也講過那種歷史事實的個別性，如果我從高坂這種歷史觀來說就不能說歷史的個別性了。因為他們就像共產主義所講的那種具有必然階段的歷史表現，這種史觀很難去詮釋關於自由意志的內容。以共產主義的最終目標看來，也體現了這種態度；在最終的共產社會中個人是不會擁有財產的，但這是違反人性的，人不可能不想去擁有自己的東西。所以他們去講歷史必然，講最後資產階級消失，而無產階級崛起，這是一種歷史的必然。這種說法不符合歷史的個別性，也沒辦法解決普遍人性的問題。因為一旦講人性，就很難講個別的人性，不能講資產階級有資產階級的人性，而和無產階級的人性不同。我們沒道理說資產階級喜歡擁有財產，而無產階級可以放棄財產。所以當講歷史具有必然性時，人性的普遍性就可能在共產主義中造成問題，或是說，人性在這裡變成一個空的概念。

而絕對無史觀呢，在我的《新哲學概論：通俗性與當代性》一書中有提到，這種絕對無史觀和世界史觀有所不同，前者是久松真一根據他個人的思想提出的，後者是高山岩男或高坂正顯另外一群人提出來的。絕對無的歷史觀在那本書裡就有比較詳細的介紹，這裡就不講了。

二、世界史的哲學

黃奕睿：好，那接下來我們講一下高山岩男的《世界史的哲

學》。在高山的這部分我只處理一下比較核心的問題，也就是其主要對於歐洲中心主義的歷史觀之批判，以及隨之而來的「以欲望為中心的近代經濟使人喪失道義性，喪失了深刻的自主性，以權力為中心的國家反覆爭霸，世界失去和平，近代文化也在物質和精神兩個方面墜入享樂之中，以至於使人精神喪失了道義性。而且人的這種道義的自主性失墜，實際上源發於「以人為中心的人本主義理念。」[13]高山認為驅動現代歷史的動力應該是道義的生命力。在這裡他所認為的人本主義理念會使從欲望為中心發展行動，這種說法可以看作是一種反啟蒙的觀點；可是我的疑點在於人本主義理念或進一步說人類中心理念真的會使人失去道德嗎？從道德的層面來說，出自於主體意識的合乎道德標準的難道不是道德的基礎之一？再者，人本主義蘊含了一種「人是最高的」態度，而後引申了人權的概念，那道義是甚麼呢？如果在反對這種尊重個人而去談道義或任何價值概念，那可能會導致一種法西斯現象。如墨索里尼言：法西斯首先是一種美。當這種「美」是一種優先於個人的政治美，事態就可能一發不可收拾了。不過似乎不可否認的，世界史學派多少帶有點這樣的態度，又或是說這樣的態度多少潛藏在日本文化之中，或許沒有到歷史中實際發生的法西斯現象那麼危險，但具有類似的色彩。接下來我們講西谷啟治看看是不是還是有這樣的內容，尤其是比對他戰前和戰後的論述差異。

在西谷啟治《世界史的哲學》這部分的世界史論述，主要便是強調推動主體的歷史認識與世界歷史結構的動態實況相互統一。他

---

[13]　卞崇道於《融合與共生——東亞視域中的日本哲學》210 頁，引用高山岩男說法。

透過分析世界歷史觀念歷經三個時期的改變，得到這種主體和歷史關係的結論：古代地中海時期、大西洋時期、太平洋時期。在古代地中海時期，古代帝國征服諸民族與地域，推動了一種普遍性——「征服者羅馬之個別性的普遍化」，即「普遍化之個別性的實現形式」，「世界」是以「世界『帝國』被實現」。[14]古代以世界「帝國」為其唯一內涵的「世界」，簡單來說，古代地中海時期那種「征服者羅馬之個別性的普遍化」指的是一種在同一個帝國統治下依然對各個民族身分有所區別，甚至有著社會階級的差別的概念；例如奴隸或貴族，真正的羅馬人或是蠻族等等，但這些都是歸屬於羅馬帝國統治之內的。而這狀態一方面否定個人的個人性，要求個人「服從於世界國家全能性的權力」；另方面將個人「向普遍秩序提升、給予精神的自由與驕傲」（以作為羅馬人而驕傲）。因此古代「世界」中「個人的實存具有自由與屈服直接合一的性格」，也就是「法之實存的性格」——「抽象化自己的個人性，依此自我普遍化，通過自我普遍化與普遍秩序直接合一」[15]。研究者朱婷婷認為：

> 西谷認為建立在向特定個別統一上的「世界」，是個性的個人向國家權力徹底屈服，個人存在於是只能在國家之為普遍的意義下被定義。世界國家同一化所有個別、個人的傾向，使個人的存在也被國家所獨佔的「普遍」同一化，個人（的存在）因此只能等同於「普遍」，這是一種法的存在。法律

---

[14]　朱婷婷：〈京都學派「世界史」論述：以鈴木成高、西谷啟治為中心〉，國立交通大學碩士學位論文，2013，頁 64-65。

[15]　同上文，頁 63。我認為這樣的歷史發展論亦有點類似佛洛伊德精神分析式的發展論。

之為一種面對所有個別的普遍性原則，體現了被掏空個人性
之個人的存在，是一種不具實質意義的實存——「主體」僅
具有法律所定義之抽象、空泛與非個人的意義。這裡所展示
的是去除個人性、個人非自願地被強行普遍化的「世界」，
這無疑反映了一個「獨裁」的「世界主義」——只存在單一
內涵的「世界」。[16]

以上為西谷晚期約 1988 年代作品中〈世界転換期としての現代〉
提出的觀點，與戰前或戰時，也就是 1944 年《世界史的哲學》有
著若干的差異。

吳汝鈞：你是說這一篇是 1988 年寫的？西谷 1990 年過世，1988
年已經是八十八歲了，這種年紀還有作品能公開刊出機率不大。不
過西谷此人身體非常好，平常有練坐禪的功夫。我在京都時曾看過
他，他是非常健談的人。他也曾經到過德國，在海德格的課堂旁
聽，他德文非常好。我記得我 1983 年到日本，雖然以前也看過他
幾趟，在那一年在京都時便去他家裡拜訪。那時候我到他家裡時已
經有一個外國人在跟他談了大概兩個鐘頭，外國人離開以後我跟西
谷聊了三個鐘頭，我已經很累了，但西谷還是一副精神飽滿的樣
子，所以他是很健康的，很能保養自己的身體。據說他是睡夢中過
世的，跟劉述先一樣，我認為這是一個人最好的過世方式。京都學
派有四代，西谷屬於第二代；除了西田幾多郎之外，西谷大概是最
有影響力的了。在西谷過世以後由他的弟子阿部正雄代替他向西方
傳播東方的思想，而在阿部於 2005 年過世以後（也是九十歲，京

---

[16]　同上文。

都學派普遍都蠻長壽的），由上田閑照接棒。所以這裡說這篇文章
是 1988 年寫的，也有可能是西谷的弟子幫他整理出版的。

黃奕睿：是有這個可能！我在資料上有找到關於西谷在 1987 年都
還有出版書籍，但也很有可能是學生或弟子將口述資料記錄下來
的。不過我這邊提及西谷晚期的說法主要是想比對他在戰前
（1944）的說法。卞崇道說：

> 西谷縝密地考察了「世界」、「世界意識」與「歷史意識」
> 的形成。西谷認為，我們的自然觀、國家觀、歷史觀和世界意
> 識，都是在西方近代以後形成的。在近代西方之前，世界上
> 的諸多國家都擁有各自的主權而獨立存在著，「世界」與這
> 些國家處在游離狀態。到了近代，歐洲開始向全世界擴張勢
> 力，因此「世界」才作為一個整體展開，這樣的「世界」才
> 開始被人們所意識。在這種世界意識中，「世界」本身才作
> 為獨立的存在物被客觀地表現。西谷認為，在此前的東亞、
> 西亞乃至歐洲都沒有出現過這樣的「世界」意識。由於這樣
> 的意識首先在歐洲出現，從而導致了一種認識誤區，即認為
> 歐洲的近代就是世界史的近代、歐洲精神具有普遍性。[17]

　　由上段引文看來，西谷前後的差異在於對歷史事實的肯定態度
之轉變，前期的西谷之歷史觀很明顯的忽略了在古代歷史中的「世
界」，把焦點著重在近代歐洲中心或歐洲帝國主義底下的歷史發
展。但就日本的歷史事實看，忽略中國自中古以來對於其文化、制

---

[17]　《融合與共生──東亞視域中的日本哲學》，頁 211-212。

度和政治的影響顯然是有所缺失的。不過在戰時，中國作為敵方的角色，更是一個代表著虛弱、破敗、落後的文明，西谷等學者不願意承認其與日本歷史上的關聯大概也是可以想見的。但倘若言「世界意識」這種觀念全由近代西方而來，那要不就是肯定了帝國主義等同於世界意識，要不就是否認了歷史觀內在的多元性。畢竟以中國的天下觀來說，也相當於一種具有「世界意識」的學說。我認為在早期西谷的學說中有著這樣內在矛盾的可能性。而後期的學說，西谷將視野放置到古代社會裡反倒補全了這樣的理論可能問題。

　　但不論前期或後期，西谷的歷史哲學都以一種「主體和歷史的統一」為其終極關懷目標，他認為這是單純的「世界史學」和「世界史的哲學」之差異，將歷史提升到一種價值高度、主體性高度以及作為史學基礎論的高度去看待。從這個角度出發，世界史學將不會陷入哲學的抽象性之中，而具有經驗科學的方法論內涵。也就是說，世界史的哲學是將視野放置到一種歷史結構中，是詢問世界意識如何自覺，探究人與世界關係結構進一步能到達道德實踐和宗教性高度的統一。這樣的學說具有政治意義，尤其是將日本置於其中且認為日本的八紘一宇[18]精神之轉換具有歷史必然性。[19]

　　這裡我再補充一些，像是西谷或是京都學派的歷史觀都有一種

---

[18]　八紘一宇是由日本佛教在家眾團體國柱會的日蓮主義者田中智學所造出來的詞語，據稱有「道義上的世界統一」之意義。大正二年（1915 年）3 月11 日，國柱會機關報《國柱新聞》刊登的文章〈神武天皇的建國〉（神武天皇の建国）首次提及這一片語。而在當時的氛圍下，實質上是服務軍方的侵略擴張政策，從軍備、政治體制、外交關係、意識形態等方面進行動員。（維基百科）

[19]　《融合與共生——東亞視域中的日本哲學》，頁 214。

試圖從「實然」導向到「應然」的統一論。姑且不論那種主體和歷史的統一論，光是在實然到應然的推論上就會出現一些問題。例如對歷史的呈現，京都學派給予的價值肯定或否定的態度，從這方面來說並不是單純邏輯的推演。另一面向，日本在對於自身歷史的研究上似乎在京都學派這裡被一定程度上忽略了。當然由於我因為沒有辦法閱讀原典（語言障礙），無法全盤性的作出這樣結論。但是就日本近代歷史發展看來，從幕末一直到明治維新，這些歷程在京都學派上，也就是對自己日本歷史的反省有沒有甚麼樣的內容？我也想要請教老師他們對這部分有沒有一些相關的研究。

吳汝鈞：我想京都學派這種世界史的歷史觀，它的性格有政治性和文化性的內容。若從歷史學角度來看，根本就沒有一個統一起來的世界更沒有所謂世界史。我們說的這個世界，從歷史發展來說便是很多不同的民族發展他們的文化，然後先後建立起他們的關係，有些關係是好的，也有些是不好的。在歷史發展中大多數文明都是各自發展的，很少對話，更少共同去完成甚麼一致的目標。所以這種世界史根本是一個空頭的概念。那就被野心家拿來用為侵略的理論手段，在世界史的角度底下，那種侵略才可以被說是正當的。事實上在人類歷史的發展中，沒有出現過世界史派所描繪的那樣的世界。所以我個人並不承認有所謂世界史。

　　另一個面向，如前人常提的世界四大古國，也就是埃及、中國、巴比倫和印度，這四個古文明除了中國以外都給別人統治過；只有中國還能夠維持獨立，雖然在清代有許多地方淪為殖民統治的狀況，但中華民族還是站了起來，沒有被別的國家所打倒。所以我個人並不承認有所謂世界史。以中國為例，中國人在歷史上所表現的文

化活動，雖然經歷過戰爭，但依然在其文化內容中不斷保持著發展的狀況。從這個角度來說，美國呢？美國算不算呢？杭廷頓（Samuel P. Huntington）提出一種美國建立的優位史觀，但我認為那種說法也不見得很合理。那是帶給美國利益的一種說法，從民族和文化的衝突去說。美國現在在世界上算不算是文化和技術的中心呢？美國有多少年的歷史呢？不過兩三百年，中國呢？四五千年有了吧！日本人居然說他們的歷史比中國還長！他們是從天照大御神開始講，這樣歷史便超過五千年了，這是他們自己的想法，沒有別的國家承認的。大和民族是受到中國文化的影響才能夠獨立站起來的，甚麼大東亞共榮圈的說法，都只是掩蓋那些政治家的野心而已。

三、結語

黃奕睿：好，那我們接下來要處理結論的部分了，就是京都學派帶來的這種世界史觀的歷史哲學是不是有影響到日本當代的流行文化表現呢？我認為京都學派或世界史學派對於二戰時期日本的影響力相信在以上所述之中可以看出不少端倪，包括剛剛講的西谷啟治那種主體和歷史的統一或是前面講的高坂正顯那種內在多元性的追求，又或是高山岩男那種世界史的歷史態度：以道義作為歷史發展動力等等觀念。亦有許多西方學者相信京都學派之本意並非法西斯主義或是完全具有支持侵略戰爭的態度。同時也有偏向左派的京都學派學者如三木清、戶坂潤等人。到了今日，距離二戰結束近七十年的現在，日本右翼勢力依然在政商文化圈還抱持著如京都學派觀點中的一些根源性要素。

　　進一步我們可以在一些日本的影視作品或動畫、漫畫中常常可

以看到有些角色表現出一種極度自我膨脹，超過了現實可能的理解而進入到某種妄想的狀況。譬如說他可能相信自己的右手寄宿著甚麼超人的力量於其中，或是妄想自己有著超自然的救世宿命之類，尤其在其所謂「宅文化」作品中，這種劇情和角色設定更為顯著。我認為，或許那帶有童心、雖然顯得幼稚的文本張力也是某種浪漫表現吧！

吳汝鈞：日本人傾向兩面的性格，外在看起來自強，裡面是自卑。他要展示為一個強國，但內心確有自卑感。以日本對中國來說，他吸收了中國幾千年來發展的文化，這點從日文就可以看到這種吸收他人文化的特性。片假名就是這樣的表現，日本人將外來語詞都用片假名寫，而忽略了那字詞原本的意思。他們借現有的東西，加上一些表面工夫就好像成為他們自己的東西。很多年前，大概 1970年，有一個學者黃振華，他是方東美的學生。一次和我去看方東美，聊到日本人時方東美氣就來了，嚴厲批評日本人沒有創作力，總是抄襲外國的東西，把它改一改就當成自己的東西！當時我就在旁邊聽。如果你從翻譯的角度來看就很清楚，很多文本都有日文的翻譯本，通常同一本經典都會有許多不同版本的翻譯，哪一種最好呢？通常出版日期越後，翻譯的水準會比較好。因為就是有人認為前人的翻譯不夠好，所以才會再出一版本的翻譯，然後後來的人又覺得這個人翻的不夠好，可能過幾年又出一本翻譯本。日本的大學教授通常生活很好，比我們這邊和中國大陸都好多了。日本出版的書是全世界最貴的；如果一個教授能夠寫出四五本大部頭的書，大概也不用繼續當教授了，因為版稅也夠多了！但是有一大部分的學者仍然將精力放在重複翻譯的工作，時間跟人才就這樣用掉了。

第十三章
馬一浮論文化自心性中流出

一、關於當代新儒學

吳汝鈞：馬一浮的文化哲學的觀點，在當代新儒家裡面，剛開始沒有很多人注意他，直到後期人們提到當代新儒學的成員，才對他有多一點的關心。因為，馬一浮是個做事很低調的人，算是當代新儒學裡的第一代，與熊十力出現的年代相近，但在影響力方面，跟熊十力不一樣，不能跟熊十力比。熊十力開創出當代新儒學的第二代，第二代幾個重要的人物，像唐君毅、牟宗三、徐復觀等人都是熊十力的弟子。在學問上對文化問題的看法，馬氏比較接近熊十力，他受注意的程度越來越強，越來越多人講起當代新儒學的時候，都會介紹他。雖然，他沒有培養出一些傑出的弟子，像熊十力那樣。不過，從他所留下來的好幾本文獻，基本上都強調儒家的心性論。在這方面，他跟熊十力、錢穆這些老一輩的學者，有比較寬廣的對話空間。他跟熊十力、錢穆他們基本上都是非常肯定中國文化的價值，而且在這方面堅持到底，沒有因為政治的關係，改變他一貫的態度。

　　他的情況特別是跟馮友蘭不一樣，馮友蘭的思想經過好幾段的變化。起碼有三段，第一段是解放前他寫了一部《中國哲學史》，

這本書後來被翻譯成英文，在西方非常流行，凡是講中國哲學的人，都會參考這部《中國哲學史》，而且是英文的翻譯，不是中文原文。就是因為這樣，馮有蘭研究儒學這方面，在西方可說是最受注意的。馬一浮的思想相當受到研究中國文化學者的重視，那是因為他是始終忠於自己的文化的理論，特別是人性的基本典範的思想。他能貫徹到底，不受政治因素影響，即便在 49 年以後，他還是照著自己的原則來生活，始終如一地展示一種國士的骨氣，這跟馮有蘭非常不一樣。馮友蘭的思想有三段，三段都不一樣。第一段就是解放前他寫《中國哲學史》的階段，第二段就是解放後一直到文革發生，就是文革發展到某個階段，他所表現的思想跟解放以前就不一樣。在那段時間他的改變讓人驚訝，他是跟四人幫一起反對傳統文化，還批孔，有一段時間成為江青的左翼御用文人。這是另外的階段，可以說是隨著四人幫的腳跟起舞，在這方面他受到各方面的批評，說他不能貫徹自己一貫的那種理想主義的立場。所以第二階段是一個轉折，是傾向四人幫的中國哲學研究的學者。第三個階段就是文革災難緩解以後，就是上個世紀七十年代中期。比較披露他的思想，因為四人幫已被壓下去，他不用再聽四人幫特別是江青的話行事。然後，他又再寫《中國哲學史新編》。一言以蔽之，第一階段他寫中國哲學史，解放前已經在海外流行，到中期靠向四人幫那段時期又再寫《中國哲學史》。當時就叫《中國哲學史新編》，不過他沒寫完，四人幫就垮台。垮台後，他作了反省，又再寫，也是用「新編」這個名字，一直到過世才勉強寫完。這裡面有六冊，是他在第三個階段學術研究的成就。

　　另外有一些人像梁漱溟、熊十力和馬一浮就不一樣，他們始終都維持獨立的見解，忠於他們所了解所提倡的儒學。有一點我們要

清楚當代新儒學，有另外一種叫法，當代新儒學是臺灣這邊講這學派。大陸講起這方面的學問跟人物，他們是用「現代新儒家」，所以現代新儒家和當代新儒學，其實都是指那幾代的人物，只是叫法不一樣。馬一浮在學問這方面，如果要說一下他的思想的重點，我們應該把重點放在他對文化發展的關心與了解，應該從這方面著手。他對文化提出了他個人獨特的理解，認為我們的文化活動，都有同一的根源，這個同一的根源在我們的心性。

在這點我們可以說他是承繼孟子、陸象山跟王陽明的，這些人是儒家的主力，基本上強調文化是我們的心性發展的一種表現、一種結果。他在這裡完全沒有關聯到唯物論那些流行的社會主義的想法，他始終堅持文化的根源是在我們的心靈這方面。在文化哲學上他提出文化是從心性中流出這麼一個文化哲學的大命題。在當代新儒學裡面，他是最先提出對文化的基本的看法，把文化看成是心性的表現，一種承襲。而且他講的心性也不是我們所講主觀的道德的心性，他是把心性跟客觀的形而上的天道、天理連在一起來講。所以在他的中心思想裡面，心性跟天有一種一貫的關係，就是強調道德的心性可通於天道。天道可以說是心性論的性格，這種思想後來就由新儒家的第二代唐君毅所繼承。所以在當代新儒學裡面，特別重視這個文化問題跟對這問題作出一種根源性的追蹤，有兩個人最重要，一個是馬一浮，另外一個是唐君毅。而這兩個人的思想，可以說是有一種一貫的連繫，雖然唐君毅沒有正式做過馬一浮的弟子，可是他們兩人對文化問題的看法，是一脈相傳的。

馬一浮沒有固定的學生，他沒當過大學教授，他只是主辦過一個書院，就是復性書院。即便是北京大學，對他也沒有特別的吸引力。有一次蔡元培做為北京大學的校長，請他來北京大學開哲學的

課程，他婉拒了，只用兩句話來回應蔡元培的邀請，他說我們通常只是講「來學」，沒講「往教」。來學就是學者到他那邊聽他講學，往教就是當事人去外面，往教就是到外面一些機構教學。他這就表示他不想到北京大學去當教授。這人有點奇怪，蔡元培邀請你去當大學教授，以他的學問地位，你總要給他面子。他不走這一套，不去就是不去，你們來我可以講解給你們聽，你要我去講我就不去，這就是「只聞來學未聞往教」，這真的有點奇怪。臺灣每年生產出超過一百個博士，每個博士都是希望能進大學裡面教書當教授。馬一浮跟本就不在乎，你來聽我講學可以，要我離開杭州到北京大學當教授講儒學，我不想這樣做，不答應。

當代新儒學有不同的講法，不同的看法，有狹義跟廣義兩種。狹義是指第一代熊十力、梁漱溟、馬一浮三個人，第二代是唐君毅、牟宗三、徐復觀，第三代通常包括杜維明、劉述先，有人把成中英、余英時加進去。另外第四代，我們要提出一個問題，當代新儒家有沒有第四代呢？大概是有，可講不出那些人來。廣義的講法，在第一代的人物裡多加幾個人，一個是馮友蘭，一個是方東美，你也可以把錢穆加進去，還有張君勱這幾個人。所以像劉述先所講的新儒家有三代四群，三代是我剛才講的，四群在第一代裡加上一群人物，除了熊十力、梁漱溟、馬一浮以外的一群：方東美、馮友蘭、錢穆和張君勱。這就是新儒家的三代四群，是劉述先提出，我們接不接受這三代四群呢？我個人有點保留。因為在第一代裡，多加幾個人成為另外一群，我是有點猶豫，不是很贊同。譬如說方東美的興趣很廣，天分很高，學問內容非常多元，而且所重視的不光是儒家。即便在儒家裡面，他也只是強調孔孟那一代，對於宋明儒學他就不是很推崇。他的學問是非常寬廣，非常多元，除儒

家以外，他也非常推崇道家，先秦時期的道家。你說他是當代新儒學其中的分子，不如說他是當代新道家的一分子來的妥切。然後是馮友蘭，他的思想變來變去，他寫三堆（部）《中國哲學史》，到到底以那一堆（部）為主，我們都不清楚，而他也沒有對這問題有確定的講法。然後張君勱基本上是個強調行動的，他不光是一個學者，而且是政治上行動的人物，他的學問也不是很深入。尤其是對儒家的學問，他的研究不是很有分量。錢穆本來以史學為主，錢穆的本行跟胡適之一樣，都是以歷史為主，跟他的學生余英時一樣，他們幾個都是以歷史為主，不是以哲學為主，所以哲學的分量不是很夠。錢穆寫《國史大綱》寫的很好，他另一套大著作是《朱子新學案》，這些書的內容是偏向歷史方面，不是在 phlosophy 哲學這方面。

　　如果說成就的話，我想成就最大應該是第一代跟第二代，第一代是開風氣之先。這代的人物，可以說是德高望重，像梁漱溟、熊十力、馬一浮等人，一生忠於自己的學問。第二代在哲學的學養方面，也可說是非常豐富，中國哲學西方哲學還有佛學，他們在這幾方面都有出色的表現，不光是對儒家的那種反省。只是徐復觀在佛學方面差一些。然後到了第三代又差了一點，他們學問的功力不夠，沒有巨著。譬說唐君毅他有巨著，《生命存在與心靈境界》，牟宗三他也有巨著《佛性與般若》、《心體與性體》，徐復觀有《中國人性論史先秦篇》、《兩漢思想史》，這些都是巨著。第三代沒有一本代表性的巨著。其中原因很多，有一個重要的原因，就是他們基本上都是到處活動，剩下來專心研究學問的時間不夠。他們是偏向國際性 international，主要是在外國講學跟教學。這幾個人都一樣。杜維明是哈佛大學的教授，劉述先是美國南伊利諾大學

教授，也是中文大學的講座教授，成中英是夏威夷大學的教授，余英時也是在美國幾家高檔的大學裡面當教授。我看過劉述先有一本書《中西哲學論文集》，在序言裡面就寫過他要造論，建構自己的哲學體系，他說要寫三本書，一本是講方法論，一本是講形而上學，另一本是講實踐。他早年還在打拼學問的階段，就有這理想，最後沒有一本兌現，三本書都沒有寫出來，只有書的名字。其中一個很重要的因素，就是他兼顧行政的事務太多，一方面是中文大學哲學系主任又是講座教授，這兩個職務都非常需要時間把工作做好。劉述先需要管的事太多，又當講座教授又當系主任，而且還要天天上班。這跟我不一樣呀，我每週只來一次，劉述先每週要到中文大學五天，結果他是寫了很多短篇的論文，把它們收起來集合成為多本論文集。

第四代還沒有形成，有人在想如果要找第四代，要找一些什麼人呀？其中也包括鵝湖的主角，這我就有點猶豫。因為基本上他們在語言方面，知識太少，鵝湖那些人，連英文書都看不懂。你光是看中文的材料，很多好的書沒有中文翻譯，就沒有機會看，而且也無法與外國人交流，你跟外國人交流通常是用英文，要他們用中文跟你交談，是不行啊！

廖純瑜：老師算不算當代新儒學的第四代？

吳汝鈞：看你怎麼說當代新儒學？如果說，有在中國儒學概論這方面的著作，那些老師就是屬於當代新儒學這方面的人。

廖純瑜：這樣您算不算第四代呢？

吳汝鈞：這樣我就算。第一要有儒學方面的著作，在師承上

（heritage）老師是當代新儒家，這方面我有不少老師。第二代有三個人都是我的老師，我也寫些儒家的書，可我不覺得自己是當代新儒家（**學生**：太謙虛了）。我也不覺得作為當代新儒學學者有什麼值得驕傲的地方呀，有什麼可自豪？我不這樣想。

華靜慈：老師的語言沒問題呀，您會那麼多種語言。

吳汝鈞：光是語言不夠呀，我大部分的時間都拿來研究佛學，在十幾年前我才搞造論，搞純粹力動現象學，我個人不把自己看成是當代新儒學家。我大學時也常常修勞思光的課，勞思光他自己也不認為自己是當代新儒家的人物。所以是不是這個學派的人物，是不是都無所謂，好像不是這方面的人物，你就可以算是其他方面的人物。你不是這方面的人物，還可以算是另外一方面的人物。譬如京都學派，我已經寫了五本書，和很多文章都收在文集裡面，我也不覺得自己是京都學派的人。我家裡京都學派的書多得很，可我現在就已經不再打算研究京都學派了，我現在要把純粹力動現象學這個系統做好，其他的研究就不想做了。做學問是很辛苦的，而且要付出代價，我就是付出健康作為代價。如果要我重新再選擇，我大概不會再挑哲學，如果時光倒流五十年，那時我才二十歲，那我就可以再考慮看看研究哪方面？但絕對不是哲學，希望像有些電影講異象，地球的一個地方有一些特別的現象，就好像回到兩千年前的年代，中文叫異象門（anomaly）。在你身上時光倒流回到清朝（**學生**：穿越時空），要碰巧遇到那種機會，是不是有一部電視叫〈尋秦記〉，古天樂做主角的，不就是回到秦朝？春秋戰國秦漢三國時代。好，現在你來報告。

廖純瑜：據吳汝鈞先生《新哲學概論：通俗性與當代性》的〈第十三章文化哲學〉提到，史懷哲（Albert Schweitzer）以客觀尊重生命的態度作為倫理學與文化哲學的基礎，更以主體去實行、驗證他的理論，其中也含有觀念論的意涵在。當代新儒學一代宗師馬一浮，也是有類似的思想。馬一浮的名言是：「文化自心性中流出」。[1]他所指的文化主要統籌古代儒學的六藝，也就是《易》、《詩》、《書》、《禮》、《樂》、《春秋》，這與一般人所理解的六藝：禮、樂、射、御、書、數是不同的。馬一浮強調六藝是人人生來便俱足的理法，其根源是來自我們的文化主體，也就是來自自家的心性，特別是道德上的心性。其實馬一浮想要建立的真正核心價值，便是一心。[2]

　　滕復在《馬一浮思想研究》一書中，介紹馬一浮的學術背景。馬氏是浙江省紹興上虞人，於 1883 年生在四川成都，1967 年卒於浙江杭州。馬一浮的個性喜歡鶴立孤行，不標榜講學與著述，特別強調聖人須默語，主張學問之道在於身體力行，而不在於表現在言語與文字方面。尤其是他對儒家的信仰、體驗與堅持，以及對道統的秉持與傳承，當代鮮有人能與其相提並論，是故在學術圈內備受推崇。

　　馬一浮的父親馬廷培，在清光緒年間，曾任四川仁壽縣縣令；母親是陝西丐縣有名的望族。馬一浮六歲時，隨父母親返回浙江杭州定居。馬一浮的父親對於義理之學十分精通，母親則專精於文

---

[1] 　馬一浮：《馬一浮集》上（杭州：浙江古籍出版社、浙江教育出版社，1996），頁 488。

[2] 　吳汝鈞：《新哲學概論：通俗性與當代性》（臺北：臺灣學生書局，2016），頁 347-348。

學，他自幼即承襲家風飽讀詩書，奠定他深厚的儒家思想，以及中國幾千年家庭倫理的道統和社會文化的教化。

　　馬一浮在 1898 年 16 歲時，曾高中縣試榜首，並與當時浙江巨紳之女結婚，成就人生兩件快意之事。但卻又在短短幾年間，面臨父親與妻子相繼去逝的悲痛。1903 年，馬一浮為了紓解父親與妻子去世的悲痛，應聘清政府駐美使留學生監督公署秘書一職赴美，藉著出國的機會，尋找西方有關救國的真理。當時的嚴復曾發表《天演論》等譯作，讓馬一浮非常地景仰，能留學西方以及研究西方思想學說，便成為當時有志青年追求的夢想與目標。馬一浮在留美期間，由於他精通英語、法語以及西班牙語等多國語言，故被聘為駐美使館與在萬國博展會擔任翻譯和文書的工作，並利用閒暇之餘，靠著自學的方式大量探求西方的學問，對於西方學術的著作與思潮的形成，下了相當深厚的工夫與理解。這種尋求西方救國的真理，正是他出國最重要的原因。馬一浮在留學期間，對於外強侵略瓜分中國，感到痛心無比，回國後他便寄居西湖廣化寺與杭州永福寺苦讀。從回國到辛亥革命期間，馬一浮一面讀書著作，一面冷眼靜觀中國的時局，並且認真思索有關思想與文化等重要的課題。他在寄居在鎮江海西庵寺時，曾翻譯過《唐‧吉軻德》，名為《稽先生傳》，以「被褐」為筆名（取之於《老子》裡「被褐懷玉」之意），刊登於上海的《獨立周報》。由此可見，馬一浮在當時面對民族與國家存亡的關鍵，仍懷有一顆滿腔熱血的報國之心。

　　馬一浮並未參加新儒學發軔初期的運動，因為當時他隱居在西湖，過著刻苦讀書的日子。但是他的思想與其他先驅一樣，都是歷經由激進轉向保守的過程。換言之，他學術背景的轉折是由西方走回到中國傳統的改變。這是自幼馬氏受家庭父母親傳統文化的薰陶

所致，尤其是受到母親親自教授《楚辭》、《文選》等古典文學的影響。馬一浮年輕時代，基於對國家民族擁有壯烈的情操，矢志往西方追求西學中的真理，發表新思想和翻譯等著作。但後來反而回歸於傳統，經常發表一些訓詁、考證的文章與研究老莊和佛學。馬一浮學問雖然淵博，並且在學術界享有盛名，但由於他的個性低調，總是避隱不愛出風頭，故常遠離社會塵囂，因此在名氣上遠不及梁漱溟、張君勱、馮有蘭等人，後者具有較深遠的影響力。[3]

吳汝鈞：馬一浮年輕時有幾次出國的機會，而且學了好幾種語言，有英語、德語、西班牙語，我們在他後來的著作裡，完全沒有看到有關西方哲學的重要思想和觀念，都是用中文寫的。他懂那麼多語文，怎麼不好好應用這方面的學養，寫一些一般人不熟或看不懂的一些書呢？其實，馬克思的名著《資本論》就是由他引進來中國，因為他懂德文。

廖純瑜：馬一浮後來對於西學熱衷的冷卻，返回中國傳統儒學的原因有：

(1)主要是自幼受到傳統文化根深蒂固的薰陶，當他以一個熱血的少年，向西方尋求真理時，卻發現他本想藉著學習西方的新思想與新文化，以力圖拯救垂危的中國，不料竟在他邦異域裡，眼見列強瓜分中國，對中國處處充滿著鄙視，使其民族自尊受到莫大的侮辱，因此在思想上遭遇到極大的挫折，後來便回歸於本根的中國傳統文化。[4]

---

[3]　滕復：《馬一浮思想研究》（北京：中華書局，2001），頁 1、4、12-18。

[4]　同上書，頁14。

　　(2)更重要的原因，是源自面對複雜殘酷的政治，感到悲觀失望、無所適從、心情茫然。馬一浮曾是熱血愛國的青年人，受到戊戌維新運動的影響，為了振興國家，立志向西方新知取經，以尋求救國的真理。但是對於血腥的政治與革命的失敗，卻有種回天乏術的無力感，尤以對同鄉的鑒湖女俠秋瑾與徐錫麟，因起義失敗而犧牲時，更充滿著滿腔難以排解的悲情。[5]

　　馬一浮一生精通理學、佛學、道學諸多學問，賀麟先生肯定：「像馬一浮這樣對國學精通的學者，在民國時期已經是鳳毛鱗角了。」[6]

　　馬一浮早期受佛學思想影響甚深，在思想上頗似陸九淵、王陽明等儒者。但他一生不標榜著書立說，更主張聖人須沉默不語，學問之道在於躬親力行，故梁漱溟先生曾以「千年國萃，一代儒宗」尊稱之。

二、文化自心性中流出

　　接下來談馬一浮所稱文化自心性中流出。吳汝鈞《新哲學概論：通俗性與當代性》中指出，馬一浮早年便不在大學內授課，而是效法宋明儒者，以在私人書院講學為主，且開辦復性書院親自授課。他在哲學方面的涵養，又以研究儒、釋、道三家最為精闢。其中在儒學方面以「六藝一心論」，最令人矚目。唐君毅先生在他的《哲學概論》中，指出馬一浮的六藝一心論是一種文化哲學，唐君

5　同上書，頁 18-22。
6　引自牟鍾鑒：〈序〉，《馬一浮思想研究》，頁 2。

毅認為馬一浮六藝的文化與精神是通天人的大學問。馬一浮的門生烏以風在〈馬一浮先生學贊〉中，更道出馬氏以六藝為宗旨：

> 先生平時用心行事，莫不合乎六藝之教。先生動心起念，惻怛仁慈，接物待人，忠誠敦厚，發之於語言文字，行之於君師朋友，皆合乎詩教。先生博通經史，明辨古今。歷代興衰治亂之迹，風物禮俗之變，皆能知其源流，別其同異。疏通知遠，臨事不惑。發之於言，見之於行，皆合於書教。先生篤敬嚴肅，以禮自守。進退辭受，莫不有節，出處去取，莫不中矩。發之於言，行之於事，皆合乎禮教。先生胸襟寬宏，平易近人，雖窮居陋巷，不改其樂。與人言，從無疾聲厲色。談笑風生，語緩意長，發之於外，存之於內，皆合乎樂教。先生洞徹心源，通達常變，明天人之故，窮生死之理，剖微究玄，盡性知命。不為異說所惑，不為戲論所宥，而能以常應變，終其身無悔咎，皆合乎易教。至於嚴義利之辨，謹善惡之別，纖惡必除，微善必彰。尊王業，賤霸術，重禮樂，非兵刑，正名定分，存真去偽，垂誡後世，昭示國人，則又合乎春秋之教。[7]

這是以六藝的準繩，說明馬一浮的為人與為學近乎聖人。

吳汝鈞認為馬一浮對於道德有其獨特的看法，也就是將其與心緊密結合在一起。他認為道與德是一體的，德內存於心中，道是德外部的表現。德是內在的實體，道是我們人倫日常的行為。他以人

7　烏以風編述：《馬一浮先生學贊》（編者自印，1987 年 6 月）。

人本有的良知也就是本心來論德，以人人共同遵循說道。所謂「證之於心謂德」，「行出來便是道」。六藝的文化活動都是道與德特別是德所開展出來的，德也是性即所謂心性，在他看來，涵概六藝之中的文化是由心性中流出來的。

在文化方面，吳汝鈞指出馬一浮認為文化最重要的是精神層面，文化外部的物質亦即是殊相。馬氏認為文化內部的心性的一致性更為重要，心性一致是理性，是一，物質的表現是殊，是多元的表現，馬氏在這裡提出一個統類的概念即是「理一分殊」[8]。按此說本於伊川，劉述先則以此為核心而闡發其義。

馬一浮創辦復性書院講學，為了弘揚六藝一心論的理念。書院開辦初期，雖然「資金未充，齋舍不具」，但在如此困頓的環境下辦學，馬一浮最大的心願，莫非是希望「其用心皆以扶持正學為重」。馬一浮告誡書院的學生：「君子小人之歸，吉凶悔吝之漸，系乎當人一念之辨而已。敬則不失，誠則無間。性具之德，人人所同。雖聖人不能取而與之。學而至于聖人，方為盡己之性。此乃常道，初無奇特。須知自私用智，實違性德之常，精義入神，始明本分之事。書院師友所講習者，莫要于此。」[9]由此說明馬氏所辦的復性書院，講學主要的目的著重於心性教育。馬一浮更進一步闡述教育對於心性的重要性，在於「修道之謂教，善教者必其能由道者也。順其氣質以為性，非此所謂率性也。增其習染以為學，非此所謂修道也。氣質之偏，物欲之蔽，皆非其性然也……。學問之道無他，在變化氣質，去其習染而已。長善而救其失，易惡而至其中。

---

[8]　吳汝鈞：《新哲學概論：通俗性與當代性》，頁348-349。

[9]　馬一浮：《復性書院講錄》（南京：江蘇教育出版社，2005），頁6。

失與惡，皆其所自為也。善與中，皆其所自有也。」[10]

　　可見，馬氏強調透過教育可以去除習染，以達人本性善的目的。學習可以改變氣質，一旦氣質偏頗就容易被物欲所蒙蔽，這些都不是人原來的本性。所以要增加善能，救其被遮掩的本性，以惡來交換中道，這個得失與凶惡間，其實都是自己所做所為造成的，但是善與中道皆是人本來就有的心性，故馬一浮告誡復性書院的學生，若是沒有此信念，則不用來書院受學，兩個月後便可以離開。可見馬氏主張心性是人本有的德性，涵養心性的必要條件則須靠教育才可行。

吳汝鈞：這裡有一點對於道德的觀念，馬一浮對於道德有獨特的看法，也就是將它與心緊密結合在一起。他認為道與德是一體的，德內具於心中，道是德外部的表現。這樣他還是把道跟德分開。德內具於心中，道是德外部的表現，這樣解讀是有一些新意。不過他這樣看道德，是不是根據一些 classic 或一些古典的文獻這樣講，還是他自己提出一種創造性的看法呢？老子這本書叫《道德經》，這個道德經的德，不是我們普通所講的道德，不是 morality 的道德，而是有得於道，它的本意就是作動詞來了解，就是有得於道，就是進行一種對道德的反省，然後有所覺悟，這就是道家講的道德。京都學派他們就搞錯，他們看到了老子這本書叫《道德經》，就把這個道德講成 morality，也就是我們通常所講的道德。他們搞錯了，西田幾多郎提出，然後三傳弟子花岡永子，也是跟西田一樣把道德誤解了。

---

[10]　同上書，頁 7。

廖純瑜：您書上這裡所說的道德，就是《道德經》的道德嗎？不是一般人稱的道德？就是有得於道，對道的體認就是老子所講的《道德經》的道德嗎？

吳汝鈞：對，這是徐復觀的解釋。道德老子又名《道德經》，道德這個字眼，不是英文的 morality。morality 就是道與德是不分開的合在一起。馬一浮在這裡就分開，這是有得於道。我比較相信徐復觀的講法。我是看徐復觀的《中國人性論史先秦篇》，它裡面也講到《道德經》。我看到京都學派把道德翻譯成 morality，這樣了解就錯。馬一浮在這裡又把道跟德分開，我想跟原來《道德經》有得於道就不一樣。徐復觀這個人讀書非常用心，出錯的機會不大，反而馬一浮的想法太高太遠，他既然有救國救民的心，應該從教育著手，人家邀請你到北京大學講課，那你就去嘛，怎麼不去呢？

三、正學之要

廖純瑜：馬一浮認為學習「正學」，須指出一條可以終身承襲而不改的正路，也就必須具備合乎正道的四端：「一曰主敬，二曰窮理，三曰博文，四曰篤行。主敬為涵養之要，窮理為致知之要，博文為立事之要，篤行為進德之要。四者，內外交徹，體用全該，優入徑途，必從此始。」[11]馬氏又分別說明如下：

一曰：主敬為涵養之要：他以孟子主張萬物能生長是因能涵養潤澤，他舉例草木如無雨則逐漸槁枯，養其生機謂之涵養，用以說明人的涵養須「志足以率氣……而主敬可維持氣足，主一無適之謂

11　同上書，頁 8。

敬。敬則自然虛靜，敬則自然和樂。此言其效驗也。敬是常惺惺法，此言其力用也」。馬一浮又指出尊德性而道問學，最應先以涵養為開始的基石，若要等到能成就德，自始至終只有主敬，他說「敬也者，所以成始而成終也」。[12]

　　請問老師，這裡談到的虛敬是比較偏向道家的精神？因為道家也講主虛敬，不過道家講的靜是安靜的靜？

吳汝鈞：這個虛靜也不是只有道家提出，荀子講到我們的心要了解外面的事物的時候，要保持一種「虛一而靜」的狀態。這是荀子提出來的。虛就是虛懷，讓心靈保持虛的狀態，不要塞滿東西，所以對某些事情認知的時候，先要把心靜下來，要把塞在裡面複雜的知識清空掉。然後一就是專一，對某些事情認知的時候，先要把心靜下來，要處在專一的狀態。荀子的認識論雖然不是很成熟，可是他還是非常重視。這個靜的字眼也不是道家才有。

廖純瑜：因為我讀這篇時，想到日本茶道所講的和、敬、清、寂，這個敬的概念是不是來自中國？

吳汝鈞：敬這字很好用，是一種虛心的狀態，擴充開來，在平常的行為上要謙虛，謙虛就是說把自我的意識，儘量收斂起來，在虛心的狀態過生活，來處理事情。

　　你開始講時引了馬一浮幾句話，後面那個篤行，馬一浮的說法是篤行是進德之要。其實，這種篤行就是處事的態度，不光是進學修德這方面要篤行，在其他生活方式上一樣要篤行。你對朋友說要如何、如何做，或者對自己提出些要求要改進過來，這是一般的行

---

[12]　同上書，頁8-10。

為，不一定與道德有關，也一樣要篤行。篤行不光是對道德來講，一般放在生活上、言談上就是要篤行，說過的話就要篤行。篤就是要克制自己，實實在在去做，不要隨便講了就算了，說話要算數，這就是篤行。這是道德這方面的用法，我們了解後對篤行的用法，也要進一步澄清。其實這裡也談到主敬是宋明理學很重要的項目，尤其是程伊川、朱子那個系統，他是很強調敬的觀念，程伊川講過：「涵養須用敬，進學在致知。」

　　敬就是有關涵養這方面，主要是修心養性，要謹慎認真，對長輩要敬，對於一些古典如《聖經》、《論語》，常要有一種敬，不要驕傲。不要以為《論語》都是講一些日常生活瑣碎的事情，可這些你也要很認真處理。敬是尊敬，有一種嚴肅感，對於事情本身要透徹，應該要有透明度，這叫涵養，所以我用敬。進學就是做學問，進學在致知，致知就是推廣我們的知識，這不是致良知的知，是程朱所講的致知。在他們的系統裡面，所謂致知的知主要是指知識，跟良知沒有關係。可是陽明就是把它講到良知這方面，所以他（陽明）就提出致良知。致良知本來是《大學》裡面所講，程朱後來也繼承這種講法，這是講知識方面要不斷開拓、不斷推廣，這就是在進學。進學是做學問的功夫，做研究的功夫要致知，光是這兩句就可判出朱陸的異同，顯示出程朱、陸王之間的不同的地方。所以在這裡我們要注意一下。這裡所說主敬為涵養之要，是籠統的說法，他們是把主敬與涵養放在一起，以主敬為涵養之要。

　　馬一浮的根據是傳統的程朱一派，把主敬與涵養放在一起，對於涵養須用敬這句話，進一步解析。像儒家所講的這些思想，一般人認為沒什麼特別，我們平常生活就是這樣。說可以這樣說，但處理問題不是那麼簡單。例如《論語》有一句，孔子說：吾道一以貫

之，講了這句就算了。他是對他的學生講，吾道我們孔門所行的大
道，就是一以貫之，就是有一個中心點來貫穿種種的行為，然後他
就走了，沒講下去嘛。這一以貫之到底是什麼意思，要進一步研
究。曾子是一個做學問很認真的學生，他就跟其他徒弟說，夫子之
一貫是「忠恕」。主要是以「忠恕」為中心。你也可以提一個問
題：人是不是可以一貫之？是可以，可是不夠具體。忠恕忠就是對
事務要盡忠，把事情做好，恕就是對別人要有寬恕的胸懷，對人要
有容人之量，不要驕傲。對別人有嚴肅的要求，要求非常嚴格，這
就不是恕。恕是對自己嚴謹，對別人寬恕，這就是恕。忠是認真忠
心；恕是寬恕的意思，能夠虛懷若谷就是恕。

廖純瑜：接下講，二曰：窮理為致知之要者：馬一浮認為先確定何
謂理？何謂知？他以《易·繫辭傳》的文中「窮理盡性以至於命」
來說。《大學》說致知在格物，和朱子格物為窮致事物之理，致知
為推及吾心之知等說法，與程子、象山等論述都強調「致知」的重
要性。[13]這裡所談的致知，就是老師剛講的致知。

　　三曰：博文為立事之要者：馬一浮認為博文「不是指文辭為
文，亦不限以典籍為文，凡天地間一切事相，皆文也，縱一身推
之，家國天下皆事也。道外無事，亦即道外無文。……不學
《詩》，無以言，不學《禮》，無以立，《詩》、《禮》，文也。
言、立，事也。六藝之文，即冒天下之道，實則天下之事，莫非六
藝之文」[14]。由此可知，馬氏清楚指出六藝之文，這可應天下之
事。為什麼六藝之文是天下之文？因為「《詩》以道志而主言，在

13　同上書，頁 8-13。
14　同上書，頁 13-14。

心為志，發言為詩。凡以達哀樂之感，類萬物之情，而出以至誠惻
怛，不為膚泛偽飾之詞，皆《詩》之事也。《書》以道事，事之大
者，經綸一國之政，推之天下。《禮》以道行，凡在人倫日用之
間，履之不失其序，不違其節，皆《禮》之事也。《樂》以道和。
凡聲音相感，心志相通，足以盡歡忻鼓舞之用，而不流於過，皆
《樂》之事也。《易》以道陰陽，凡萬象森羅，觀以消息盈虛變化
流行之迹，皆《易》之事也。《春秋》以道名分。凡人群之倫紀，
大經大法至於一名一器，皆有分際，無相陵越，無相紊亂，各就其
列，各嚴其序，各止其所，各得其政，皆《春秋》之事也。其事即
其文也，其文即其道也。」[15]

吳汝鈞：這裡講的博文為立事之要，我們可以補充一下。在香港最
早只有一家公立大學，是由政府支援的，畢業後由政府承認學位，
所以它的薪水一定比不是正規大學的學生高，因為政府沒有認可
它，所以不能跟香港大學比。香港大學是正規大學，是政府教育部
這方面官方認可的，所以這些畢業生出來找工作薪水有一定的價
碼，比其他私立大學要高一點。臺灣好像沒這觀念，好像國立大學
的教授，與私立大學差不多，只是福利不一樣。福利就是你退休
後，主要的福利是可以拿月退。所以臺灣人現在很多五十歲就退
休，因為他在政府裡當公務員，做滿二十年就可以拿很高的月退，
等到他可以拿月退期限他就退休了。拿大學教授的月退又跑到私立
大學去當教授，又拿一份薪水。這看起來好像很自私，你怎麼可以
拿兩份薪水？很多人在外打拼，都沒找到職位，你已經退休了，德
高望重，私立大學就喜歡請你當專任教授，這就會引起一些爭議。

15　同上書，頁14。

可是他的理由也很正當呀。我做滿二十年或是二十五年，依規定退休後拿月退，這也是不違法，所以兩邊好像都有道理。我們回到香港大學的校訓是明德格物，明德格物很明顯是出自《大學》。

大學之道在明明德，是三綱領八條目。到了中文大學的時候，是政府承認的第二家大學，所以也要有一個冠冕堂皇的校訓，它的校訓就是博文約禮，強調博文這字眼。可是它講的博文跟當年儒家講的博文，並不完全一樣。中文大學這個博文約禮，把大學教育這方面分成兩點，一點是學問，特殊研究，這就是博文。儘量開拓知識，包括其他方面的知識這叫博文，這是從學問來講。然後約禮，就是我們要遵守一些理法，用禮來標榜的目標，是屬於修養、道德這方面，所以是「博文約禮」。很多人進了中文大學都不知道博文約禮是什麼意思。這禮有一個道理，就是學問與道德行為雙軌而進。博文是屬於追求不同的知識，博文是在知識方面要博，然後又要遵守禮法，也就是在道德行為方面要有禮法，禮是道德的觀念。這裡的博文，馬一浮認為的博文，不是指文辭為文，也不限於典籍為文，凡天地間的事相皆文也，以一個比較寬鬆的觀點來講博文。

廖純瑜：中文大學的博文與馬一浮的博文接近嗎？

吳汝鈞：不完全一樣。我就順便補充香港中文大學的校訓。一般博文是學問以理智為主。

廖純瑜：四曰：篤行為進德之要者：馬一浮又指出，「德行為內外之名，在內為德，踐之於身為行。德是其所存，行是其所發。自其得于理者言之，則謂之德。自其見于事者言之，則謂之行。」[16]所

---

[16] 同上書，頁 16。

以歸納之，德是內，得之於理。行是外，是實踐，是可看見的事。「《洪範》五事，《論語》九思、四勿、三貴，併屬於行。廣說無盡，今只略說五事，曰貌、言、視、聽、思。曰恭，曰從，曰名，曰聰，曰睿，行之於篤也。恭作肅，從作乂，明作哲，聰作謀，睿作聖，即德之進也。九思、四勿、三貴，皆篤行之事。曰仁、曰禮、曰信，皆德也。德之相廣說亦無盡。仁者德之總也。開而為二，曰仁智、仁義，開而為三，曰智、仁、勇。開而為四，曰仁、義、禮、智。開而為五，則益之以信。開而為六，曰智、仁、聖、義、中、和。如是廣說，可名萬德，皆統於仁。學者當知，有性德，有修為。性德雖是本具，不因修證，不能顯。故因修顯性，即是篤行為進德之要。」[17]「子以四教：文、行、忠、信。文即六藝之文，行即六藝之事。忠信則六藝之本，今此四門，亦略同四教。全體起用，全用歸本，此乃聖學之宗要，自信之法門。」[18]這是馬一浮辦復性書院對學生所說的。

吳汝鈞：有兩點要補充，在中間的地方：講到德，曰仁、曰禮、曰信，皆德也，德之相廣說亦無盡。仁者德之總也。開而為二，曰仁智、仁義，開而為三，曰智、仁、勇。開而為四，曰仁、義、禮、智。開而為五，則益之以信。開而為六，那可以一直推下去。光他講到德這觀念，有幾種了解，在儒家來講這德就是道德，或者是道德行為，就是己所不欲不施於人，和推己及人就是道德。己所不欲不施於人，己之所欲推於他人。你不喜歡的東西不要把它留給別人，因為你不喜歡，別人也不喜歡。所以把你不喜歡的東西推給別

---

[17]　同上書，頁 17。

[18]　同上書，頁 19-20。

人，那就是不符合道德的意思。道德嘛就是推己及人，儒家的講法德就是道德。具體而言，推己及人，同情共感，這就是道德，是儒家的講法。另外，一個了解是道家的了解，這個德與得失的得一樣，就是我們對於道有所得，以證這個道在裡面有所得，領略、分享它的好處，所以這是有德於道。所以老子這本書也有人叫它《道德經》。從儒家來講是道德行為，由道家來講是有得於道，對於道有一種修養，這是第二種了解。徐復觀的宇宙論特別注意道家講的道德，就是有得於道，所以這個德是動詞。然後在日本方面京都學派，就不管這些，一看老子的《道德經》，既然有道德的字眼就把它看作 morality。京都學派傳統的了解是錯的，西田幾多郎的了解是錯的。然後到二三四京都學派，有個女哲學家叫花岡永子，她也犯了跟師祖一樣的錯，她也是把《道德經》看成講道德的經書，所以她又用 morality 來講道德，這跟西田犯同樣的錯誤。另外，你提到「子以四教：文、行、忠、信」。這是我所讀的金文泰中學的校訓，文、行、忠、信，文就是講知識，行就是講行為，忠就是忠心，信就是講信用。其實忠跟信的意思都可以包括在行裡面。我那間中學金文泰以這繼承孔夫子學說為它的校訓。這裡「子以四教文信忠信」這句話出自《論語》。

四、六藝出於一心

廖純瑜：以下談的是六藝出於一心。

吳汝鈞在《新哲學概論：通俗性與當代性》指出，馬一浮主張六藝概括一切文化活動，而文化則由心性中流出，自然可以得出六藝出於一心的觀點。六藝是散殊的，它的表現在各種文化多個面相

裡。「一心」即是心性，是一個綜合、概括的，是這些散殊的六藝的根基。他的哲學立場是觀念論，是主觀或主體性意的觀念論，而不是柏拉圖客觀的觀念論。馬一浮在表面上利用多元的內容闡述六藝，但最終的核心觀念是「一心」。六藝是一個在理論上和事實上有一致的價值的內容，所以馬一浮把六藝當作儒家根本內容與規矩義的尺度。馬一浮又說：「六藝之道，條理粲然」、「聖人之知行在是，天下之事理盡是，萬物之聚燦散，一心之用體，悉具於是。」[19]這些說法，可作為文獻學與義理的依據。「藝」本是種植之意，可以引申為培植或教化、教育之意，是儒家的《易》、《詩》、《書》、《禮》、《樂》、《春秋》六經綜合之意涵。為何「六藝」即「六經」呢？依據《史記》〈孔子世家〉裡記載，孔子以詩、書、禮、樂作為教化三千弟子的主要內容，其中通六藝者有七十二人。馬一浮認為我們的心量本是廣大無界限，六藝之道不是外在的，作為德性的表現的六藝本來是心性俱足的，六藝之道不在外而在內，是我們的心靈或心性自然流出的。[20]

吳汝鈞：在馬一浮的了解，六藝是儒家的六經。他用儒家的六經的字把它當作是六藝，《易》、《詩》、《書》、《禮》、《樂》、《春秋》，以現代人的眼光來看的這個六經，可以涵蓋一切學問嗎？我們可以提出這個問題。因為在六經講法流行的年代，好像可以概括一切學問，道德的、哲學的、文學的、藝術的，還有宗教的，約略說可以概括在六經裡面。如果我們用現在人的眼光來看，這個「六經」是不是可以概括所有的學問呢。我們可以提這個問

19　馬一浮：《馬一浮集》上，頁57。

20　吳汝鈞：《新哲學概論：通俗性與當代性》，頁349-351。

題，是不是可以古為今用？大陸不是常常說古為今用嗎？他們不是要建立有中華民族特色的社會主義嗎？六藝就是六經，在今天來看是不是可以概括學問的全部呢？詩（詩經）是有關文學的，書是歷史的，易是形而上學的、本體宇宙論的，禮是制度，包括政治的制度與文化的制度，樂就是音樂，也可以包括藝術，然後春秋是評價一個人的標準，春秋的內容應該是跟歷史比較相近，它還有一種警惕教化的作用，而且可以有道義這個意味。《三國演義》關雲長不是在沒事的時候就拿著春秋在唸嗎？撥一下長長的鬍子，關雲長就是以義（義氣）為做人之本。雖然他向曹操投降，可是他也沒有忘掉桃園三結義的義氣，不求同年同月同日生，但求同年同月同日死，這就是義。所以春秋有教化的作用，做人要有義道，不要做些不義之事，不義之財取之有道。那些貪官汙吏搜括民間的財物，然後獻給當朝的高官，這就是不義之財取之無罪。《水滸傳》黃泥崗七條漢子聯合起來，把送給太師蔡京的壽禮半路劫去，《水滸傳》就有這樣一段精彩的記錄。如果不抓得太緊的話，這六經還是可以概括學問的全部。這裡好像缺了科學，科學是歸於那一經啊？《易經》嘛，可是《易經》是講本體宇宙論的，已經超越科學了，其他一些好像跟科學沒什麼關係。

廖純瑜：是不是古代比較缺乏科學的概念？但是《易經》也有談到數的問題。

吳汝鈞：《易經》是談生生不息，大用流行，這已經是超科學。

廖純瑜：《易經》在漢代也談象數，是不是有些數的概念？

吳汝鈞：漢代有流行的易家是政治上的易家，不是正統的科學。陰

陽家所講的是有科學的意味，可是這六經又沒有陰陽家。所以科學這一門學問，好像不能在六藝《六經》的傳統裡面，給它找到一個位置。

廖純瑜：許寧在《六藝圓融──馬一浮文化哲學研究》中，也認為馬一浮指出六藝本是吾人性分內的事，不是聖人刻意安排出來。故六藝之道即是德性自然流出。例如仁可以化而為二：仁智、仁義，化而為三：智、仁、勇，化而為四：仁、義、禮、智，化而為五：仁、義、禮、智、信五常，化而為六則併智、仁、聖、義、中、和合而為六德。[21]

　　再下來談「六藝即國學」：許寧在《六藝圓融──馬一浮文化哲學研究》中，指出馬一浮文化哲學的理論基礎是心性論，其中又以六藝論作為文化哲學的開展，提出六藝論統攝一切學術的總命題，他也分析六藝的獨特內涵以及相互關係，闡明文化價值與現實的問題。馬一浮認為六藝是孔子之教，中華民族二千多年來都共同認為一切學術皆源自此，其他都是六藝的支流。馬一浮的六藝論是他對中國文化的整體觀，也是他學術思想的體系。馬一浮提出「六藝統攝一切學術」總命題，分別列若干子命題加以印證。首先他提出以心論證明六藝何以能統攝一切學術，再從六藝統攝諸子，六藝統攝四部，逐步擴張展開，直至六藝亦統攝西方學術，最終完成六藝統攝一切學術文化系統的論證過程。[22]

吳汝鈞：在這裡我們可以討論另外一個問題：這裡是不是把六藝的

---

[21] 許寧：《六藝圓融──馬一浮文化哲學研究》（北京：中國社會科學出版社，2008），頁149。

[22] 同上書，頁148-149。

範圍拓展開去？拓展古代的學問到現代的學問？這讓我們想到古代有三玄學的講法，《周易》是一玄，《莊子》也算是三玄裡的一玄，然後是魏晉玄學。那麼六藝能不能包括這三玄呢？這是我所提出的問題。六藝找不到形上學這種東西，我們講的玄學就是靠近形上學這方面。

廖純瑜：《周易》就已經是易，這不能代表形而上學嗎？

吳汝鈞：《周易》可以，另外兩玄《莊子》、魏晉玄學，就不能放在形而上學裡面。《莊子》因為是道家，也是蠻重要的學問，可說中華文化藝術美學這方面，都受《莊子》的影響。譬如繪畫，特別是山水畫，它裡面有展示出道的意思，形而上的意味是比較明顯。中國的文學藝術的根源，你可以說是從道家的《莊子》流出來，然後到了魏晉玄學，道家又再出現。在兩漢，因為漢武帝強調政治的儒學，以儒家為主，對於其他各家之說有貶壓的傾向，他純粹從政治以儒家為主，不讓其他家有機會可以講，獨專儒學。這種走向到了魏晉，方向改了，到了魏晉道家勢力最大。再下來就是隋唐宋，這位子就讓給佛教。所以中間有一段很長的時間是儒家勢力減弱的年代。那這裡的六藝六經又怎麼交代魏晉玄學呢？這裡面好像沒有它的位置，這些家在中國文化裡所扮演的角色也是挺重要的。文學、音樂、藝術都展示出道家的影響，尤其是莊子的影響。所以徐復觀在他的《中國藝術精神》裡面，有一章是全書最重要的，就是講莊子的藝術精神，他的基礎就是展示中國藝術文化的主體。所以這很難把它歸到六藝方面。

廖純瑜：我覺得他（徐復觀）講得很有道理，像我在教中國插花也

講究陰陽、輕重、虛實，就利用道家的思想。像畫國畫不會將它畫滿，必須留有空間留白，這就是虛實。外國的畫不強調空間，我們的山水畫與書法都強調留白之美，就是虛跟實之間的對應。

吳汝鈞：這點講的很有道理，我以前上唐君毅的課，他說中國一些文學藝術的作品是最能展示主體自由，這跟西方不一樣。以山水畫作為例子，一般中國山水畫留白的地方非常多，天空什麼也不畫，河流、海水也是不用墨的空白的。這個空白就是展示大空間，人處身在這大空間裡面，就會感到很自由，只因為周遭都是疏的，人的精神就可以融到整個大空間裡面，天空啊、河流啊、海水都可以展示出一種大空間，這種背景最容易讓人聯想到自由這麼一種境界。這也不限於山水畫，它提了王維的兩句詩：「大漠孤煙直，長河落日圓」，大漠孤煙直在一望無際的大漠裡，孤煙冉冉而上，大漠這個背景非常大，什麼東西都沒有，只有黃沙，也看不見風。長河落日圓這個黃河，也是一個大背景，焦點是落日。面對藝術的作品，心中會有一種感受，就是一種自然自由的感受。這是客觀的圖像，是一種自由自在的感受，作者、畫家都有這種胸懷，我們看到這畫面也可以讓人感受到自由。西方的畫就是填得滿滿的，不然就是一種抽象藝術，就是一種畢卡索的抽象藝術和達達主義，畢卡索是很有名，但我完全看不懂他的畫是什麼意思。他通常畫兩個人，這邊一半是人的樣貌，另一邊一半人也不是人，鬼也不是鬼，不曉得它是什麼東西，可是他是世界上最偉大的畫家。他的畫在賣場裡標價最高，這些我們就沒辦法了解。這裡就有個問題：道家尤其是《莊子》，在六藝裡就無法安置上。馬一浮是在藝術有那麼深的涵養的人，他應該感到有這個問題。

廖純瑜：所以馬一浮說六藝可以統攝一切，還是有他的局限在？

吳汝鈞：對啊！其中最明顯的就是道家的玄學。

廖純瑜：國學即六藝。馬一浮在對浙江大學學生演講時，解釋國學的四個特徵，讓人對國學有個清晰而基本的了解：

> 一、此學不是零碎片斷的知識，是有體系的，不可當成雜貨。
> 二、此學不是陳舊呆板的事物，是活潑潑的，不可目為骨董。
> 三、此學不是勉強安排出來的，是自然流出來的，不可同于機械。
> 四、此學不是憑借外緣的產物，是來自心本具，不可視作分外。

這從體系性、生機性、現成性、內具性四個方面規定了國學，由四個特徵，馬一浮進而闡述了治國學所應有的態度：

> 第一點，應知道本一貫：故當見其全體，不可守于一曲。
> 第二點，應知妙用無方，故當溫故知新，不可食古不化。
> 第三點，應知法象本然，故當如量而說，不可私意造作，穿鑿附會。
> 第四點，應知德性俱足，故當向內體究，不可循物忘己，向

外馳求。[23]

這裡所說的法象本然，就是把人為的造作都排開。

　　許寧在《六藝圓融——馬一浮文化哲學研究》一書中，指出自胡適提出「整理國故」以來，常感魚目混珠，泥沙俱下，許多理論觀點藉國學招搖過市，妨害現代人對國學的認識與了解，使國學無法與西方哲學抗衡，妨害中國文化從傳統到現代的轉型。因此馬一浮提出四個特徵，無非力求在學理上保證國學成為整體性的理論系統，而不是一盤散沙、毫無章法。馬一浮從思維和語言關係的角度，對國學進行詞語的刷新和意義的刪除。他認為綜觀中西一切的學術，都由思考而來，所以學源於思，思維的成果需賴語言文字為物質載體，才得以傳達、才能詮表。語言與思維的關係，便呈現出能詮與所詮的關係中。所以運用語言，才能妥切能詮釋，使詞語所涵攝的義理明白易顯，使人能喻，「必先喻諸已，而後能喻諸人」。因人所已喻，而告之以其所未喻，才明彼，即曉此。因喻甲事而及乙事，輾轉關通，可以助發增長人之思考力，方名為學。」[24]

　　許寧進一步說明，馬一浮以三個層次規定「學」，首先以本質言，是思維與語言的關係。其次從現象看，是所詮與能詮的關係。再者，從功能看是喻己與喻人的關係。馬一浮認為時下所謂國學，是指稱國立大學，今日則稱吾國固有學術，有別於外國學術。這種命名法從佛教的觀點來說，是依他起釋，缺乏嚴格的理論根據。[25]

---

[23]　馬一浮以上對國學的觀點，引用《馬一浮集》第一冊，頁 4-5。

[24]　同上書，頁 9。

[25]　引用許寧：《六藝圓融——馬一浮文化哲學研究》，頁 146-147。

這種詮釋只能交代所詮，傾向於消極的面向，未能充分發揮精神主
體的積極的動感。

吳汝鈞：國學的名相涵意是很模糊的，跟漢學一樣，凡是有關中國
文化的學問，不管你講文學、藝術、音樂、繪畫，還有歷史與考
證，反正跟中國文化有關連的都可歸到國學這方面。我們常在報紙
上看見某某國學大師過世，其實這些大師只是擅長一兩項而已，都
把他當作大師。譬如錢穆的專長在歷史被稱為國學大師。幾年前在
北京過世的湯一介一直待在大學裡，改革開放後，有個大的建立計
畫，成立了中國文化書院。2014 年他肝癌過世。在臺灣這方面的
報紙，也做頭條的新聞，把他稱為國學大師，其實他學問的重點在
道家，其他也沒有什麼特別的貢獻。凡是德高望重之人，都可以稱
國學大師，余英時、胡適好像都是。看起來好像什麼都懂，其實都
只懂一點，有頭無尾。胡的中國哲學史只寫古代，下面就寫不下
去。文學史也是寫到一個階段，下面就寫不下去，他也算是個國學
大師。馬一浮人也稱他為國學大師。所以國學這概念內容就很難規
劃，裡面可以包含哲學、文學、歷史學、文字學。

廖純瑜：最後一段。

　　許寧又指出，馬一浮針對現代學校的學生了解國學的需要，給
與三點提示：(1)楷定名義、(2)閱讀基本書籍、(3)講求簡要方法，
三者相互關連，彼此溝通。盡管一般學生聽講的時間有限，但能懂
得門徑，使用的方法也不錯，將來便可自己下工夫研究。馬一浮為
楷定國學名義作了闡述。楷定原來是義學家釋經用辭，每下一義，
須有法式，稱之楷定。楷即法式之意，相當於今哲學家所言的範圍
或是領域，所以楷定是自己定一個範疇，使其所說的內容、意義有

一個中心點，不至於雜亂無章，漫無邊界。馬一浮認為六藝即是孔子之教，中華民族兩千餘年來普遍承認的一切學術之源，皆出於此，其他都是六藝的支流。所以六藝可以涵蓋諸學，諸學不能涵蓋六藝。[26]

吳汝鈞：今天就上到這裡。

---

[26]　同上書，頁 147-148。

第十四章
唐君毅論文化意識與道德理性

廖純瑜：老師、各位同學好，我今天要作的報告是「唐君毅論文化意識與道德理性」，其實我報告的架構，是依據老師的《新哲學概論：通俗性與當代性》這本書和唐君毅的著作《文化意識與道德理性》而來的。

一、一切文化活動皆植根於道德理性

據吳汝鈞在《新哲學概論：通俗性與當代性》的一章〈文化哲學〉中，提到馬一浮和唐君毅可謂在當代新儒學中，比較重視文化問題，進而能溯其文化活動的根源。唐君毅將馬一浮「六藝一心論」的文化哲學加以深化和確定化後，並在當代思潮的脈絡下展開，唐君毅把馬一浮的心性這個觀念，界定為道德理性，進一步將文化內容，擴展成為多元化的範疇，包括家庭、經濟、政治、國家、哲學、科學、藝術、文學、美學、宗教、道德、體育、軍事、法律以及教育等諸項。[1]

---

[1]　吳汝鈞：《新哲學概論：通俗性與當代性》（臺北：臺灣學生書局，2016），頁 353。

吳汝鈞：這裡我稍微補充一下。唐君毅在當代新儒家裡面，是屬於早熟的一個，而有些人是大器晚成型，一直到五十歲六十歲才能寫出一些有分量的書。唐君毅的哲學在三十歲已經成型。他所謂基本的思想，就是要走儒家的這條路，成為新儒家的人物，後來變成越來越重要。他的著作有幾本書具有代表性，這些著作都是在他三十歲上下寫的，譬如說第一本《道德自我之建立》，另外就是《人文精神之重建》，這書分上下兩冊，再來就是《中國人文精神之發展》，這幾本書，都是他比較年輕的時候，在香港寫出來的，這是關於生命學問方面的著作。

另一方面不是研究學問的著作，而是適合一般的年輕人看的，比較重要的是《人生之體驗》，還有《心物與人生》等。到了五零年代就寫《哲學概論》，這本書分量非常重，內容非常多元，標準非常高。可以說是所有的哲學概論書裡，最大的一本，比我的那本（《新哲學概論：通俗性與當代性》）還要多一倍，分成上下兩本，每一本都有五六百頁。在後一點時期就是學術的著作，《中國哲學原論》，共有六本巨著。

在最後階段寫《生命存在與心靈境界》，那就是他判教的一本巨著（magnum opus），他所判教的對象是整個世界，包括西方、印度和中國所有的哲學、思想合起來，以《生命存在與心靈境界》統攝中國、印度、西方三方面的哲學。最後他覺得最有永恆的價值，就是三個大的宗派，一個是基督教、一個是佛教、一個是儒家。他把基督教判為四個字「歸向一神」，佛教是「我法二空」，最後是儒家的「天德流行」。在了解上是不是完全正確，我個人就有點猶豫。因為他講佛教是以「我法二空」來講佛教的性格。在我看來我法二空，只能拿來講印度的佛教，不能講中國的佛教。中國

的佛教是佛法從兩方面的問題轉到佛性的問題。印度佛教以空作為基本的觀念，根據他們的講法，就是自我和種種的法，種種的存在，都是緣起性空的，這可以說是在大乘佛教學，各個學派共持一種看法。在中國佛教這方面，它所關心的重心，就轉移到佛性這觀念。佛性的問題能不能用空的概念概括？我想是有相權的餘地，是有爭議的。佛性或者是如來藏自性清淨心，它是不是可以用空來概括呢？像他講「我法二空」，印度佛學的空能不能用來概括這如來藏自性清淨心？我想在這裡有進一步討論的必要。他寫完《生命存在與心靈境界》就過世了。他的哲學可說是系統非常龐大，內容非常多元，而且有一個很寬廣的眼光，看世界哲學這三個傳統：中國、西方和印度，這是我對他著作的一些總持的看法。

唐君毅的著作包涵種種的問題，範圍非常廣也非常多元，裡面提的哲學觀念與問題，像一座大寶山，一進去要儘量從各方面吸收，他的寶藏讓人不能空手而歸。可是很多人覺得他的書比較難懂，很難以吸收。所以他那套哲學理論，內容太廣大、太豐富，要吸收就有一定的困難。這跟牟宗三不一樣，在學問上我們很難說誰更優秀，可是在影響力上，牟宗三的影響遠遠超過唐君毅。其中一個重要因素，是因為牟宗三講哲學是非常清晰，而且他每本書名都強調書的內容，看起來就不會混在一起。所以在影響力方面，不管在臺灣也好，香港也好，也包括大陸地區，牟宗三可以說最深廣的。在學問方面，哪一種學問內容更深、更廣，在理論上更有嚴格性，對於他們來講，一下子很難下一個決定。從學問內涵這方面來講，大概大戰三百回合都不分勝負。可是在影響上很明顯牟宗三的影響比較廣，而且牟宗三的弟子也比較優秀。

廖純瑜：唐君毅的根本論述，是視人的文化，源自種種的文化意識，而此種種文化意識都是基於道德理性。唐君毅的文化哲學思想，主要以《文化意識與道德理性》和《道德自我之建立》二書中所呈現的內容最具代表性。唐氏非常強調理性與文化緊密的結合。所謂理性就是表現道德自覺的理想，而展示道德自覺始於主體性自身的自覺活動。就性格方面而言，理性是形而上的、超越的和精神層次的。順應這理性而活動，便能成就精神活動。故所謂「意識」、或「精神意識」，是指精神活動內在的體驗而言。唐氏認為每種文化活動都立根於文化意識，此種文化意識是由我們的理性而起，是從我們的自我中散發出來。自我自身即是一種價值，而且是一種道德價值，故每一個文化活動都是表現出一種價值，特別是道德價值。[2]

吳汝鈞：唐君毅對哲學這方面的關心，把焦點聚在文化意識這方面，所謂文化意識就是我們要進行一種文化方面的開拓，不論是在科學、道德、藝術跟宗教，這幾方面文化活動的根源，根據唐君毅的了解，根源在文化意識。先有文化意識，才有文化活動的開拓。文化意識可開拓出很多方面的文化活動，文化成果有多少？相應來講，文化意識是多元的。

　　唐君毅主要在哲學上，他自己的整套哲學都聚焦在文化意識這方面。他過世以後，牟宗三發表一些對唐君毅在學問方面的評價是非常高的，他說唐君毅是文化意識宇宙的巨人，他不是建構哲學基本理論的一個巨人。哲學巨人應該是柏拉圖、黑格爾、康德等人物。他也不是科學的巨人，科學巨人譬如說牛頓，這是比較古老；

2　同上書，頁 353、354。

近代有愛因斯坦，這是科學方面。以文化意識裡宇宙的巨人替唐君毅作一個定位，是非常恰當的。牟宗三本人我想不能擔當文化意識宇宙的巨人這一個稱號，唐君毅開拓文化意識為文化活動，他的功力是最強的。

廖純瑜：唐君毅對文化活動的看法，展示於以下的文字中：「人類一切文化活動，均統屬於一道德自我或精神自我、超越自我，為其分殊之表現。人在各種不同之文化活動中，其自覺之目的固不必在道德之實踐，而恆只在一文化活動之完成，或一特殊的文化價值之實現，如藝術求美，經濟求財富或利益，政治求權力之安排，……等。然而一切文化活動之所以能存在，皆依於一道德自我為之支持。一切文化活動皆不自覺的，或超自覺的，表現一道德價值。道德自我是一，是本，是統攝一切文化理想的。文化活動是多，是末，是成就文明之現實的。道德之實踐，內在於個人人格。文化之表現，則在超越個人之客觀社會。」[3]

吳汝鈞：這段寫得非常好，是唐君毅所關心的核心，很清楚把問題指出來。這是誰寫的？

廖純瑜：是唐君毅自己寫的，出自於《唐君毅全集卷二十：文化意識與道德理性》，這在他的自序裡面寫的。

接下來，我繼續報告。唐君毅在此書中闡述他著書的目的，主要想推廣道德自我與精神自我的涵義，說明人文世界的成立，統攝人文世界於道德自我、精神自我之主宰之下。唐氏認為中國文化過

---

[3]　唐君毅：《唐君毅全集卷二十：文化意識與道德理性》（臺北：臺灣學生書局，1986），頁 5-6。

去的缺點，在人文世界之未分殊的撐開，而西方現代文化的缺點，
則在人文世界裡盡量撐開或淪於分裂。《文化意識與道德理性》一
書的目的，在指出道德自我、精神自我之存在與各種文化活動之貫
通。[4]

　　唐氏在《文化意識與道德理性》中談論，文化不是自然的現
象，也不是單純的心理現象或社會現象。因為單純的心裡現象屬於
主觀的、個人的。而文化現象則為超個人的，是客觀的。又文化現
象在根本上乃是精神現象，文化是人之精神活動的表現或創造，人
的精神活動雖屬於一種心理活動，但有別於一般的心理學的活動，
這是因為我們所謂精神活動，乃是自覺的理想或目的所創領者，也
是自覺的求實現理想或目的的活動。當我們有一自覺理想或目的欲
實現時，吾人應以理想目的之實現為理想的價值者。故實現理想目
的即實現價值。如此理想為道德理想，我們能實現此道德理想，即
實現之我的自然性格、自然氣質或有過惡之已成之我之中而超化
之。然而我們現實理想之精神活動，則必求克服一切對立或阻礙，
使理想實現於現實，而現實的表現正是吾人之理想。[5]

　　老師可以麻煩您，再解釋這幾句話：「我們能實現此道德理
想，即實現之我的自然性格、自然氣質或有過惡之已成之我之中而
超化之。」我覺得這蠻繞口的，不太容易懂。

吳汝鈞：他這幾句話在表達方面是有點彆扭，看起來不是很清晰。
不過他裡面還是講很有意義的觀點。我們可以這樣看，我們當前的
「我」概括的分為兩層，一層是經驗層次，而且是現象層次。另外

4　同上書，頁6。
5　同上書，頁29-30。

一個是超越的層次，或者是理想的層次。這個經驗層次、現象層次，在這方面很難講出一種價值，特別是文化的價值，文化的價值是要在超越理想的自我層次才能說。所以他這句說「實現之我的自然性格，自然氣質或有過惡之已成之我之中而超化之。」這裡寫的不是很通順，但是可以順著他的意思解釋。我們的自我分成兩個層次，一個是經驗層次，一個是超越層次，這很清楚。超越層次以道德是主要的內涵。道德的層次主要是道德自我，不是你一出生就能充實的展示出來，那是要經過一種工夫、一種修養才行。這就是說，人自我分成兩層，一種是經驗的，另一種是超越的。人的理想應該在於超越自我的開拓、體驗，不是在經驗自我發展裡面。所以我們當前最重要的事情，就是要把經驗自我的種種流弊克服、超越過來。我們也可以說，經驗的自我是一種私我，或者進一步說是一種假我。我們要做的就是把私我、假我加以超越，加以克服，把它提升到超越的、理想的層次。一切文化活動都建立在超越理想的自我中，以它為基礎建立種種不同的文化內容。然後他下面跟著就講到實現理想的精神，這是關鍵的字眼。根據他的看法，就是我們整個文化的目標，就是要實現超越理想的那個自我，或者是指道德的自我。這就是我們精神活動的關要。

　　唐君毅非常喜歡用精神作為一個觀念，關連到文化這方面，而這精神主要是指道德精神，不是科學精神而是道德精神。總之：他最後的立場就是道德理性的立場。道德可以說貫穿他整套哲學裡面，如果要問唐君毅哲學裡面哪一個觀念最重要？那我們可以說道德這個觀念是最重要。在他來講精神價值的本源，或是精神價值的核心，就是道德價值，這是毫無疑問的、很清楚的。

　　至於「有過惡之已成之我」是指已成為事實的我，做錯了的

我，我們可以力求改正，使之歸於正途，透過懺悔、自省來克服私
我的弊端。

廖純瑜：唐君毅又提出，我們主觀的理想，須實現於客觀外在的現
實世界。我們要使現實成我們理想的表現者，使主觀理想實現而現
實化、客觀化，使外在現實理想化、內在化，即為人一切精神活動
的本性。[6]我認為唐君毅這段話，說明我們內在的理想，必須要靠
外在現實的客觀世界才可以實現，而這些實現的理想的作法，也就
是將理想外在化，通於人的精神活動。

　　我們所說文化的意涵，是指人之精神活動的表現（或創造），
也就是文化的概念與精神的概念，同為縱攝著主客內外之相對性，
譬如心與物，心與生命，生命與物，個人與社會之相對的概念。[7]
換言之，唐君毅所指的文化的意思是涵概主客觀，心與物，心與生
命，生命與物，個人與社會之相對的概念，而這些都是屬於人精神
活動的表現。

　　唐氏認為精神並非只是一個主觀的心理，而是必須以心靈之自
覺的肯定或堅持一理想，而有實現理想、實現價值的志願。人若無
理想自覺，則人的活動，就如木石或禽獸。其對理想等未嘗有自
覺，那麼它的活動就沒有精神價值。故凡有精神價值的活動，必有
理想先行，此理想先行而尚未實現或與現實對峙，則此理想為高臨
於現實之上或超越現實的。唐君毅主張的是一切現實的環境，皆不
能真正決定吾人理想的形成，決定吾人的精神活動。唯有我們的理
想與精神活動之自己生發與形成，可以逐漸決定此一切現實而表現

6　同上書，頁 31。
7　同上書，頁 31。

為文化。[8]

我領悟到唐君毅認為，人若沒有理想自覺作為精神活動的導師，那就如禽獸、木石一樣，是一種沒有自覺的活動，也就是沒有精神的活動。所以必須要有理想，作為超越現實環境活動的至高無尚的價值，而此種理想是自發性形成的，它可以決定一切現實或表現出文化。

吳汝鈞：對於某些哲學的觀點，唐君毅是最強調精神的，而且他把精神看成是價值的根源。他的焦點是道德精神，不是其他的精神。這些都在他的《道德自我之建立》這本書裡面講的非常清楚。他注意每一種不同的文化，但是焦點在精神這方面。所以他講到中國文化的價值，是強調精神的價值。他有一本書寫得非常好，叫作《中國文化之精神價值》，而他講的精神價值，它的基礎就是道德理性或者是道德心，或是道德自我。當他講文化的時候，他的著眼點是在精神方面的表現。

然後，他講精神或是精神價值，就是以道德為主。我們常講文化精神，這裡面所涉及的文化，可以分為幾個方面，一方面是有關科學的、一方面是有關道德、另外也有關藝術，最後也有涉及宗教的。這幾種都是人的精神活動的表現。唐君毅在這幾方面，最重視的焦點是放在道德這方面。他講《中國文化之精神價值》，主要是就道德文化這方面來講，所以他的立場是非常清晰的。雖然他的表達方面曲曲折折，可是他整套哲學所顯示出來，他在哲學上的終極關懷在哪裡？我們可以他的哲學的終極關懷在道德的文化活動。他認為以道德作基礎，展示出來的文化活動是最有價值的。他在這裡

8　同上書，頁 33-34。

有一個言外之意，就是認為人的幾方面文化活動，包括科學、道德、藝術、宗教這幾方面，他最重視就是道德這方面。

　　《中國文化之精神價值》這本書，基本上是強調中國文化裡，以精神自覺特別是道德自覺這方面為主。這是他肯定中國文化精神價值關鍵性的一點。他講中國文化不是空空泛泛的講，除了幾點外，譬如有人講起文化就是雕圖章、穿什麼衣服啊，路怎麼走啊，或者是在生活習慣上是怎樣的生活？是一種遊戲啊，或者是要賺錢呀？還是談情說愛呀？在他看來都不是很重要，最重要是道德自覺，還是儒家那一套。所以他整套核心的觀念就是在道德。[9]

廖純瑜：吳汝鈞指出唐君毅所提出現實世界的物質、身體之屬的精神化視之為精神活動的表現。他強調一般所謂的現實生活之本的飲食男女、求名譽、地位、權力等，都可視為同一精神實在的表現的體段，以至於一切生活節目，都可含有精神的、神聖的意義。[10]這些老師剛剛也說明過了。

二、道德理性的自由性、超越性、決定性與內在性

　　吳汝鈞在《新哲學概論：通俗性與當代性》指出，人類的文化

---

[9]　按道德理性一類東西是抽象性格的，它必須透過具體的東西展現出來。光說道德理性，不能成就價值。價值需要實現（realization, actualization）中說。唐氏似有如此的意思：物質、身體、飲食男女等具體的東西，可作為道德理性的實現的憑依、場所，它們在這脈絡下，可說是有價值的。出自：吳汝鈞：《新哲學概論：通俗性與當代性》，頁356，註38。

[10]　同上書，頁356。

是源自文化意識，而文化意識又根生於道德理性。唐君毅所言的道德理性的本質或性格為何？可歸納為四種本質的性格：1 自由性、2 超越性、3 決定性、4 內在性。

1、道德理性

對於道德理性，唐氏有不同稱法，但是大概都脫離不了以下四者：1 精神自我、2 超越自我、3 意志力、4 內在理性。以道德理性的自由性格而言，唐氏強調我們的精神或文化活動，都擁有一個自動自發的自由。雖然我們並不否認現實環境能限制我們的精神或文化活動之形態與活動，但在同一的現實環境，我們可以以合理或不合理兩種不同的態度，來回應外在的現實環境，也就是可以判斷對於現實環境所表現的精神活動或文化活動是適當或不適當。這兩種態度都出自我當下精神自我本身的決定，也應該由我們當下的精神自我來負責。這表示我們當下的精神自我，有一個絕對自由的意味。[11]換言之，雖然在現實環境下，我們所擁有的精神活動或文化活動，仍有絕對的自由以主宰著現實自我的活動。

2、自由

唐君毅是以一個寬廣的角度來看自由。他表示我們可以回頭反省，自己的這個既成現實的自我，是怎樣的自我，便可驗證對這個現實的自我，表示判斷或態度，超越的自我而起湧現生發出一個理想，對這已成為現實的自我加以概括，而進一步主宰它。我們依據這點而確認一種意志活動，它具有自由性格，能夠產生理想，而提出一個意願。這種自由性格是人人固有的具有主宰自己、改造自己的道德的自由。唐氏認為我們必須要肯定此種自由，不然的話人們

11　同上書，頁 358。

會把他們的一切行為，視為受到因果律所決定，因而對一切惡行為都不需負任何道德責任，同時對自身的前途和未來，也不能有任何真正的希望。[12]這也就是說肯定自由性格的重要性，它能產生理想，人人均能擁有主宰自己、改造自己的道德的自由。

3、道德理性的超越性格

唐君毅指出，我們的道德心理、道德行為都有共同的特性，即是對現實自我的限制的超越。這是道德價值表現於「對現實自我限制的超越」的意涵。現實自我是指沉陷於現實的時空中現實環境的我，它為某一特定時間與空間的事物所限制所困圍，這可說是一種形而下的我。所謂道德心理、道德行為的共同性格，是能促使自我由此限制、困頓解放出來，而道德價值即表現在這種解放的活動中。[13]

唐氏認為不僅我們身上擁有一個理想的超越的自我，還可不斷創造理想超越的自我。當我們擁有一理想的超越自我，此理想可為過去我之所形成，或受他人之宣傳而形成。若是如此，那麼我們便唯有接受過去我或他人之理想而為我之理想。在此處我們接受的理想，雖然是出自於當下自我的抉擇，如此的抉擇，固然為精神上之創發活動。然而人常認為此理想是過去的我或他人所先有，於是忽略了我們如此的抉擇也為精神上之創發活動。[14]

唐君毅的道德理性的超越的性格中，說明在我們心中，都有一個道德價值超越現實理想中的超越的自我，這個超越的自我可以使我們在現實環境的困頓中解放出來。但是這個理想的超越自我，也

---

[12]　同上書，頁 358-359。

[13]　同上書，頁 359。

[14]　唐君毅：《唐君毅全集卷二十：文化意識與道德理性》，頁 35。

可能是過去的我或他人先擁有的經驗，因而忽略了我們在現實環境中作抉擇時，其實就是一種精神創發性的活動。

唐氏又提出理想是根於我們的理性而起，是具有理性的普遍性者。這個理想縱使最初非自覺而為超自覺的，也透過反省而可使之變成自覺，而其由超自覺而成為自覺，就可證明這不是出自外來的而純粹由內出的。我們根據已成自我之經驗內涵，作為判斷態度的基礎，證明此理想之所以由內出而形成，而知我們原有形成此理想之內在理性。此種理性在中國儒家稱為性理，但不論性理或理性，即不斷會生起創發一切具普遍性的理想之超越而內在的根源，此種理性或性理之自我，即是一個恆常悠久的具有普遍性之超越自我。[15]

另外，現實環境對我們實現理想會有一定的障礙性，此種障礙可到哪種程度呢？唐氏認為現實環境對我們的精神活動或文化活動，只能限制而不能決定。真正決定我們精神活動或文化活動，是我們的精神自我或超越自我。用佛教的辭彙說，凡是精神自我、超越自我以外的東西，對精神活動或文化活動而言，都只能是外緣或外在因素，而不是真因、決定的條件。換言之，一切現實的環境，頂多只是我們的精神活動或文化活動的必需條件，而不是充足條件或實現條件。唐氏認為我們的精神自我或超越自我，才是充足條件、實現條件。倘若我們以精神自我和超越自我為體，則一切精神活動、文化活動則是用，這個用的體，不能求之現實環境，它存在於我們的生命中。[16]

---

[15]　同上書，頁 36。

[16]　吳汝鈞：《新哲學概論：通俗性與當代性》，頁 359。

　　我在閱讀這段文字的心得，是凡人都有一種理想的超越自我，此是由我們內在而生起的，不是由外在型塑而成。這便是儒家思想所謂的性理，也就是本體。雖然我們在實現理想時，在現實環境中會有一定的障礙，但是這些只能限制我們的精神活動或文化活動，現實環境是屬於外緣性的，是必需條件，它們是「用」。真正決定我們的精神活動的是理想的超越自我，這才是「體」，是充分條件、實現條件，它不須外求而是原本就存在我們人的心中。

　　依康德的說法，吾人的理性有兩個維度（dimension）：純粹理性（reine Vernunft）與實踐理性（praktische Vernunft）。實踐理性特別是道德理性，與我們的日常生活較有密切的關係。唐君毅指出，吾人的道德理性表現於實踐理想的自覺，或自覺的實踐理性的活動。它最初表現在我們日常生活的情感和意志的行為中，也表現於自覺地求得非實踐性的理想。例如求得美感的活動。只有在此脈絡下，才能說道德理性訴求：文化理想的實踐性的文化活動的必然基礎，能支持人類文化世界存在的永久性。對此唐氏肯定道德理性的普遍性，認為道德理性遍佈在人文世界。他下重語：道德理性倘若不顯示在人文世界的成就與創造中，則不能在人生與宇宙中真正顯示超越性、主宰性、普遍性與必然性。[17]

吳汝鈞：我剛才提到自我的設想，妳又提到康德，大家都知道康德有很多巨著。每一本巨著都是處理一個複雜問題。他有第一批判，那是純粹理性的，是處理認知的問題，是所謂《純粹理性批判》。然後又有第二批判《實踐理性批判》，這個批判主要處理道德的問題，就是道德理性的道德自我。之後又寫第三批判，也就是判斷力

---

[17]　同上書，頁355。

批判，這是講美學、美感的問題。

　　最後他寫了一本書講宗教的問題，一般人把它看成第四批判。康德的書有人說包涵有三個批判，有人說是四個批判，也就是說這本書是講宗教信仰的問題。有人說康德講四個層次沒有包括肉身的我。康德怎麼回應呢？他認為肉身的我境界太低，沒有精神的價值，其他的自我都有精神價值。所以康德就沒有寫有關肉體的自我的書。在這幾種自我裡面，唐君毅很明顯最強調的是道德的自我。

廖純瑜：我繼續說：

4、決定性格與內在性

　　道德理性有決定性格，此「決定」較精準地說，是指「支配」的意思。孔子於《論語》中說：唯仁者能好人能惡人。唐君毅則表示，自我能愛合理的東西，或憎恨不合理的東西，其實已說明當事人知道何者該保留？何者該捨去？這說明他能明確的決定，而不是現實環境對自己所決定。唐氏認為所謂道德生活，是他自覺要自己決定或支配自己的生活，此絕對是出自於自律，不是他律。但唐氏卻指出人要真能自覺地支配自己是極為困難的，並表示支配自己比支配別人、世界更艱難，也更偉大。因為支配他人或世界，只要用我們的意志力破除外界一切障礙即可。支配自己則要主宰這用來破除外界一切障礙的意志力。[18]

　　唐君毅又指出，人是具有形成道德理想之超越自我的存在，人不易相信人之其他文化活動的第一因，亦依於人之自動自發之自由意志所形成的理想，或超越自我的理想。人常以個人文化活動乃由社會或自然環境，或人生物本能欲望，或其他主觀心理所決定，而

18　同上書，頁 359。

不能真正知道人的文化活動，推到本原亦唯有在人之超越自我所引發的理想。[19]

在道德理性的內在性格上，唐君毅主張道德問題總離不開人格的內部問題，道德生活即內在的生活，道德的指令也是脫離不了自己對自己的指令。換言之，人必須自己支配自己、變化自己、改造自己。真正的道德意識的自覺與體驗，只能在自我支配、自我變化、自我改造中談。這表示道德理性是內在於我們的生命存在中的。就在道德反省方面，我們自己肯定或否認已成的自我態度，判斷它是否應該，再反省追溯判斷的根源與依據，也必須是內在的本有的超越自我。我們心靈上所發出的一切理想，都是根源於自己內在的理性，此種理性正是超越的理性，這種理想最初不是由自覺而成為超自覺，但亦可透過反省將其轉變為自覺，此由超自覺轉而成自覺，證明它不是由外面而來，而是純然發自內心。[20]

縱觀之，唐君毅認為真正支配人是道德理性的內在性格，而真正道德意識的自覺，是自己可以支配自己，改造自己，此種道德理性是內在於生命中的。換言之，心靈上一切的理想，都根源於道德理性的內在性，是一種超越的理性。或許現實的理想不是由自覺而來，也可能透過反省而轉化為自覺，亦證明它不是由外面而來，而是純然發自內心。

吳汝鈞：在這裡講到道德的決定，一個人決定做什麼事或決定不做什麼事，這種決定是一種道德的決定，跟我們有關的感情沒有直接的關連，純粹是內心裡面的一種道德的主宰來決定。在思路上他有

19　唐君毅：《唐君毅全集卷二十：文化意識與道德理性》，頁37、38。
20　吳汝鈞：《新哲學概論：通俗性與當代性》，頁360。

根據，其中受康德的影響很大。康德講到道德問題的時候，提出一種所謂無上的律令（categorical imperative），那是有一種強制力量的意味。可是這種強制不是由外在的力量，強制你非要這樣做不可。這完全是一種自律。在自律這種的脈絡下，確定要怎麼做，自律基本上是道德的性格。妳這裡有提到維度（dimension），在大陸方面講到 dimension，他是用一種特別的名項來翻譯為維度。所謂維度其實就是一種層次，一種方向，或者是一種面向。它的意思就是有一種理想的目標，有一種毅然的意味在裡面，就是一種很堅強的決定，幾乎是一種 order，這種 order 不是外在的因素所造成，而是自己的道德心所產生出來。它有一種不可違背的力量在裡面，也就是道德良知。道德心要怎麼怎麼做，這麼一種決定不是主觀上情感的決定，而是出自道德的考量，不是偏私的決定，有一個公義在裡面。道德本來就是一種公義的活動，也就是己所不欲勿施於人，也可以說是一種律令、軍法（在軍隊裡軍法從事，就是殺頭以性命相賠）。這就是所謂的不二處，是必然的，沒有其他的選擇，所以在這問題上道德是高於一切。孔夫子講到仁的時候，就說「為仁者能好仁能惡人」。好惡這種決定，不是感情上的決定，也不是在一種關係上的決定。不是父母要你怎麼做，你便要怎麼做，不是這樣的，而是出自內心道德的主宰來決定，這種決定性是非常強的。

在這裡我們可以作一個比較，儒家與京都學派就有很不同的講法。譬如說對於某一個決定，最上（最後的）的根據，在儒家來講包括當代新儒學唐君毅他們，他們認為我們在行為上該怎麼做，要從道德的原則來確定，也就是同情共感，己所不欲勿施於人。他們認為這種決定是道德上的決定，比宗教上的決定還要高。他們認為

宗教上的決定，基本上還是有它的外在性，不是純粹的自律，而是有他律在裡面。譬如說信仰基督教的人，他們遇到一些重大的事情或是重大的決定，通常都從宗教的層次考量，確定要做什麼不做什麼，不是他自己的決定，是由上帝給他的決定。那上帝怎麼跟他溝通？這就要看信仰的程度，如果真心誠意信仰某一種宗教，你就會感受到什麼時候上帝會提出一種主張要你如何做。這是宗教上的講法，我們一般人沒有宗教信仰，很難做出宗教上的決定，這是不能違背神的意思，要你如何做。在什麼情況下神要你做決定？一般而言，沒有理性的解析，由神啟示他要這樣做，不要那樣做。這種啟示的方式，不是一個客觀的方式，而是由當事人自己去體驗；去identify，這是他律的。所以信仰基督教的人，當別人問起你為什麼要這樣做？他一定回答是主耶穌基督示意要我這樣做的。那要怎樣證明神的意思要你這樣做？他不能給出一個客觀的解釋，這是他個人的一種宗教經驗，你有這信仰，你就會有這種宗教經驗跟上帝有聯繫，體驗到祂的啟示是怎麼樣？我們一般人沒有這種信仰，就不會有這種經驗，很多事情他們認為神在背後支持我們，啟示我們應該怎麼做。例如基督教的浸會大學，在學校開系務會議，或者在研究所內開所務會議，他們最先會有一個人作出禱告，就是說感謝主讓今天我們有一個會議，我們要求神給我們智慧進行這個會議，讓大家同心共力在這會議上達到共識，得到一個好的結果。這機會他們是認為神給他們，跟我們反而沒有那麼密切的關係。最後就是感謝我們敬畏的神，全心全意敬仰的神，最後禱告結束，就一定會說「阿門」，所以都是先有禱告，才有系務會議。我在香港浸會大學呆了十五年，每次開會都有信徒做這樣的禱告。其實這話我也能講，很容易講的，好像什麼都要感謝主，感謝祂給你什麼，結果這

會開的有成果，然後就用阿們來結束。他們對信仰對宗教是絕對的服從，如果在宗教與道德方面要做一個抉擇，確定哪一邊是最後的，他們就以宗教作為最後依據。

這種講法在佛教也有，其實在儒家方面也有這種講法。譬如說王陽明講無善無惡是心之體，無善無惡就是要超越善惡，超越道德的層次，不過他講的道德與基督教講的道德可能是不一樣。又六祖禪師惠能也講過「不知善不知惡」，不要對事務的善惡有所選擇，不要起分別心，對於善，對於惡，不要抓得太緊，要超越善惡。不善、不惡只有宗教才有這種意義，宗教高於道德，這是宗教採取的立場，不論佛教或是基督教都是採取這立場，京都學派也是取這立場。他們是說我們要先超越二元的分別，超越道德上的善惡，宗教才能談。儒家在這方面是屬於道德的立場，他們不想牽連到宗教這方面。在宗教跟道德裡，他們視道德比宗教更有終極性，這很明顯是道德重於宗教。京都學派或是其他的宗教，他們就覺得宗教重於道德，這是缺少人存在的立場，你是歸向道德還是歸向宗教？這是最後的關卡。一種宗教徒一定要守住宗教的命令，這是維繫它的理由。所以道德比較能講自律，宗教就比較難講自律。不過佛教方面是比較接近儒家，它也講自律，而且它這自律是宗教方面的自律，就是要超越種種的分別，包括生死、善惡、存在、非存在、理性、非理性、有無，所有的意識分別都要拿掉，最後就是宗教超越善惡。

儒家就不這麼想，他們認為最後的主宰，一定要是自律，一定要是自我。甚至要超越宗教強調的他律，而做這麼一個決定，所以在這方面，儒家是自律主義。宗教譬如說基督教、印度教還有佛教裡的淨土講阿彌陀佛的，這些都是他律，這點一定要弄清楚。

三、道德理性與文化生活的開展

廖純瑜：唐君毅主張道德哲學的目的，在了解我們於真實世界的責任義務，了解我們對於真實的世界應有何種人生的理想與目的，以及應有哪些行為可以實現之。道德哲學的意識其本身不是道德行為，而是一種知的方面的哲學意識。此種哲學意識依於行為要求，因而有對於現象的實在事物加以改造的想法。[21]這點剛剛老師也解釋了很多。

　　吳汝鈞在《新哲學概論：通俗性與當代性》書中也指出，近世西方文化的發展是多方面的，例如：經濟、政治、文藝、哲學、宗教、道德、教育、法律等，皆是屬於社會文化中獨立的領域，這是東西文化昔日所沒有的情形。近世的哲學最初也只是涉及人類知識的起源，人之理性經驗與知識的關係是如何等問題。直到康德乃由知識論以限制知識世界的範圍；在純粹理性外認識實踐理性的重要，由此提出道德的重要性，再以道德為出發點，建立宗教、法律、政治，並由理性之顯現在自然與超利害心的興趣來評論美與藝術。[22]

　　唐君毅在《文化意識與道德理性》這本書中，也提到西方多位哲學家對文化哲學的看法，其中又以康德與黑格爾皆以人類文化為人之理性實現於客觀世界，或精神之客觀表現最為推崇。康德論文化最大的貢獻在於以其批導之方法，分清科學知識、道德、宗教、藝術、政治、法律之不同領域，而分別在其中體現人類理性要求之

21　唐君毅：《唐君毅全集卷二十：文化意識與道德理性》，頁 367-368。
22　同上書，頁 9-10。

實現或滿足。唐氏表示他這本書，以道德為文化中心而不以哲學為文化之最高者，是承襲了康德的精神。康德談論道德著重於自覺的道德意志或自覺的道德理想或所謂目的的世界的建立。[23]

吳汝鈞：道德、宗教、一般的認知活動和科學在這方面，儒家的態度是比較接近康德的態度，康德的態度基本上是認為人的覺悟，應該是道德上的覺悟，而且是道德上的體證，是實踐理性的表現。他認為實踐理性，比我們一般認知外界所依據的純粹理性要高，我們是用知性來了解外在的世界。他的第一批判就是專門講純粹理性或者是理論理性，基本上用來了解現象的世界。可是這種純粹理性的作用，是有一個限制，限制在一般經驗現象的內容裡面。如果超出這種內容，如上帝存在、靈魂不滅，和絕對自由這些題材超越一般的知識以外，這些東西不能用純粹理性來處理。如果一定用純粹理性解決，結果會引起很多很多矛盾出現。譬如說上帝是不是存在？那種問題不是科學的問題，它是宗教信仰的問題，如果你用科學方法、知性或純粹理性來處理，那肯定要出現種種的悖反，結果問題不但不能解決，反而讓自己一直處於一種矛盾、悖反的情況。對於這些問題，我們要用實踐理性來處理。實踐理性不是處理科學的問題，而是處理在科學以外的形而上學的特別是道德方面的問題。

廖純瑜：老師，純粹理性是解決科學方面的問題，實踐理性是解決形而上跟道德方面的問題？

吳汝鈞：所以康德才有第一批判、第二批判，再來就是第三批判，那是談美學方面的問題。最後他還有一本書，我們通常把它看作第

---

[23]　同上書，頁 12-14。

四批判，那是探討宗教方面的問題。在康德的心目中，我們有不同
的理性解決不同維度的這些問題。

廖純瑜：在《新哲學概論：通俗性與當代性》一書中，吳汝鈞認為
唐君毅提出道德理性直接開展出多元的文化生活或文化理想。這便
是家庭、經濟、政治、國家、哲學、科學、藝術、文學、美學、宗
教、道德、體育、軍事、法律、教育等多個面向。唐氏以為這多種
生活或理想，概括盡人類的文化生活、文化理想。

　　唐氏將文化項目分成三組：前四者即科學、藝術文學、宗教、
道德是人類理性最純淨的表現。而中四者即生產技術、社會經濟、
政治、家庭倫理是人類理性規範、條理人的欲望的產物。至於體
育、軍事、法律、教育四者可視為維護人類文化的存在與發展的生
活、活動方式。唐氏指出在這十二種文化生活與文化理想中，道德
雖只是其中的一種，但對具有自覺性格的道德生活、道德理想而
言，事實上一切文化生活與文化理想，可說都是依附道德目標而生
起。每種文化活動在表面上，只是實現某一種特定的文化價值，例
如真、善、美，它們同時也實現或表現一道德價值，這就是使我們
的超越自我、精神自我更能充實發展自身，以窮盡各自所包涵的理
性價值。[24]

　　在《新哲學概論：通俗性與當代性》書中，吳汝鈞提到唐君毅
對於文化的開展有詳細的解說。以政治而言，人的權力欲或權力意
志不能做為政治文化的基礎。若無客觀的價值意識，在政治上人與
人之間的支配與服從便不可能，人的權力意志有自我摧毀的性質或
可能性，它必須被轉化為求榮譽而尊重客觀價值的意識。因此人與

---

[24]　吳汝鈞：《新哲學概論：通俗性與當代性》，頁 361。

人之間權位的關係，必須轉為能位、德位或勢位的關係，由此便有人的權力意志的自我超越而又隸屬於一種道德意志的問題。

其次，唐氏談到人的社會團體的形成的理性基礎與國家產生的必然性以及於國家要素，如人民、土地、主權的意義。唐氏對於有關國家實在性的問題，指出國家在某一個意義下，可被視為一種精神實體的實現機制，和檢討黑格爾與唐氏自己國家思想的異同。在唐氏看來，黑格爾對於個人超越自我涵概國家的認識仍是不足的，他也不能肯定超越國家的天下或世界的概念。唐氏闡明除了要尊敬自己國家外，也要尊敬其他國家的道德理性的基礎，最後論述國際和平與天下一家的理想的可能。[25]

四、唐君毅在文化哲學上的傳承關係

唐氏說《文化意識與道德理性》提出文化哲學的系統，是因為對中西文化哲學之思想，皆有所承繼亦有創新。此書要承繼的根本觀點，是中國之儒家思想。儒家思想始於孔子之功績，一方面又繼承以前中國六藝之文化（原始之六藝為：禮、樂、射、御、書、數。禮即道德、法律，樂為藝術、文學，射御為軍事、體育，書是文字，數是科學。後來的六藝是指詩、書、禮、樂、易、春秋。詩屬於文學、藝術。禮是指道德、倫理、社會風俗。書是指政治、法律、經濟。易屬於哲學、宗教。春秋即孔子依其文化理想所作出的裁判，藉以垂教當世之教育法律也。[26]

25　同上書，頁 362-363。

26　同上書，頁 7。

吳汝鈞：在這裡，他是把六藝禮、樂、射、御、書、數，概括人的文化生活，就是很多元的那種活動。或許你會覺得空泛，概括性太大了，就是說人的文化活動，光在美學或者是藝術這方面範圍非常廣，現在要用「樂」來概括人的種種藝術文化活動，讓人有不清不楚的感覺。譬如說藝術生活裡面非常多元，音樂、繪畫、文學作品、詩、詞、戲劇、書法和比較實際的茶道、花道、劍道等，都是我們日常生活裡與藝術有關的，牽連到美的感覺方面是非常多元，如果只是用「樂」來概括，會給人非常模糊的印象。樂通常講音樂，音樂的範圍也很廣，有中樂、西樂，也有印度音樂。音樂在西方也有好幾個階段，最初階段是宗教音樂，譬如早禱的音樂，然後是巴洛克（Barogue）階段有巴哈、韓德爾，還有義大利的韋瓦第，再下來是古典音樂如海頓、孟德爾頌、貝多芬這三人為代表，當然是莫札特最有風采；再接著就是浪漫階段的舒伯特、舒曼等，最後是強調一種宇宙力的表現，譬如說華格納、馬勒、李查·史特勞斯，這些音樂的力道非常強，讓人感覺無形的力量融在生命中湧動，到了現代的音樂有多種的型態。所以光音樂就已經那麼多元，那麼所謂的「樂」又除了音樂外還包括其他藝術活動，書法、繪畫、花道、茶道、劍道等，這種種的藝術生活、藝術活動概括性就更廣，所以在這裡所說的六藝，只是一種代表性的意味。

廖純瑜：還是有它的局限。

吳汝鈞：古代藝術活動比較狹窄。音樂在中國也只是幾個旋律，如高山流水、南屏晚鐘、漁舟唱晚、十面埋伏等，從這裡看出中西音樂差得很遠，所以光用樂來把它們概括，界線就非常模糊。數的方面就是數學，直接的關連點是數學，推廣出來是邏輯，然後是科

學，這些可以用康德的純粹理性來處理。

廖純瑜：在唐君毅的文化哲學的系統裡，不論在內容的深度與廣度以及理論系統的嚴謹度方面，都有一定的成就。我們除了高度肯定唐氏個人的用思與睿見外，也不容忽略他的傳承。在《文化意識與道德理性》一書中，唐君毅自認此書，一方面是為了中國及西方在文化理想的融通上建立一個理論基礎，另一方面要提出一文化哲學的系統。再一方面是對西方的自然主義、功利主義的文化觀點，給予徹底否定，以保衛人文世界，使之能長久流傳而不下墜。

吳汝鈞：這裡所謂的人文世界，他到底指的是什麼意思？對自然的世界來講，有人的努力，有人參與的活動就是人文的活動。唐君毅在他的書裡，有專門談人文的問題。早年著作很多，像《心物與人生》，這人生就有人文的意味在裡面。《人文精神之重建》有上下兩冊，還有《中國人文精神之發展》，這也是另外一本巨著。還有《中國文化之精神價值》，這本書很有名，他講文化精神的價值就是人文。

　在他眼中，一切精神的價值，都不能脫離人文主義，就是有人來參與才算是人文、文化活動。這些書裡一般認為《中國文化之精神價值》寫得最好，最有代表性。唐君毅《心物與人生》、《人文精神之重建》、《中國人文精神之發展》、《中國文化之精神價值》，這幾本書都環繞著人文的課題，他最重要的一本書《文化意識與道德理性》，它的範圍主要的規劃還是在人文精神這方面。

廖純瑜：我覺得現在一般對人文的字眼用得非常泛濫，到飲料店一杯 35 元的飲料，也叫人文飲茶，其實人文的概念是非常抽象的，

老師能不能具體闡釋一下什麼是人文的意思？

吳汝鈞：我們之前有講過文化與文明的分別，所謂人文精神可以說是文化活動所要展現的一種精神叫人文精神，它與自然是分開的，科學比較接近自然這方面，因為科學研究，主要是研究外在的事情種種現象的表現，怎麼生起，現象與現象之間的關係，這些都是科學研究的對象，所以人文不是主角，主角是自然。道德、藝術、宗教這些方面人文的意味就很強，都是涉及人的一種精神創作。在科學上我們很難講創作，只有少數的人能有成就，只有拿諾貝爾獎成就的那些人才有創造性，可是這畢竟是有限。

　　人文精神的表現，它的連結就非常廣或者非常多元，道德的活動當然是一種人文的活動，藝術活動也是人文的活動，展現人主體的活動，展示人主體的力量。宗教可以說是人文性格蠻強的，不過我們所說的宗教範圍也太廣了，有些宗教強調人格神，這種宗教人文性格都很少。基督教、回教人文精神就比較弱；像道家、儒家、佛教他們的人文精神就表現比較濃厚。

　　所以在這裡我們可以聯想一下一個結論或定義，人文活動就是人的心靈活動，它的範圍包含三個主要的科目：道德、藝術跟宗教，但是有很多項目，都不包含在這三個大項目裡，音樂、戲劇、詩歌和日本人所流行的茶道、花道全都有人的內心精神的參與在裡面。當年唐君毅講到人文科學時，就不喜歡「人文科學」的用語，就算是人文的學問也是科學的範圍啊，他就說這樣也最會引起疑點，我們講自然科學就包括生物、物理、化學，又講人文科學如歷史、社會、經濟、藝術等等，如果是這樣的話，這些都用科學來概括。自然科學也好、人文科學也好，結果人文精神這方面的意思無

法顯現出來，所以他提議不要叫人文科學，叫「人文學科」來區分。人文科學這種講法會引起一些跟自然科學混在一起的問題。凡是跟自然有關的我們講自然科學，可是在人文活動這方面，我們不用人文科學而用人文學科，這樣就有一個清晰的解釋。不過，我想一般人基本上也不會這樣用人文學科，很少人這樣講，一般人都講人文科學。（**學生**：現在好像也都講人文學科。）

廖純瑜：唐氏在此書內，表示自己對中西文化哲學的思想都有繼承，也有屬於自己的創見。尤以他先提出自己著書所傳承的，在根本觀點上是中國儒學的思想。儒家思想始於孔子，除了追懷孔子的功績外，一方面又繼成中國六藝文化，同時以一切文化都基於人心的仁。以後中國儒家論文化的一貫精神，即以一切文化都本於人的心性，本於人的人格。之後以較多篇幅談論孟子，他強調自己在書中主要在擴充孟子的人性善論，這是成就文化的本原。唐氏說自然力量對於人的精神的規定關係，仍不離精神自身，所以人總可以保持自己的自動性、自主性。精神的至善本性，文化的至善本性，都有一種自己決定其未來方面的自由。至於對於罪惡問題，唐氏表示樂觀的態度。唐氏說我們對一切的罪惡，都能夠超越與克服。因為我們能夠警覺自己的陷溺狀態，一念陷溺便會通於一切的惡，有自覺陷溺，能一念不陷溺，便可通於一切的善。[27]

　　對於在文化哲學上的傳承關係上，唐君毅在《文化意識與道德理性》中也自述：本書之論文化之中心觀念，全出自於中國儒家之先哲。然在論列之方式，則為西方式，並貫通西洋哲學之理想主義之傳統的。西方哲人論文化與中國哲人論文化的方式大不同。中國

27　同上書，頁 363。

哲人論文化，開始即論斷價值上之是非善惡，並常是先提出德性之
本原，以統攝文化之大用。所謂明體以達用，立本以持末是也。西
方哲人論文化，則先肯定社會文化之為一客觀存在之對象，而反溯
其所以形成之根據。本書的做法即如此。希臘哲學自蘇格拉底，至
柏拉圖、亞里士多德，乃重論文化。但蘇格拉底尤重道德，論道德
方式，不似孔子直指人心之仁孝，以明道德之本，而是就當時社會
所流行之道德、習慣、風俗或道德判斷，加以反省問難，以明道德
知識之內心根據。[28]

　　其他的部分老師已經補充，今天的報告到就到此，謝謝大家。

28　唐君毅：《唐君毅全集卷二十：文化意識與道德理性》，頁 8-9。

第十五章　勞思光論
文化生活即價值自覺生活

一、窮智見德

吳汝鈞：關於勞思光的情況，我想你們應該都有點了解。他早年從臺灣到香港，因為他的言論比較強調西方思想，特別是康德與黑格爾，另在政治哲學上，也提及民主與自由，因此他的言論在當時並不受容於臺灣當局，所以在臺灣找不到出路，這是他年輕時的情況。後來就到了香港，在早期時，他在一些私立的大專學校教課，薪水不高，那時他寫了不少論文與文章，拿去發表，主要是以稿費維生。到了六十年代中期，他進入香港中文大學後，生活就較為安定，並將研究工作集中在中國哲學史這方面，直到五十歲完成，再到六十歲退休。退休之後就常常來臺灣講學，最後華梵大學邀請他去當講座教授。

　　在關係上，他與臺灣和香港有相當的關係。他的學生主要是在中文大學裡頭培養出來。主要跟他上課的人物有三批，第一批是六七十年代在香港中文大學的那些人，我也是其中一個。還有另外一些是學長，像鄺芷人，在東海大學教書。另外還有一些跟他思想有淵源的人物，一些年輕的朋友，像專門講語理分析的李天命。在當時我比較有跟他來往。後來再比我們晚五年左右，又有一批學生是

由他培養的，最後這批人就出國念書，畢業後再回中文大學教書。
第三批是他在華梵大學所培養出來的一些學生。另外因為他是我們
中央研究院中國文哲研究所的諮詢委員，當時要成立中國文哲研究
所，就找了一批人來當諮詢委員，他也在其中。所以他算是一個有
名氣的學者。

　　你們有沒有讀過他的書？他的書也是分三個階段；第一階段是
廣泛的探討中國文化，其中也有牽連到西方哲學這一方面。裡面有
一本是有關文化哲學的，那書叫《文化問題論集》，是屬於他最初
階段具有代表性的書。到了中期，就是集中寫中國哲學史，因為他
對胡適與馮友蘭他們所寫的中國哲學史不是很滿意，到了五十歲完
成後，他就沒有專心在寫書，不過還是有繼續思考與研究種種哲學
問題，特別是當代西方的思想。主要表現在他的演講與訪問文稿，
裡面也有一些散見於四處的文章與論文集。唯一一部比較有系統的
作品，應該是《文化哲學講演錄》，可以說是代表他晚年的思想。
另外又有《勞思光論哲學基本問題》等等。

　　不過他說文化哲學，不是講他自己那一套文化哲學的觀點，他
自己其實也沒有一套比較完整的文化哲學的思想。這本書所講的也
不是自己的那套文化哲學的觀點（即使有），而是就西方的一些名
相、問題，特別是德國哈伯瑪斯，裡面有社會學成分，強調溝通理
性。所以他的著作分為三期，培養的學生也分為三期。他也算是中
國現代、當代在哲學上，有成就的人物，很多年前我曾經對當代中
國哲學名家作了一個判教式的定位，我舉了六個人，每個人給兩個
字來定位，這六人分別是熊十力、牟宗三、方東美、唐君毅、徐復
觀、勞思光。熊十力我說他是高而逸，方東美是華而美，這指的是
他的哲學型態，唐君毅是廣而大，牟宗三是深而密，徐復觀是質而

實，勞思光是清而要，這要是簡要的意思，他不是寫了一些要義的書嗎？像《康德知識論要義》，跟《中國文化要義》。

　　所以我們是先講一些有關他的生活與思想，或者是說在教學這一方面，然後我們就來看報告，怎樣談他在文化哲學上的看法。

吳嘉明：老師、各位同學，我所要報告的是關於勞思光先生的文化哲學。其實勞先生從一開始進行哲學研究時，就直接表明他的哲學研究本身就是為了解決中國文化的問題而來，所以我們可以說他在進行如中國哲學史這樣的寫作時，本身就是為了給予中國哲學一個定位，或者可說中國哲學史本身也是他的文化哲學的一部分。他認為文化活動的產生本身就是透過行動達到一個目的的結果，文化的產生必須取決於人的自我的自覺。也就是人在進行活動時，勢必被自我的目的給推動，儘管說，我們在行為中可能不會達到最後我們所想要的結果，但是如不進行活動，那麼行動的價值就不會產生。

　　因此文化本身，就是一個人自覺活動進而產生價值的過程，甚至可以說，文化活動本身就是價值的呈現，這是勞思光先生提出文化哲學中相當重要的一點。在他的著作中，他也提出文化活動本身，是一個相當複雜的概念，我們很難用簡單的方式來概括描述，不過如果我們從意識到行動中自覺，或許就能夠掌握到文化的本質。

　　我在此篇報告中，主要是透過整理勞先生文化哲學思想，來說明其文化哲學的內涵。在書籍上，我主要是參考他的《文化問題論集》、《文化哲學講演錄》這兩本書。

吳汝鈞：這裡我們先來談一下，說一些勞思光對某一些哲學問題的看法。我們可以這樣說，在當代中國哲學的名家裡，勞思光是天分

最高的一個，思考相當靈活、敏銳，所以一些數理哲學、分析哲學，他在這方面特別有學養。比如羅素與懷德海，兩人合作寫出一本巨著，叫做《數學原理》，原書名叫做 *Principia Mathematica*，這書很大本。羅素是數學家出身的，懷德海也是數學家出身，對物理學也有相當深入的研究，他們兩人所合寫的書，主要是針對數學與邏輯的問題，這本書非常難讀，中國學者能夠看的懂的沒幾人，勞思光就是其中一個。因此他的思考型態是屬於分析的型態，而不是綜合的型態，如果用這來進行分析研究，是相當有利的，在分析哲學方面，他可以盡情展開哲學分析的思維。如果勞思光集中在分析哲學的研究與開拓，成就會相當高，可他最後沒有走向分析哲學，轉而將研究重點放在中國哲學研究這方面，進而寫成了《中國哲學史》。

　　為什麼他會這樣做？這是因為他對文化與人文有特別深切的關懷，或者說對中國哲學種種的問題，特別是關連到人文，他有很深的關懷。這就讓他將哲學的探討集中在中國哲學這一方面，反而在分析哲學上，沒有放太多心力。他說中國哲學頗有自己獨特的說法，這可以從他的哲學的特色來說，因為他相當強調主體性與自覺性這兩方面。他認為這兩項是哲學裡最高的範疇，他相當推崇這兩部分。可是你從一個比較廣而深的角度來看，哲學不只是有關於主體與自覺這兩方面的問題，另一方面也涉及到客體性與絕對精神。在對中國哲學的了解上，他與唐君毅、牟宗三有一段差距，他對中國哲學主體性與自覺性這一方面的思想非常重視，而且看得相當高，他認為哲學在這樣的發展上有相當的高度，可他並不是很贊同在哲學上強調客體性或是絕對精神那方面的思想，他也不喜歡宇宙論。所以在這一點上，就讓他與牟宗三、唐君毅在研究中國哲學

上，有相當大的差距。他不認為天道、天理這一些形而上學的觀念在中國哲學具有重要性，他對天道與天理這些形而上學的觀念沒有很高的評價。而唐、牟則相當強調，特別是牟宗三提出了無限心，就是從道德哲學這一方面，他認為除道德主體是道德哲學的核心外，道德哲學也可以擴充發展到形而上的境界，那就是天道、天理、天命。

後來牟宗三特別強調本體宇宙論這一方面的思想，所以在對哲學問題的傾向上，勞思光特別強調主體與自覺，而唐、牟除強調道德主體、道德理性外，也強調客觀方面的天理、天道。他們認為中國哲學的成就，一方面是在開拓出道德主體，另外就是將道德主體關連到形而上的道的客體這一方面，在這裡他們將道德主體與道德客體這兩觀念連在一起說。這是他們對於中國哲學最不同的地方，尤其是在宋明理學這領域，特別不同。

這問題並不容易說清楚，尤其是在這三兩個鐘頭以內。我們可以這樣說，勞思光對中國哲學的評價並不是很高，因為他所重視的主體性與自覺性，在中國哲學固然佔一個重要的位子，另外在客觀形而上學的觀念，根據唐君毅與牟宗三的了解，也佔非常重要的位子，特別是這可以將形而上的意義全部關連起來。因此牟宗三對於中國哲學最為欣賞的部分，是關於體會、開拓天道、天理，他們強調中國哲學是主客一體、相通的。勞思光就不這麼了解，他所重視的是道德主體與自覺性這部分，是關於主體與理性，而這便足夠成為一套理論體系，並不需要特別關連到形而上學，所以他特別重視的是主體性的那些哲學思想。譬如說先秦中，他欣賞孟子，到宋明儒，他就強調陸象山與王陽明，在佛學則是竺道生與惠能，因為他們與主體性有非常密切的關連。這是講中國哲學兩種相當不同的進

路，勞先生強調主體，唐、牟則是強調主客間有密切的關聯，簡單說，就是心性天道是連貫的，而非是分開為兩截的，三者發展有一種歷程，從心、性到天，性與天都是形而上學的，心則是道德主體。因此孟子說：「盡心、知性、知天。」就是這樣的思維。

勞思光則不這樣看，他認為天在孟子的思想中，並不是發展得很周延，這些觀念要到宋明理學，才有比較充實飽滿的發展，這時才能成就一套心性、天命相連貫的形而上學思想。這是他們最為不同的地方，也是導致他們思想大分歧的原因，這也導致他們生活中也不太往來。本來在早期，他們是英雄所見略同，都是強調道德理性的，但講到宋明理學時，兩邊的分歧就相當明顯。這就是關係到宋明理學分系的問題，牟宗三提出三系說，勞思光則是一系說，兩者皆有不同的發展階段。牟先生在他的巨著《心體與性體》中，就說得相當清楚。就是陸王是一家，程朱是一家，再來就是從周濂溪經過張橫渠、胡五峰、程明道，最後到劉蕺山。就他們九人來說，如陸象山、王陽明就是心學這方面，程伊川、朱熹則是強調理學這方面，剩下那五人則成為一個系統，是心性合一，就是心學與理學合一的型態，這就是三系說。

勞思光則是強調一系說，他認為早期的周濂溪、張橫渠他們，基本上有比較濃厚的形而上學成分，也涉及到宇宙論，這是宋明儒學早期的階段。下來就是朱熹還有程伊川，是強調理學，就是從形而上學講性，以理作為主要的思想內容，也就是理學，最後返回到心學這一方面，就是陸象山、王陽明。因此基本上，他並不認為宋明理學可以分為三系，而是只有一系，就是經過幾個階段發展到最後，回到講道德主體，說人性的善性、講良知這一方面。所以宋明儒學在他的眼中包括三個階段，一個是講宇宙論，到中間則是說理

學，最後是講心，開拓出心學，這心學就可以直接關連到孔孟那種講仁義的道德理想主義的路向。所以對於中國哲學的大問題有不同的了解，這理解的不同就影響到生活上，因而不能客觀的討論，坐下來就會吵架。

所以他們晚年是沒有來往的，三人來往的很少，唐君毅還算好一點，到牟宗三是完全不理不睬。我們作為學生對他們在思想上的嚴重的分歧，也沒有辦法做一些調和，讓他們可以靜靜地坐下來，做一些比較周延的討論，這是比較沒有辦法的。所以有一次我去牟宗三家裡，談起勞思光，牟宗三突然講出一句話，就是：「勞思光啊，他是要抽筋。」像你在游泳時抽筋是很危險的，筋脈不起作用，很快就會淹死的，如果你在海裡抽筋會更危險，牟宗三說勞思光是很會抽筋，這當然不是說游泳，他是用這名相來批評勞思光，當時我聽起來是一頭霧水，後來我回家仔細琢磨，考量他們兩人思想上的距離與差異，我才慢慢了解抽筋的意思。

筋是我們人活動最重要的一部分，你說一個武林高手本來功夫非常扎實，很能打，如果被廢掉武功，主要就是筋被打斷，筋一斷等於殘廢了，所以他所謂抽筋，就是指主體性，就是勞思光在哲學這樣廣大的世界裡面，他只是取其精華，就是筋，就是主體性，是道德的主體性。懂嗎？為什麼他說勞思光是抽筋？就是勞思光在哲學只能體悟主體性的重要性，而不能體會客體性與形而上天道的價值在哪裡。所以說起心性論，性是有客觀的意義，心則是主體性，依牟宗三的講法，你看中國哲學的問題如果只強調主體性，不講客觀的性與天道，那就只能體會它的一部分，不能體會它的全部。

所以根據牟宗三的看法，勞思光只能講道德的主體性，而不能說客觀的形而上學這一方面，就是缺了性與天這兩方面，只剩下

心，就是主體性，所以他就是抽筋。我也不曉得這樣了解對不對，牟宗三過世很多年了，你也沒辦法找他問個清楚。

吳嘉明：老師那您比較支持一系說還是三系說？

吳汝鈞：我覺得一系說太籠統，三系說比較深入。這也涉及哲學學養上的功力，唐、牟在這方面的功力比勞思光來的深而廣，所以我的判教談到唐君毅是廣而大，牟宗三是深而密，都是從深度跟廣度來說，勞思光是清而要，就是主要重視一部分，如蜻蜓點水，不能往水的深處探查，只是在水面上做一些觀察，這不是對錯的問題，是功力的問題。他們幾個功力比較深而厚而廣，勞思光就比較有所不足。為什麼會這樣？因為他太聰明了，以為自己的想法一定對，對自己的信心太強，不夠謙虛。這裡還有問題嗎？我先把這些說清楚，你們就比較清楚勞思光是如何做哲學的思考，我不是說他不好或是不對，只是跟唐、牟相比，他始終差了一點。這點很重要，如果不能包含天道，你說儒家的心性論只有心，這是不周延的。用牟宗三的話語是不夠充實飽滿。

　　接下來吳嘉明，你曾說勞思光講中國文化的走向與價值，分成八點的根據是什麼？

吳嘉明：我是根據勞先生在《中國文化要義新編》裡所列出的八點來談。而針對這八點來說，從第一到第四點，就像我一開始所說，關於勞思光先生對於文化活動的基本看法，是從人的自覺開始，由自覺決定自我的走向，對外在世界有所改造。勞先生此說法源於黑格爾哲學，黑格爾認為，人內心的主觀精神確立後，就能夠逐漸向外擴張，因為人的內在精神與外在世界的理則有其相符之處。勞先

生在早期時便以這樣的想法來造論，他訂出以下幾點，第一是關於定向的問題，就是我們所理解的精神價值，是否有往外追求的目的，而這樣的目的會形成一種定向，在文化發展上就會出現這樣的定向。這說法貫串了勞先生從早期到晚期的思想，尤其是到最後，勞先生最後沒有完成定論的新基礎主義，也含有此定向的說法。

第五到第六點則是關於如何去反映和改造中國現、當代文化社會的問題。他認為在中國的基礎文化精神上，是屬於重德的，不似西方為重智。因此我們的文化開展出不同的面向，但這並不代表未來中國文化不能走向智這一方面，只是必須要進行改造。雖然這說法是有難度的，如牟先生所說，中國文化較難開出智的面向，甚至可以說我們的文化精神本來就不是在這方面顯現出來。所以從第七到第八點所談的，就是中國文化精神的基本侷限，也就是智性受到德性的壓抑，所以我們必須要重新接納民主與科學，來開展出中國文化的新面向。

這八點就是勞先生在早期的基本想法，我們可以發現，勞先生最大的文化哲學的基礎想法，就是到底什麼是中國文化哲學最根本的危機？這危機就是我們的哲學基礎越來越脫離社會現實，越來越與歷史情境分離，那麼哲學就只是一個智力遊戲，或像是堆疊的象牙塔，無法解決社會問題。所以他認為我們應該要慢慢去發掘與確立中國文化哲學的合法性，以此來穩固文化哲學的中心價值。

吳汝鈞：這裡有一個問題，就是不光是他們的講法，或是一般人的講法，大概都是說中國文化是重德的，西方文化是重智的，牟宗三與唐君毅認為中國文化其實可以發展智性這一方面的，就是科學與民主的成就。基本上以德性為本，再開拓發展出智性。他們覺得這

是可能的，就是中國的德性文化，並不是反民主與科學，反而德性可以做某一方面的扭轉，就是牟宗三所說的良知的坎陷，由此發展出民主與科學的客體性方面。另外有一些人認為這是不可能的，德性並無法發展出智性，這兩種性格是平行的，不能說一個可以從另外一個轉變出來，或者是發展出來，像余英時就不是很同意這個主張。我們看 1958 年代那四人，就是唐君毅、牟宗三、徐復觀、張君勱，所發表的一篇長文，由唐君毅起稿，他們四人簽名，就是「為中國文化敬告世界人士宣言」這篇長文。他們在裡面認為，中國文化是有辦法開出民主的，這是他們很明顯的立場，認為中國文化可以以道德主體為本，開拓出客體，也就是民主政治跟科學的面向。他們很強調這一方面，可是另外有些人就質疑，就是德性跟智性兩者是一種平行的關係，不是一種隸屬的關係，隸屬就是把智性放在德性的下面，以為智性隸屬於德性。平行是指兩者皆可分頭進行，中間沒有從屬的關係，也沒有主從的分別，不是以德性為主，智性為從。

　　余英時就有提出質疑，他算是當代新儒家的第三代，然後錢穆也不同意這樣的開出的說法。以錢穆當年名氣之大，如果他也簽名的話，那文章影響力會更大。結果錢穆沒有簽名，這是因為余英時跟錢穆這兩位史學家，不同意他們這樣的觀點。

　　有人就提出，包含勞思光跟牟宗三，他們把康德哲學拿來研究，看看康德的第一批判，怎麼會轉到第二批判。第一批判是說知識，是知性的，是純粹理性，第二批判是說道德，是實踐理性所發展出來的。然後康德就提出這樣一個問題，我們知性了解的能力有限，僅限於現象界，或者是經驗界，不包括形而上界，不包括道德這個領域，康德寫完第一批判，講完知性以後，就寫第二批判來說道德，講形而上學，他大概意思是這樣，我們的知性只能運用到經

驗的層面，包含種種的事物，有時間性與空間性的東西，如果超出現象界，研究一些有強烈道德意味、形而上學的意味、宗教意味的問題，譬如說：絕對自由、上帝存在、靈魂不滅，這些形而上學的觀念，知性就不能處理，如果你硬要用知性來處理這些超越經驗世界的觀念的話，就會產生種種弔詭（paradox），這是第一批判，講到這就完了。然後康德就轉到實踐理性這一方面，就是說道德、形而上學的問題。這第二批判主要是講道德、形而上學這一方面的問題，對於這麼一種思考上的發展，可以概括在所謂四字箴言裡面，也就是「窮智見德」。

第一批判是窮盡這個智，最後出現道德這一方面的問題，康德這路向是展示非常深奧的一種道德睿見、洞見，很多人都說，牟宗三跟勞思光講得比較多，這大家都同意，都同意「窮智見德」的這種觀點。可是還是有人不同意，有人反對的。他們說智跟德是兩種獨立的活動，我們不能「窮智見德」，因為智跟德是兩條不同的路，中間沒有交叉點、沒有交集，有人是這樣理解。我想這是一個發展的問題，是知性發展到盡頭，就出現了種種知性不能處理的那些問題，包含形而上學與道德的問題。譬如說：德跟福，要怎麼樣有一致性，就是進行道德行為，最後應該會有幸福的結果，就是德福一致。有關窮智見德就是這樣的關係。好，以下繼續。

二、文化哲學三期說

吳嘉明：好，以下就勞思光先生的文化哲學三期說來做第一節的總結。勞先生在著作發展過程上，第一期主要是以黑格爾為主，在《中國文化要義》這本書上可以看到勞先生的自述過程。第二期則

走向雙重結構論，開始採用了帕森斯的說法，也就是社會結構與社會化的理論，由這邊加入黑格爾，形成雙重結構的說法，再到第三期，則集中在勞先生《西方哲學的困境》這本書上。

吳汝鈞：這本書我在香港一家書局也看到。華梵大學方面也說，往後會把勞先生在華梵大學的演講整理出來，印成一本書。不過另外也涉及到經費的問題，華梵大學很窮，缺錢，他們收學生收的不夠，只能收到五分三，剩下五分二就只是空位子，沒有學生，如果收不夠學生，在學生身上拿到的學費就有限。這是私立大學的問題，中研院比較沒這問題，如果中研院垮下來，那臺灣就倒下了。可私立大學就有收生不足的問題，學生一年學費現在是多少？

吳嘉明：私立的話是四萬九到五萬多左右。

吳汝鈞：一年？

吳嘉明：一學期。

吳汝鈞：那一年就是十萬，如果少收一百人，就是少了一千萬，這數額很大。

吳嘉明：好的，那最後第三期，勞思光結合了哈伯瑪斯、高達美，加上後現代主義的一些觀點，構成勞思光較為晚期的說法，也就是新基礎主義。這新基礎主義的說法主要集中在勞先生《危機世界與新希望世紀》這本書上，裡面集結了勞先生與現場人對談的言論，因此這本書的內容是較為口語化的，它也有條理的說明了何謂新基礎主義。可惜的是到勞思光先生過世後，這套說法沒有辦法再往下發展，我們後面會提到。剛剛提到錢的問題，我前一陣子看到一則

新聞，就是勞先生逝世，基金會想要幫勞先生出書，有跟文化部申請了三百萬，後來沒有申請過關，而錢卻給了陳綺貞有八百萬。

吳汝鈞：誰啊？

吳嘉明：是一位歌手。

吳汝鈞：歌手可以拿那麼多錢？

吳嘉明：而且是辦一個展覽，展示歌手的樂器、一些生活用品之類的，這樣錢就被申請走了。

吳汝鈞：所以華梵就沒有申請到經費，來整理錄音與出版他的書稿？

吳嘉明：所以我是非常失望的，一位國家院士居然沒有辦法申請到經費。好吧，這是題外話，以下我們進行關於勞思光所談黑格爾模型文化觀的部分。黑格爾模型牽涉到的是黑格爾談論國家與政治觀念演變的過程，於此他使用了關於正反合的思維方式，在他的國家觀念中，他認為一個國家在發展時，勢必是為了對應當時的問題，而提出解決辦法與制度，但隨著時間發展與演進，這制度就會失去效力，失去可以解決問題的能力，因而走向反的階段，最後逐漸修正制度來達到合的可能。在黑格爾模型中，就是以這樣的方法來解釋，以此他提出三點，分別為主觀精神、客觀精神與絕對精神。在主觀精神裡面，黑格爾認為主觀精神就是人在一開始第一階段，對於外在事物有一種較為自然的反應，就是我對於外在的東西以感官直接應對，而產生自己主觀的想法，慢慢進行修正後，才產生理性思維，並以此解決問題。因此勞先生認為文化活動，就是主體性自

覺能力逐漸往外擴張，進而實現自我價值的活動，所以主體制約能力的特點，就是在心智能力上的自由創造，由此黑格爾的絕對精神才可以說明，如何能夠使一個國家的發展與制度修正是可能的。

因此黑格爾的主要論點，也就是說明絕對精神是如何有外在化的特性。這三點說明了一個國家文化發展的結果，從文化精神的主體來說，生活世界的種種現象，乃是依賴著文化精神價值形構而成，所以勞先生認為黑格爾的文化觀就是一個從內在往外擴張，形成外顯積累的過程。這也就是所謂的文化活動，就是人自覺的能力一層層往外發展並擴張的結果，這也就是勞思光所言的二重結構觀。

到第二期，勞先生的文化觀受到帕森斯的影響。因後期時，他認為黑格爾的絕對精神，無法說明當一個文化價值受到其他外在文化影響時，它要如何自我改造。按照早期黑格爾的模型來看，文化是人的心靈與環境互動後產生的結果，而文化活動就是人在環境中有意義的自我創作，是一種自我精神的表現。有趣的是，這就有如韋伯所言：「人類是生活在自己所編織的網上。」我們的文化活動，都是為了自己的生活而去實現，所以外在的文化生活，並不是自然熏陶下的結果，而是人在行動中的產物，人的行為一定有其目的性，依此來完善自我的文化價值。

吳汝鈞：這裡西方社會學說到工具要與目的配合，因而提出所謂的工具理性，這點在康德那年代還沒有提出來，康德說純粹理性，然後是道德理性，即實踐理性，再說美學的理性，最後則是宗教的理性。關於工具理性就沒有提到，因為你在工具理性上來說，工具也就預設了一個目標與目的，你必須要去完成這樣的目的，讓自我理

想能夠實現，你就必須要有實現目的的種種工具，在這裡就顯出實用主義的樣貌。

另外，我想補充一點：上面提到國家的問題，勞先生早年寫有〈國家論〉一長文，展示他的國家思想，很有一讀的價值。這篇文章收入於《思光少作集》三：《哲學與政治》。

吳嘉明：老師，那韋伯在《新教倫理與資本主義精神》裡所談到，人對於上帝的崇敬或是服膺，也就以此進行資產累積的行為，這算是實用主義嗎？還是較偏向宗教性的？

吳汝鈞：嚴格來說，韋伯並不算是哲學家，是屬於社會學家，所以我們也不能祈求韋伯在哲學這方面能夠發展出一套像康德那樣全盤處理理性的問題，他處理的是比較外緣的部分，與康德處理中心主題是不一樣的。

吳嘉明：好的，所以勞先生以下引用了黑格爾模型，本身就遇到了一些問題。方才談到黑格爾提出了三個精神，也就是主觀精神、客觀精神與絕對精神，而黑格爾主要採取的是以絕對精神來說明人在逐漸實現自我的過程。但勞先生對於這樣的絕對精神是有存疑的，尤其是在後期，他談到天命、天道時，都是相當保留的。所以他認為這樣絕對精神與絕對主體，並不能夠進行推展與開拓，因而回到人比較主觀的精神來談，但這樣也就導致了客體的價值失去了一種作為準則義的可能機制。

吳汝鈞：根據黑格爾的精神現象學這套哲學來講，他是有關於客觀精神與絕對精神的說法，可他沒有將這三點完全拆開，沒有將每個精神看成是一個獨立自主的精神。它有一個發展的歷程，以主觀精

神作為正面，客觀精神是反，最後綜合在絕對精神裡面，所以他有正反合的發展歷程，這樣來說，就是一種辯證的歷程。所以正跟反都不能從合那邊獨立出來，他只是一個精神發展的歷程，代表兩個階段，一個是正，另一個是反，最後則是綜合，如果不能綜合，辯證法就講不通。辯證法是不同階段的發展，最後能夠合而為一，有一個綜合的成果出來。

由此我們可以瞭解到，勞思光自己有一套模糊的文化哲學，但並沒有一套非常確定的說法，他只是要說給人家聽，我們應該怎麼樣處理文化的問題，所以這裡不是要提出一種文化哲學，而是通過哲學的觀點來講明文化到底是怎麼樣的一種活動，他並不提供文化哲學的說明，而是將焦點放在我們研究文化哲學，我們處理文化問題有什麼重點要注意，就是我們要抓到這樣的脈絡。所以他的方法論的意味很強，這裡並不是說他有一套完整的文化哲學，而是在處理文化這個哲學問題時要注意什麼樣的東西，所以這就顯出文化哲學的方法論。不過你說他完全沒有一套文化哲學的理論，這也不是很對，因為他講一套文化，是很強調那種自覺性，強調那種道德的自覺，在這方面，他是有文化哲學的觀點在裡面，就是說，我們看一個民族的文化，主要是看他自覺的那一部分，注意他那種文化的自覺、道德的自覺。

如果這樣說，他還是有一些他自己的文化哲學觀點，就是說，種種的文化活動根源，一定要從自覺這一點來講。那所謂自覺這種活動，很明顯就是一種心靈的活動，你講道德自覺也好，講科學自覺，講宗教自覺，都有它的根源性在裡面，這你要從他精神這方面才能看的到，不能從現象這一方面看。所以他講文化哲學、文化問題，他有一個預設，就是人類的自覺精神展示在生活的種種現象裡

面，這裡有一種主從的關係，就是以自覺精神為主，種種不同的文化活動、現象為從，這樣的主從關係。這就跟一般社會學家講文化的方向倒轉過來，社會學家是從社會說，不太講自覺精神。所以勞思光涉及了許多有關社會學方面的問題，就像帕森斯、哈伯瑪斯，他們都不是純粹的哲學家，是將哲學關連到社會現象、文化現象來說。這些現象還是有一個核心、一個根源，這根源就是人的自覺，尤其是道德的自覺。就這點看，我想他與新儒家應該沒有什麼嚴重的分歧。

　　許多批評新儒家的學者，像傅偉勳，他本身也不是很純粹的哲學家，他也涉及很多文化的領域。他們並不認為我們提道德的自覺，可以開拓出科學跟民主，他們說你這種把道德放在第一位，也就是泛道德主義，是不行的，很多文化領域，不是可以用道德自覺來處理，所以我們要採取另外一些方式。這不是很明顯嗎？他們用泛道德主義的字眼，就他們的說法也不是完全錯，道德自覺在新儒家裡面是非常根源性的觀念，你如果沒有這種道德自覺，文化就無從談起，而且這種自覺是限於人才有，像蜜蜂、螞蟻有沒有自覺，特別是道德自覺這一點，我們是存疑的。牠們是有一種互相聯合的機制，比如說你看到有一塊糖，螞蟻經過後，過半個鐘頭你再來看，周圍會有一大堆螞蟻圍在這塊糖，慢慢移動搬走，所以牠肯定是有一種聯繫的機制，可是這種聯繫有沒有自覺的成分在裡面，那就很難講，所以我想這螞蟻應該是有很粗糙的聯繫方式，但應該跟自覺無關。

　　從人的現象來說，在幾個世紀以前，殖民非常頻繁，歐洲很多國家都往海外建立自己的殖民地，同一個地方可能有不同的國家發現，一先一後，這裡面是不是有一個規矩，就是先發現殖民地的就

有優先權，把當地的統治權拿到手，後來才發現的就沒有這個權力？這情況就是從制度層面來說人自覺建立制度的可能性。好，你現在講到晚期了是吧？

吳嘉明：是的，那我們往下就接著帕森斯的部分，從晚期開始，勞先生的想法深受社會學的影響，想到新基礎主義時，就融合了許多社會學家的理論，在基礎觀點上，就是援引了高達美在《真理與方法》中所談到前理解與視域融合的部分，以及他在帕森斯理論中，談到關於社會整合與穩定性的部分。像是剛剛談到從外在器物如何內在化的問題，他認為當我們接觸到外在事物時，我們是透過整合的方式來達到協調。比如每一次的社會運動，當進行革新時，勢必會產生社會行動的整合過程，在這樣的行動中，慢慢地社會環境日趨於穩定，那麼改革是成功的，如果無法穩定或是漸漸內在化，那這改革就是失敗的。

三、新基礎主義

所以這就像老師所說，勞先生所提出的並不是一個完整的文化哲學，比較像是一種方法論。所以他在最後新基礎主義的概念上，直接的提出了幾個觀點，並且是一個能不斷進行修正的理論架構，因此是一個開放性的系統，他並沒有一個完整的架構。比如說裡頭提出，基礎並不必然有一種絕對性，這點是針對歷史上與哲學上所討論的絕對性提出批判，像是中國的天道觀，或是黑格爾的絕對精神，他認為絕對主體勢必要慢慢取消，因而建議以符號來取代這樣的絕對主體。他在帕森斯的理論中，談到每個人的行為與行動，會

形成一種價值觀，當然也有無法形成的，像是複雜性不夠就不能有其價值。當社會行動具有廣泛影響性，並具有其價值時，他就會形成符號，像是每一個社會行動都會有一個象徵標的。比如野百合學運、太陽花學運，以這樣的符號來取代所謂的絕對精神，又比如像是飢餓遊戲中仿聲鳥的形象之類的符號象徵。在這種思考下，我們就不會受到絕對性的影響，也不會被所謂的天道觀給牽絆住。

由此說來，我們的行為與思維發展就有一個基礎存在，有如高達美所言的前理解，從小開始我們就受到外在事物的影響，並逐步去形構自我內心，並形成自我基礎，由此來說明我們是如何去決定與顯現文化的樣貌。像剛剛所言的學運，當一個世代的學生走向改革時，他的行為模式必然與外在定向有所聯繫，以此成為自我活動的基準，並形成所謂的自我價值觀，以此建構基礎主義。

因此擺脫掉絕對實體，是新基礎主義相當重要的一環，我們必須要先捨棄掉絕對實體的預認。何謂預認？就是在理論以前對於天道或是上帝的設置，這點是勞先生所懷疑的。因此在絕對主體給我們指導以前，我們必須要自覺的認知到，所謂的自我覺察是如何可能的。由此來說，我們就不以絕對實體來作為基礎，而是以形式條件或是形式規則來作為基礎，這形式並不是藉由天理、天道來告訴我們要怎麼做，而是自我自覺的去找出人與人之間的協作過程。由此來看，避免絕對實體的預認，就是為了使自我的觀點是隨時能夠修正的觀點，隨著時代或是社會的變遷而有所轉變。

我們認為勞先生在這方面的設想，是受到科學實證的影響，認為理論並沒有一個絕對性的部分，依此所建立的新基礎，就能夠不斷面對社會而自我調整，因此我說這是一個開放性的系統，新基礎主義就是在這情況下獲得發展的動力。這就像人與國家有一個契約

上的約定，隨時間的轉變，不斷的調整與修正，勞先生認為這就是未來中國精神相當重要的趨向，以此拋棄過去的舊基礎主義。這就形成了兩端，一方面是舊的、不可更動的舊基礎主義，一方面是開放性的、可變動的新基礎主義。要簡單的理解，像我們有辦法去修改上帝嗎？當我們發現《聖經》不合時宜時，可以在上面畫個叉，表示刪去此段文字嗎？這當然牽涉到詮釋學的問題，但它始終缺乏一種開放性。

　　不過很可惜的，這系統在後期並無法完成，當然我也認為，這是一個無法完成的系統，因為當一個新的挑戰出現時，它就會自我不斷修正，而沒有完成的一天。當然我們可以說，這也是勞先生原有的預設，他或許在理想上為了避免自我系統在時間下消耗其有效性，你也可以說這樣的新基礎主義本身就不具有條理性，因而沒有僵化的問題存在。以上是對於勞先生新基礎主義的說明。

吳汝鈞：這裡提出絕對主義，然後又提兩種性格，一種是實體性，一種是不涵絕對性或非實體性，我想像質疑新儒家的那些人，他們提出新儒家是泛道德主義這種思想的型態，後者是從一個絕對的眼光來看道德，就是說一切東西都是以道德為主，一切活動都要從道德自覺來決定，一切行為也要符合道德理性的原則，如果是這樣想的話，那泛道德主義就是一種絕對主義，所以會被反對。這裡說絕對主義，包含實體性跟終極性，它預設了這兩種性格，通過這兩種性格來鞏固道德的地位，來建構道德對其他種種文化活動的先在性與超越性。如果這樣看的話，我想這新基礎主義也可以說是對儒家泛道德主義的質疑，因為這裡所提的新基礎主義，也包含我們要拋棄實體性與終極性這些預設。

　　所以如果你這樣想，把新儒家批評為泛道德主義，新基礎主義與反對泛道德主義這兩種態度，中間是有些交集，這種交集性建構在我們不能有實體性、不能有終極性的預設上，他們認為新儒家就有這種預設，預設道德理性的超越性與先在性。我們也可以通過新基礎主義來質疑與批評新儒家對道德理性無條件的尊重，以它作為人生跟文化的最高原則。如果泛道德主義到了這種程度就很危險，因為它這樣的預設，使我們可以對這預設提出質疑：實體性跟終極性從哪裡可以找到，就是你有什麼權力提出這些預設，而這預設的普遍性與有效性在哪裡？要不就只是你個人主觀的想法，沒有客觀的性格。

廖純瑜：老師，那這樣的話宗教界會不會提出抗議？像基督教、天主教裡面對於上帝的認識。

吳汝鈞：對啊，這上帝就是一種絕對主義，它有實體性也有終極性，如果這樣說的話，宗教就是一種閉鎖的宗教，閉鎖在哪裡，就是對實體性與終極性的執著。

廖純瑜：宗教都有終極性，像是佛教，你死後會到西方極樂世界，天主教徒死了就到上帝那邊。

吳汝鈞：所以你信仰宗教與研究宗教是兩回事，你信仰宗教就要接受它的終極性與實在性。如果只是研究宗教，而不是信仰，那我就可以質疑這宗教預設了實體性與終極性，那就是獨斷主義。

廖純瑜：其實我覺得信仰都是獨斷的。

吳汝鈞：如果最後宗教都免不了涉及實體性與終極性，那這種宗教

就是閉鎖的系統，在這情況下，宗教對話根本無從說起。因為實體性與終極性是各自不同的，你要怎麼進行對話，對話的基礎原則需要遵從的，如果你以實體性跟終極性作為最高原則，那每一個宗教都有它這些預設，那還要談什麼宗教對話呢？每個宗教都有基本預設，如果真的要進行對話，那就要超越預設，所以我想宗教對話不可以由有宗教信仰的人來談，應該要由無宗教信仰的人來談才會有結果，比如說你佛教與基督教對話，佛教徒說空，是無自性，沒有實體，基督教則強調上帝，上帝是一個大實體，這大實體跟空跟緣起，意義剛好是相反，那就沒有辦法對話，是吧？

　　對基督教來說，實體才是真理，對佛教來說，沒有實體才是真理，那剛好是相反的情況，這要如何對話？一定沒結果的。不過勞思光最後發展這新基礎主義，只是做了一部分，應該還有下文，可惜他來不及繼續發展就去世了，這是他晚年最後一個比較重要的主張。這有點像現象學要把那些沒有明證性的東西都擱置，放在括號裡，像終極性與實體性，這些都是沒有明證性的，這些沒有明證性的東西不能作為最後的依據，而是要擱置不談。所以講到最後，我們就可以發現這新基礎主義是要解構絕對主義這種思路，特別是對實體性與終極性，要放棄這些觀念。在這裡我們就發現他提出新基礎主義，符合現象學的中心意旨，存而不論那些沒有明證性的東西。什麼東西沒有明證性？實體性與終極性都沒有，所以現象學發展不出一套宗教來，因為他們所說要把那些擱置的東西，剛好就是宗教最需要的預設。

　　所以最後勞思光永遠不能成為宗教徒，如果他提這新的想法，就跟所有的宗教沒有交集。好，這邊我們就把勞思光的文化哲學的討論告個段落。

第十六章　杭亭頓的文明衝突論

一、引言

方麗欣：賽繆爾・P・杭亭頓（Samuel P. Huntington, 1927-2008）是美國一位政治學者和顧問，在政治界及學術界都出任要職。哈佛大學的官方新聞網 Harvard Gazette 裡的訃文寫到，杭亭頓被認為是近五十年來其中一位最有影響力的政治學者。杭亭頓在哈佛大學工作超過半世紀，是哈佛大學魏德海紀念講座教授（Albert J. Weatherhead III University Professor），於 1978-1989 年間出任國際事務中心（Center for International Affairs）主任（Director），又創立約翰・M・奧林戰略研究所（John M. Olin Institute for Strategic Studies），於 1989-1999 年間出任所長（Director），並於 1996-2004 年間擔任哈佛國際與區域研究院（Harvard Academy for International and Area Studies）主席（Chairman）。杭亭頓於 1977-1978 年間在卡特（Carter）的白宮國家安全會議（National Security Council）工作，也是學術雜誌《外交事務》（*Foreign Affairs*）的創辦人。[1]可見他在政治界和學術界的影響力。

---

[1]　"Samuel Huntington, 81, political scientist, scholar", *Harvard Gazette* <http://news.harvard.edu/gazette/story/2009/02/samuel-huntington-81-political-scientist-scholar/>, dated 5 February 2009, accessed on 28 June 2017.

吳汝鈞：這裡先介紹一下杭亭頓的立場，下次還有米勒「文化共存論」的報告。杭亭頓不單是一個學者，也參與很多政治活動，有雙重身分。作為學者，他一方面研究世界文化、文明，他另外的任務就是代表美國的利益，也可以說是一位政客。他代表美國的利益，所以提出這個「文明衝突論」。這個理論，可以看成是杭亭頓自己對近現代文明的一套講法，就是強調文明跟文明之間是有衝突的。那往後怎麼解決這個衝突，他就提出了一種解決方法，而這個方法跟他的背景、跟美國政治、軍事都有一定關係。（米勒也是一個學者。不過，他提的不是「衝突」，而是「融合」。他算不算是一位政客，我暫時不能判斷，畢竟他的背景比較複雜，跟杭亭頓不同。）

在杭亭頓看來，十九世紀可以說是由英國人獨霸世界；世界上到處都有英國的殖民地，所以英國叫「日不沒」國家。不過，這已經成為過去。再下來是冷戰的世紀，世界由兩個超級大國（美國和蘇聯）獨霸；美國是代表民主、自由、資本主義的那些國家，蘇聯（包含以它為首的東歐國家）是代表社會主義、共產主義的路線。到了上個世紀九十年代，蘇聯發生了變化。共產集團瓦解，東歐國家逐漸走向民主、自由，蘇聯自己也分裂成俄羅斯和很多其他國家。因為這個分裂，蘇聯對共產世界的獨霸就結束了，直到今天，它也不能恢復超級大國的政治地位。現在有中國接著蘇聯，成為社會主義、共產主義的領導。

當年毛澤東有個講法，就是世界上有三個世界，一個是超級強國的世界（以美、蘇為代表），另一個世界（即第二世界）是那些在經濟、工業上已開發的國家（如英、德、意），第三個世界就是以外的其他很多國家（正在經濟、工業上發展）。第三個世界中影

響力比較強的國家就是中國和印度，因為它們的領土比較大，而且人口最多，然後再加上巴西（巴西代表南美洲、印度代表南亞、中國代表東亞）。以前世界上經濟發展得最好的國家是美國、德國、日本。現在中國崛起，已經超越了日本，在經濟實力上可以跟美國抗衡，成為美國以外第二個經濟大國。我們可以預測，未來中國會接著蘇聯跟美國對抗，也會有其他複雜的因素，使兩個國家在某個程度上合作、協調，維持和平共存的關係，如近年習近平跟奧巴馬討論發展兩國的外交關係。這可說明俄羅斯已被中國超越了。大國間可以互相利用，所以有大國間的外交關係，例如美國要依賴中國影響北韓。而近年北韓對中國信賴的態度開始減弱，中國與南韓的關係也愈來愈密切，成為與北韓發展的障礙。北韓是不守常規的，它未來在核武上的發展到甚麼程度，也不能預料，所以美國還是要跟中國合作，去牽制北韓。

　　由此我們可以看到，整個世界一直都分為兩個集團，一個是資本主義，一個是社會主義、共產主義。現在資本主義以美國為代表，社會主義、共產主義以中國為代表，這兩個家的關係就是大國外交的關係。美國已發展到一定的階段，中國還在發展。未來它們的這種大國外交會怎樣發展，我們可以拭目以待。我補充到這裡。

方麗欣：我繼續。杭亭頓最為人熟識的是 1993 年他在《外交事務》發表的後冷戰時期世界秩序理論──「文明的衝突？」（"The Clash of Civilizations?"）。[2]這理論在 1996 年成書──《文明衝突

---

[2]　見<https://www.foreignaffairs.com/articles/united-states/1993-06-01/clash-civilizations>。

與世界秩序的重建》³（*The Clash of Civilizations and the Remaking of World Order*）⁴，亦即是這個星期的主要閱讀材料。杭亭頓在書中主張，文明間的文化和宗教差異，觸發了冷戰後世界的暴力衝突。未來的戰爭將不再是國與國之間的戰爭，而是文明與文明間的戰爭。他詳細討論到西方或美國權力的沒落、伊斯蘭極端主義的興起、中國在亞洲的勢力擴張等，其中列出了多項數據和大量國際事件支持，使他的理論成為政治學上的實證研究。華府參考、採納了杭亭頓的理論，這理論深遠地影響了美國在後冷戰時期的國際政策分析及制定。2001 年的 911 恐襲事件和近年伊斯蘭國（IS）的活動似乎也印證了杭亭頓的理論。

吳汝鈞：這裡停一下。美國還有就是害怕伊斯蘭世界的那些回教徒，他們也跟北韓一樣，是不用理性的。他們塑造和支持仇美的心態。911 事件裡，世界上最高的兩座大樓，一下子就化為烏有。

北韓和伊斯蘭兩個集團，是美國的大忌。它們之間早已經超越了政治的關係；它們不是國家與國家的關係，而是文明與文明的關係：一個是伊斯蘭文明，一個是美國文明（西方科學、技術）。911 後一直在躲的賓‧拉登（Bin Laden）、伊拉克的薩達姆（Saddam Hussein）、利比亞的卡達菲（M. M. Gaddafi）都是被美國殺死的，他們都是回教領袖。可是對北韓，美國便沒有這個膽量，因為那些回教國家當時沒有核子武器，北韓就不行，中共也不

---

3   Samuel P. Huntington 著，黃裕美譯：《文明衝突與世界秩序的重建》（臺北：聯經出版事業公司，1997）。

4   Samuel P. Huntington, *The Clash of Civilizations and the Remaking of World Order*, New York: Simon & Schuster, 1996.

同意。

方麗欣：吳老師在他的《新哲學概論：通俗性與當代性》[5]中，已經深入討論過杭亭頓的理論，所以我只會集中報告一些理解這理論的要點。我期待今天有機會將杭亭頓的理論放在課程的脈絡裡，請教老師和跟大家一起討論它在文化及歷史哲學領域裡的位置。其實，老師剛才已經開始檢討，文明衝突論在現在還有沒有意義。

吳汝鈞：這裡我要補充一點，就是美國的政治界及文化界，基本上都支持這個文明衝突論。這背後是有一種用心，就是要為美國獨霸世界提出文化哲學上的理論基礎：不同文化是不能融合的，只能往衝突的方向發展，而美國就代表西方世界陣營的利益。所以，文化衝突論不只是對文化的認知提出基本的原理，還包含很明顯的政治的因素，它是美國獨霸世界具有哲學的、文化哲學的基礎。因此，我們不要以為杭亭頓是在客觀地研究這個世界的文化，杭亭頓是代表美國利益的，是美國政府授權要他這樣說的。他寫完這本書後，也寫了其他有關文化的論文，他的認識論的基礎還是在文明衝突論。杭亭頓在美國政治上佔了很重要的地位，所以他當哈佛大學的教授是理所當然的。

方麗欣：我會先報告杭亭頓如何理解文明及冷戰後的國際關係，以致他提出文明衝突的理論。然後，我會闡述杭亭頓理論中的文明衝突是如何展開的。最後，我會簡述杭亭頓在書中對未來國際關係的展望及建議。

---

[5]　吳汝鈞：《新哲學概論：通俗性與當代性》（臺北：臺灣學生書局，2016）。

二、文明的本質

　　杭亭頓認為人類的歷史即是文明的歷史。[6]他在書裡按文明的本質、定位及動態列出六項觀點：

　　(1)文明是複數的（即 civilization**s**），而每一個文明都有自己特有的表現方式；例如有些地方以它的公共建設為文明的表現，另一些地方以它在文化、藝術上的貢獻為文明的表現。因為杭亭頓認為文明是複數的，所以他反對「普遍性世界文明」（universal world civilization）的主張。[7]

普遍性世界文明

　　對杭亭頓來說，「普世文明」這概念意味著人類在文化上的匯聚及世界上各地的人愈來愈接受共同的價值、信念、取向、常規及體制。[8]他指出，如果普世文明真的正在浮現，就一定會反映在語言及宗教上。可是，世界上卻愈來愈少人說英語，而這些說英語的人亦愈來愈趨向說不同的英語（例如英式英語、印度式英語、美式英語等）。再者，以英語作為國際的溝通語言，對杭亭頓來說，反而更加體現了誇文化的溝通，也就是承認了有不同文化的存在。事實上，世界上語言的分佈同時亦反映了世界上權力的分佈，而語言也跟隨各文明的定位而變化。[9]

吳汝鈞：在語言方面，到底哪一種語言最流行、最適合作溝通的媒

6　　*The Clash of Civilizations and the Remaking of World Order*, p.40.

7　　同上書，頁 41。

8　　同上書，頁 56。

9　　同上書，頁 59-64。

介，是沒有定說的。哪個國家夠強大、無所不包的，語言就會跟隨那個國家的影響力。所以如果中國強大起來，取代了美國霸主的地位，我們絕對有理由估計，將來最流行的語言不是英文，而是中文。

方麗欣：用繁體字或簡體字也可以看到權力的關係。

吳汝鈞：現在很多人都在政治獻媚，根本大陸不需要他們這樣做。

廖純瑜：現在大陸也開始回到繁體字了。

吳汝鈞：因為他們要強調中國夢，中國夢其實就是中國文化。中國文化以哪一方為主？首先就是語文。如果在這方面不通，就不能講中國文化。中國文化中那些最重要的、古典的書，都是用繁體字來書寫。

方麗欣：宗教方面，20 世紀末全球性的宗教復興，導致了宗教意識的加強及原教旨主義（fundamentalism）運動的興起，而加深了不同宗教間的分歧。杭亭頓認為，雖然有更多人相信基督教及回教，但並沒有造成明顯的全球性信仰改變。[10]

　　杭亭頓也反對「普世文明作為 18 世紀以來廣泛現代化進程的結果」的說法。這個說法是：西方是第一個現代化的文明，當其他社會接納類似的教育、工作、財富及階級架構時，現代西方文化將成為普遍的世界文化。杭亭頓認為這說法預設了現代社會必須模擬單一的（西方的）模式：現代文明即是西方文明，西方文明即是現代文明。雖然西方有各種不同於其他文明的特質（杭亭頓在書中談

10　同上書，頁 64-66。

及幾種特質,就是它承繼了古文明的遺產、天主教和新教、歐洲語言、分隔精神和世俗權威、法治精神〔rule of law〕、社會多元主義、代議政制、個人主義),而致使西方文明後來自身以及促進世界現代化,但是西化並不等同現代化,因為西方文明在 8、9 世紀已經出現,而到了 17、18 世紀才開始現代化。換言之,西方在現代化之前已經是西方。[11]同時,非西方社會也可以現代化,而不放棄自己的文化、全盤接受西方的價值、體制或常規。日本是明顯的例子。杭亭頓更加認為現代化反而鞏固了其他文化,並相對削弱了西方的影響力。所以世界在更現代化的同時,亦更少西化。[12]

吳汝鈞:以前我們所指的現代化就是西化,西化就是要學習西方的文化。現在我們講現代化,已經不執著於西化,因為西化方面還是有很多規條,不能說是現代化的。今天我們講的現代化,不能說是西化的結果。東亞、南亞方面的文化(分別以中國、印度為代表)中,有很多文化上的成果是西方沒有的,所以這些方面的資源,應該可以納入世界現代化的範圍。現代化也不一定跟古典文化不協調或抗衡,凡是合理的東西,我們都可以把它放進現代化裡,合乎人性和人文。這裡最明顯的就是道德、宗教,在東方文化裡面,我們可以找到很多這方面的資源;西方就是偏於科學、民主等幾個方面,在科學和技術發展上表現最好。我們說的現代化,早已跳出科學、民主、政治、經濟這幾個範疇,而涉及道德、宗教、藝術這些方面。東方文化在這幾個領域裡面,有非常豐厚的資源,所以這方面的內容,也應該放在現代化範圍裡面講。

11　同上書,頁 66-72。
12　同上書,頁 78。

　　所以我們可以這樣說，西化只是現代化裡面的一部分，不是全部，雖然現代化包含了西化的成果（科學、民主、政治、經濟），東方文化在道德、宗教、藝術等方面的資源，卻遠遠超越西方文化。以前我們說現代化通常都是指西化，因為那時候東方文化的優點好像還未顯現出來。到西方文化發展到某個階段，它裡面出現了問題，如倫理上、宗教上、藝術上的問題，它們都要向東方文化的各方面尋找資源去解決自己的困難。所以怎樣界定現代化，可以有不同的講法。我們也不能籠統說西方文化就是物質方面的文明，東方文化就是精神方面的文明。用這種二分法來概括文明、文化已經過時，這種現代人類文化指向已經受到批判。所以現在談的現代化，已經比西化再上一層，不是全盤西化，是以比較深、廣的角度去看現代化，除了包含西方文化優良的方面以外，還納入東方文化精神素質上豐富的表現。

　　以前很少人提出這種看法，像梁漱溟的主張就是開風氣的，他的「現代化」是比較接近西化，但他也沒有忘記中國和印度的文化，尤其是道德、宗教、藝術這些方面。當時這種理解是很少有的，很多人即使有這種理解也不敢提出，因為會被他人排擠。

方麗欣：我們繼續。

　　杭亭頓反對普世文明的立場，跟他的文明衝突的理論非常相關；就是因為沒有普世文明，才有不同文明的互相衝突。

　　(2)文明是文化質體（entity）；文明和文化都指人的整體生活方式，文明即是一個擴大了的文化，而兩者都涉及社會中世代相傳的、有根本重要性的價值、規範、制度及思考模式。其中，界定文明的主要文化要素在於血緣、語言、宗教及生活方式，尤以宗教為

甚。這是因為在很大程度上，人類歷史中主要的文明都與世界上最大的宗教密不可分。相反，宗教不同的人，就算有共同的種族及語言，也可以互相殺戮。例如伊朗和伊拉克。

雖然以文化特徵區分而成的不同文明，明顯與以身體特徵區分而成的不同種族相符，但是文明並不等同於種族；同一種族的人可因不同文明而有很深的分歧，不同種族的人可因共同的文明而團結起來（從基督教及伊斯蘭教涵蓋了不同種族的社會便可理解）。[13]

吳汝鈞：這裡停一下。杭亭頓在書中是寫「civilization」，我們平常把它翻成「文明」。如果是「文化」，它對應的字應該是「culture」。到底文化和文明的關係是怎樣的？有哪方面是重疊的？這是了解文化和文明時，一定會碰到的問題。

方麗欣：杭亭頓在這裡交待了，之後便沒有把文化和文明仔細的分辨，因為他的立場就是所有文化的東西加起來，就是文明。

吳汝鈞：那麼「文化」和「文明」在內容上就是一樣了？我們理解這個文明，是偏向不同民族建構自己的文化，這就是文明。所以我們可以說，文化從古代開始一直流行，流行到我們今天這個樣子，這就是文明；就是某民族，從歷史一直發展到今天。這樣理解的話，好像「文化」的意義比較確定，就是它和民族是不可分開的。我們對「文化」有比較鬆動的看法，就是可以把不同文化裡的東西，納進另一文明裡。這樣的話，「文化」的意義就較廣，「文明」則限於民族的範圍。這個問題太複雜，天都黑了還未能弄清楚。

13　同上書，頁 41-42。

　　杭亭頓為甚麼不說清楚「文化」和「文明」的分別？可能我們可以在這裡看出一些端倪：「文明」就是比較具體的「文化」，跟民族有直接關連的那些「文化」就是「文明」。他作為政客為美國的利益著想，如果這樣理解就可以說得通了，就是他想以美國的文明吞沒其他的文明，所以美國要開展自己的文明便有了理論上的根據，就是要透過文明的衝突才會成功。它以後可以以美國文明為主，來吸收其化文明中有用的資源，來強化美國的文化。這是讓美國在文明上，可以獨霸世界的一個理想的借口。不過，其化文明的並不一致認為美國文明是比較先進的。

方麗欣：

　　(3)文明是綜合性的，所以必須參考一文明之整體，才能充分了解它裡面個別的組成要素。另一方面，雖然文明是最廣義的文化質體、最高層次的文化組合，或是最廣義的文化身分認同，但是文明沒有明確的分界或始末。文明的構成及形態按人們不斷調整及重新界定自我的身分認同，隨著時間不斷改變。不同的文明彼此也有重疊及互動。[14]

　　(4)文明雖然不是永恆的，但有很長的壽命；它們是動態的，不斷演化、調整（有起落、有分合）。這點上，杭亭頓跟史賓格勒（Oswald Spengler）的理解是很接近的。杭亭頓指出 20 世紀中，世界上幾乎所有主要文明都存在了一千年，又或是另一源遠流長的文明的產物。而他認為各種有關文明演化階段的理論，也大致認同文明都是隨著動盪或衝突的時代演化，成為世界性的國家，再走向

---

[14]　同上書，頁 42-43。

沒落和解體。[15]

(5)文明是文化的質體，而不是政治的質體，它不會執行政府的工作。不同的文明有不同的政治構成，一個文明可以有多個不同性質的政體，並會隨著時間變更。[16]

(6)杭亭頓列出幾個現代的主要文明，包括中國（Sinic）、日本、印度（Hindu）、伊斯蘭、西方、拉丁美洲、非洲（可能有）。杭亭頓未有詳細說明東正教－俄羅斯（Orthodox Russian）文明，但他在書中會不斷論及。[17]

三、為何以「文明的衝突」來理解冷戰後的國際關係？

方麗欣：據杭亭頓分析，冷戰結束後的全球政治，在歷史上首次發展成多極性（multi-polar）及多元文明的（multi-civilizational）狀態。

杭亭頓解釋到，冷戰時期的全球政治是兩極性的，世界分成三大集團。「兩極」是指以美國為首的民主及富裕社會，及以蘇聯為首的共產、較貧窮社會。它們進行全面性的意識形態、政治、經濟和軍事競賽。而它們的衝突，大部分發生在它們以外的第三世界國家，就是那些貧窮、最近獨立、自稱不結盟的國家。「三大集團」是指美、蘇和這些第三世界國家。

---

[15]　同上書，頁 43-44。

[16]　同上書，頁 44。

[17]　同上書，頁 44-47。

吳汝鈞：把世界上的國家三分（第一組是超級大國，第二組是已經開發的國家，第三組是沒有開發的國家）的說法好像是毛澤東提出的。毛澤東強調中國是第三世界國家，這樣說他便可以領導那些第三世界、經濟沒有發展好的國家。

方麗欣：我繼續說。80 年代共產世界倒台後，冷戰時期的政治系統（即是剛才所說的全球政治兩極性、三大集團）便成為歷史；人民不再以意識形態、政治或經濟作區別，因而形成了身分認同（即「我是誰？」）的問題。按杭亭頓理解，那些人便轉移以傳統的方式來尋找答案，「傳統的方式」即指從自身的祖先、宗教、語言、歷史、價值、習俗及體制（亦即是從自己的文化）來尋找答案。他們透過文化群體（部落、族裔、宗教團體、國家，最廣義來說即是他們的文明）來自我定位。政治因此不只被用作謀取個人利益的手段，在這個時候，它亦被用作為自我定位方法：只有當我們知道自己不是誰，甚至知道自己反對誰的時候，才能知道自己是誰。[18]

　　所以在後冷戰時期的世界，地方政治變成了族裔政策為依歸的政治，全球政治變成了文明的政治，冷戰時期超級大國間的對立則被文明的衝突取代。許多因意識形態或歷史因素成立的國家，會因為內部存在不同文明而面臨解體；相反，在過去因為意識形態不同而分隔的人，會因為共同的文化而重新凝聚起來。不同文化質體的族群衝突因此成為了最普遍、最重要並且最危險的衝突，部落戰爭及種族衝突將在不同文明的內部發生。[19]

　　老師在書中以五點，整理出杭亭頓解釋文化的異同，為甚麼能

18　同上書，頁 21。
19　同上書，頁 28。

使人民團結或分裂及衝突。我把它們的次序調整過，在這裡列了出來：[20]

　　(1)社會上的失序、疏離和孤立會使人尋求更有意義的定位，亦即是文化認同。非西方社會權力的擴張，也會刺激本土的認同感及文化復興的意欲。

　　(2)同一文明中的不同國家對待另一文明中的國家的方式都不一樣。現今社會資訊發達，不同文明間因而有更多互動，人對自身文明的認同亦顯得愈來愈重要。

　　(3)一個人可在文化上與其族群、種族、國籍、宗教及文明認同，而當人愈是沿著文化劃分時，不同文化團體間的衝突便愈為嚴重。

　　(4)於不同文明的國家或團體間的衝突中，其中一方可對他方施加壓力，控制他方的人民、土地、財富和資源，也會把自身的價值觀、文化和制度施加於對方。尤其當兩方處於對立的時候，便不容易達成協議。

　　(5)衝突無處不在，在政治、軍事上，一方對於不信任、懷疑會損害己方的人，便會視之為安全上的威脅。所以一場衝突化解了，另一場衝突便隨之出現，亦即是永遠都有敵人的存在。

　　請問老師在這裡有補充嗎？

吳汝鈞：沒有。

方麗欣：回到杭亭頓的論述。他預測西方在未來數年仍然是最強大的文明，但相對其他文明，它的影響力也正在衰退。當西方嘗試堅

20　吳汝鈞：《新哲學概論：通俗性與當代性》，頁 370-372。

持它的價值，並且嘗試保護它的利益的時候，非西方社會亦會作出選擇：有的模仿以及順應潮流加入西方社會，杭亭頓提到其他儒家及回教社會，則會嘗試擴大其經濟及軍事力量，以抗衡西方。因此，杭亭頓認為冷戰後世界政治的中軸，即是西方與非西方力量和文化間的互動。冷戰後的世界有數個主要文明，各個文明的政治、經濟發展的主要模式都不同，而重要的國家都來自不同的文明，所以國際間的重大議題，亦因而反映出各個文明的歧異。[21]

吳汝鈞：我在想，中國現在愈來愈開放，它提的「四個現代化」卻沒有包括現代化人權、思想。中國以後不知道會不會再有一個鄧小平。它還未有一個政治強人出現，所以中國未來都會是順著社會潮流發展。六四未有平反、劉曉波還關在牢裡，習近平打擊貪腐是好事，但仍未見有政治上的改革。我想中國還是會沿目前的方法做下去，以生活改善為目標。至於在改善人權、政治方面會怎樣？習近平的「中國夢」主要是說中國文化，但這個目標太遠、不夠實在。中國人現在對毛澤東已不再信任，中國不再以共產主義、列寧主義為目標，它未來的方向會是甚麼？我想它是會向錢看的。

四、文明間的衝突如何展開？

方麗欣：我繼續。杭亭頓認為，西方為了維持自身的優勢和利益，會將自己的利益界定為「世界共同體」（world community）的利益，以增加其行動的正當性。西方在幾個國際議題上已受到其他文明的阻力：

---

[21] *The Clash of Civilizations and the Remaking of World Order*, p.29.

(1)（為了維持自身的軍事優勢：）提倡核子、生化武器及其運送的不擴散及反擴散條約。

(2)（為了促進西方的政治價值和體制：）迫使其他社會尊重西方觀念中的人權觀念及採納西方路線的民主。

(3)（為了保障自身社會的文化、社會及種族完整：）限制非西方移民或難民的數量。[22]

文明的衝突有兩種形式，第一種是核心國衝突（core state conflicts），第二種是斷層線衝突（fault line conflicts）。下面的討論比較能體現 1.核心國衝突和 2.斷層線衝突：

1.核心國衝突

西方的將它普世的觀念加於其他文明上的做法，在國際上，逐漸造成它與其他文明大國間的衝突（即「核心國衝突」），尤與伊斯蘭及中國最為嚴重。[23]

根據杭亭頓，在與伊斯蘭的衝突上，西方的根本問題不在於伊斯蘭的原教旨主義，而是在於伊斯蘭作為不同的文明，它的人民都確信自身文化的優越性，又同時對權力處於弱勢耿耿於懷。對於伊斯蘭，問題也不在於美國中情局或國防部，而是在於西方作為不同的文明，它的人民都確信自身文化的普遍性，並相信他們優越的文化使自己有責任將這文化擴張到全世界。[24]

另一方面，杭亭頓指出中國作為亞洲最大的政權，它的經濟發展提高了它在這地區的影響力，及重新伸張它在東南亞的傳統霸權的可能性，因而促使其他國家順應發展而向中國靠攏，或試圖遏制

---

[22]　同上書，頁 184-186。

[23]　同上書，頁 20、207-208。

[24]　同上書，頁 217-218。

中國的影響力、與它制衡。[25]杭亭頓認為美國的權力在冷戰後相對
衰落，使它與亞洲各國的文化衝突更為明顯，也使亞洲各國得以抗
衡美國。中國的興起對美國形成根本的挑戰，它與中國在經濟、人
權、西藏、臺灣、南海、武器擴散等問題上，都未能達成共識。除
了彼此文化的差異而造成衝突之外，杭亭頓認為美國與中國的衝突
涉及到根本的權力問題：中國不願意接受美國在世界上的領導地位
或霸權，而美國也不願意接受中國在亞洲的領導地位或霸權。[26]

　　杭亭頓又分析到文明與它的核心國之間的關係。他認為這關係
是矛盾和複雜的，並且會不斷改變。大致上，一文明中的大部分國
家，會跟隨其核心國去決定它們與另一文明中的其他國家的關係。
而這兩個文明的共同利害通常來自第三個文明的、它們的共同敵
人，這共同利害便會促成它們之間的國家的合作。[27]舉例說，西方
文明與中國文明及伊斯蘭文明有比較大的衝突；因為中國文明及伊
斯蘭文明都以西方作為共同敵人，所以它們之間的衝突便會比較
小。

吳汝鈞：我看能夠改變目前這世界的狀況，其中一個重要因素應該
是中國的崛起。我的意思是，整個世界所構成的危機，主要是看中
國與美國將來的發展、它們的關係怎麼建立起來，讓雙方都感到滿
意、自己國家的利益得到保障。

　　杭亭頓所提出的「文明的衝突」，其實並不是中國人一貫的想
法。我們看歷史發展，沒有一次是中國侵略周圍附近的國家。尤其

---

[25]　同上書，頁 296。

[26]　同上書，頁 228。

[27]　同上書，頁 245。

是近、現在，好像只有別的國家侵略中國，沒有中國侵略別的國家。所以中國這種在政治、文化上的姿態，對杭亭頓所提出的「文明的衝突」不利，因為中國人根本不想跟其他文明有衝突。可以這樣說，中國文化有一種好處，就是它有很廣面的包容性，連佛教這個重要的宗教從印度傳過來，中國人接受了後，再加上進一步的調整，使它跟傳統的思想融合起來，它就成為儒家、道家以外的第三個宗教、哲學。所以我想，杭亭頓所提出的「文明的衝突」，會使美國在與中國建立關係方面，遇到一定的困難。因為中國這個民族本來就沒有要侵略別人的性格、做法，所以提倡「文明的衝突」最首先要面對的障礙，就是對中國的關係。

我想國家與國家之間的關係，其實有很多和平的方式（不需要戰爭），也可以達成某種交易（起高鐵、發射衛星等等）。中國可以在這方面發展下去，到最後在這些方面常常受其他國家邀請簽約，去做那些國家要做的事情。這不算是侵略，而是一種和平崛起的方法。

方麗欣：文明的衝突的第二種形式就是：

2.斷層線衝突

文明的衝突在地方層次上就表現為「斷層線衝突」：國土相鄰的不同文明間的衝突、同一國家內不同文明的族群間的衝突，或者族群爭取獨立而引發的衝突。根據杭亭頓，這些衝突主要發生在回教徒與非回教徒之間。從而產生向相同文明的「兄弟之邦」（kin country）或僑民召集及動員，使威脅逐步擴大，而促使核心國介入，停止戰爭。[28]

---

[28]　同上書，頁 20、207-208。

按杭亭頓，有共同文化的國家或團體之間的衝突，有時可以由公正的、來自同一文化的第三方調停解決。這個第三方在這文化內有合法性，它因此受衝突雙方信任，可以找出符合這文化的價值觀的解決方法。可是，於不同文明的團體的衝突中，通常沒有所謂公正的第三方。要找到衝突雙方的都信任的個人、組織或國家非常困難。任何可能的調停者都不是來自衝突文明的一方，而是來自衝突雙方都不能信任的、有另一文化或者其他關注的第三個文明。國際機構亦經常調停失敗，因為它們無能力令衝突雙方付出任何重大的代價，亦不能向它們提供任何明顯的利益，使它們停止戰爭。[29]

杭亭頓認為，要終止一場文明的戰爭必須有第二、三層參與者的積極介入。它們都不是公正的第三方，而是與衝突雙方（即是第一層參與者）有利害關係。它們有能力與對方談判、協議，它們會一方面支持兄第之邦，另一方能勸導其兄第之邦接受這些協議。因為它們的利害關係比第一層參與者複雜，有其他關注的問題，所以它們都不願意變成第一層參與者、參與戰爭，於是它們會嘗試將戰爭控制。於是，第三層參與者去談判停戰條件，它們軟硬兼施使第二層參與者接受這些條件，第二層參與者因而撤回對第一層參與者的支持。換言之，即是第三層參與者間接施壓，令第一層參與者接受停戰條件。[30]第三層參與者通常都是文明中的核心國。

---

[29]　同上書，頁 292。

[30]　同上書，頁 292、294。

五、對未來國際關係的展望及建議

方麗欣：接下來，我會簡述杭亭頓在書中對未來國際關係的展望及建議。於《文明衝突與世界秩序的重建》一書中，到了最後一部分，杭亭頓才具體談到世界秩序的重建，就是他對未來國際關係的展望及建議。

　　根據杭亭頓，所有文明都會經歷出現、興起和衰落的過程。西方不是在發展的方式上有別於其他文明，而是在於它獨有的價值和體制，尤其是基督教、多元主義、個人主義及法治精神。西方因而能夠創造現代化，使它開展到全世界，成為其他社會羨慕的對象。所以面對正在沒落的力量，杭亭頓認為西方領袖的主要責任不是試圖依照西方的形象去重塑其他文明，而是去保存、維護及更新西方的特質。由於美國是最強大的西方國家，因此這責任亦落在美國身上。[31]

　　為了保存西方文明，杭亭頓建議美國和歐洲國家做以下的事情。我這裡直接引他在書中（中文譯本）的話：

> 擴大政治、經濟和軍事整合，並協調他們的政策，使其他文明無法利用他們之間的歧見；
> 歐洲聯盟和北約應接納中歐西緣的國家，包括波羅的海三小國、斯洛維尼亞和克羅埃西亞；
> 鼓勵拉丁美洲「西化」，同時盡可能使拉丁美洲國家和西方結盟；

31　同上書，頁 311。

這裡可以說是在國際上增加自己的朋友。

> 限制回教和華人國家部署傳統和非傳統武力；
>
> 延緩日本脫離西方、擁抱中國的進程；
>
> 接受俄羅斯為正教的核心國家及主要的區域強權，對南疆的
> 安全可以行使合法的權益；

這裡幾點可以說是去壓制共同的敵人。所以就可以：

> 維持西方對其他文明在科技和軍事上的優勢；

> 以及最重要的，承認西方干預其他文明的事務，也許是一
> 個多元文明世界動盪不安和引發全球衝突唯一最危險的根
> 源。[32]

這一句也許是杭亭頓於整本書中最想說的話。他討論到很多衝突，
而衝突要怎樣解決呢？解決的方式是要認清，西方干預其他文明就
是動盪不安的根源。

　　杭亭頓認為一個多元文化的世界是無可避免的，因為全球性的
帝國不可能出現。要維護美國及西方，便必須要更新西方在世界上
的定位；世界的安全需要對全球性多元文明性質的接受，[33]就是剛
才說的最後一點。因此，未來要避免重大的跨文明戰爭，杭亭頓認

---

[32]　《文明衝突與世界秩序的重建》，頁 434-435。

[33]　*The Clash of Civilizations and the Remaking of World Order*, p.318。

為核心國必須避免介入其他文明的衝突。這是美國等國家很難接受的事實，但這是達成多元文明的、多極的世界之和平的（即是重建世界秩序的）第一條件。第二條件是核心國彼此談判，以遏制或停止它們文明中的斷層線戰爭。[34]

吳汝鈞：杭亭頓這種看法好像有一個背景，就是要提倡在美國這個超級大國的統領下，進行這些多元化文明的發展。我想中國和回教集團不見得會同意他的建議。你前面列出了世界上的八、九種文明，中國是一種，然後回教國家又是一種，還有日本及其他文明。杭亭頓基本上假定了，美國是推動這些（國家與國家、文明與文明間）發展的最後護航，發展的動力是來自美國。如果這點可以成立的話，美國會怎樣做？當然就是為了自己國家的利益著想來考慮這些問題。杭亭頓的建議表面上好像是一種和平的做法，可是我想背後還是有危機的。就是因為我剛才說的，其他的幾種文明的歷史、文化都比美國早熟，文化發展的歷史比美國長得多，它們是否真的可以接受以美國為主要導航的國家，進行一連串的行動？是否必須以美國為主體，進行這些行動？很明顯的是，美國的利益與中國及回教國家的利益是不一樣的，而且後者在歷史、文化上也有它們潛在的力量。為甚樣要以美國作為核心的國家，達成種種協議？這做法是否對它們國家本身有好處？所以這裡含藏了不同民族、文化相互合作的障礙。我想最反對這做法的，一定是回教國家，因為美國與回教國家雙方的分別太明顯了。而且回教裡面也不是只有一、兩個國家，而是一個國家的群體，要使這些群體裡的國家走在一起，形成共識，來回應杭亭頓的建議，我想這是不容易做到的。我們可

---

[34] 同上書，頁 316。

以提一個問題：在多個回教國家裡（如伊朗、埃及、阿拉伯等），以哪國家為首？而它們為甚麼必須和美國合作？美國有一點，就是它必須要跟這些回教國溝通，建立關係，為甚麼？石油。美國需要回教國家的石油，它是全世界中用油量最多的國家，所以石油是回教國家的籌碼。其他文明的體系如中國等，也可以擔當美國的角色，為甚麼要以美國為中心？現在中國也很需要石油。而且中國與那些回教國教建立關係，跟美國比較，是相對容易被回教國家接受、認同的，因為它們都把美國看成敵人，但中國不是敵人，而是跟它們友好。所以杭亭頓提出建議的背景，還是在於美國的利益。

方麗欣：最後，杭亭頓指出和平和文明兩者的未來都依賴世界上主要文明的政治、精神及知識領袖的了解和合作。而在更大的衝突中，全球的真正的衝突是在於文明與野蠻的衝突。就是說，文明間可以用和平的方式去解決衝突，或者選擇用戰爭的方式解決。杭亭頓認為文明的衝突在未來將會是對世界和平的最大威脅，而以文明為基礎的國際秩序則是對抗世界戰爭最可靠的預防措施。[35]

吳汝鈞：現在大家都這樣想：「文明的衝突在未來將會是對世界和平的最大威脅，而以文明為基礎的國際秩序則是對抗世界戰爭最可靠的預防措施」。這就是強調對話，尤其是宗教間的對話。

我想這裡最重要的，是美國不要有獨霸世界的想法，這樣問題就比較好解決。美國在歐洲的盟友，也不見得要遵從它的建議。在西方文化、文明裡，美國與很多歐洲國家都有衝突，不同民族的文明間與美國也可能會產生種種衝突。所以我想最重要的，就是不要

---

[35]　同上書，頁 321。

以美國為中心。杭亭頓設計的這套理論，很明顯就是為維護美國利益著想。美國當然很歡迎他這套理論。可是它與其他文明、在歐洲的友邦間也有很多衝突。我們現在看杭亭頓的主張，它背很有一點沒有清楚說出，就是它有一條底線，就是為美國現實利益著想。

　　我們可以說，這套「文明的衝突」的理論，在中國文化裡是不能實現的。中國人本來就沒有文明衝突的意識。歷史上，很多中國與外國的糾紛、戰爭，主要都是由外國挑起，不是由中國。從歷史、文化來看，中國從來都沒有主動向外國施展壓力，要它們聽中國人的話。以前附屬中國的如韓國、越南等東亞、南亞國家，它們每年都派使臣朝貢，這表示並非中國施壓要它們這樣做，中國沒有以天朝的地位去壓制周圍的國家，是那些國家以朝貢為自己的任務。所以朝貢只是形式上的事情，實際上中國沒有拿到明顯的利益。如果以「文明的衝突」來了解世界上的各種文化、歷史，我認為這理論在中國問題上是無效的。歷史上，我們找不到中國侵略外國的事件，反而中國歷代都受外族侵略（如漢朝的匈奴，然後是西夏、遼國、清代的女真族）。又如臺灣成為了荷蘭的殖民地，是鄭成功把他們趕走，這不算侵略，而是恢復中國原來的權力，臺灣本來就是中國的，就像岳飛向金人提出「還我河山」一樣。所以這套「文明的衝突」的理論，在中國人的心中是不真實的；他們反而比較容易接受「融合」，以友邦的身分與外來的民族交往。

第十七章　米勒的文明共存說

一、簡介

方麗欣：上星期我們討論過杭亭頓的「文明衝突論」，這星期要討論的是對「文明衝突論」的批評，主要是哈拉爾德・米勒（Harald Müller）提出的「文明共存說」。

米勒的公職及教職簡略如下：由 1976 至 2016 年，米勒一直為德國賀賽和平與衝突研究基金會（Hessische Stiftung Friedens - und Konfliktforschung / The Peace Research Institute Frankfurt）的研究員（Research Fellow）；從 2016 年起，他開始擔任的研究小組主任（Head of Research Group）一職，研究課題為「核軍備控制（Nuclear Arms Control）」。於 1996-2015 年間，他是這基金會的執行主席（Executive Director）。在 2011-2016 年，米勒是歐盟不擴散聯盟（EU Consortium Non-Proliferation）的副會長（Vice President），[1] 這聯盟的宗旨是要建立一個由歐盟各地的外交政策機構及研究中心組成的網絡，以鼓勵有關政治及安全的對話，及對付大殺傷力武器的擴散及運送之措施的長遠討論。[2] 在 2004 年，米勒曾為聯合國裁軍諮詢委員會的主席（Chairman）。從 1999 年起，

---

[1]　見<https://www.hsfk.de/en/no_cache/staff/employees/harald-mueller/>。

[2]　見<https://www.nonproliferation.eu/about/>。

他一直為德國外交部和平及衝突研究事務委員會（The Working
Group on Peace and Conflict Research of the German Foreign Office）
的聯合主席（Co-chairman）。於 1999-2016 年間，米勒為德國法
蘭克福歌德大學（Goethe University Frankfurt）的國際關係教授
（Professor of International Relations），[3]致力和平與衝突研究。[4]從
1984 年至今，他是約翰霍普金斯大學（Johns Hopkins University）
國際關係中心（Center for International Relations）歐洲校區的訪問
教授，[5]專門研究戰略及安全問題、國際關係。[6]另外，米勒也為恐
怖主義、北大西洋公約組織（NATO）、伊朗等議題提供意見。[7]
以上說明米勒至少在歐洲的政界和學界裡有一定的影響力。

　　這星期的主要閱讀材料是米勒的《文明的共存：對賽繆爾・亨
廷頓「文明衝突論」的批判》（*Das Zusammenleben der Kulturen.
Ein Gegenentwurf zu Huntington*）[8]，是他在 1998 年的著作（杭亭
頓在 1993 發表理論，在 1996 年成書）。米勒於前言中提到他與杭
亭頓在 1996 年的公開辯論，這本書便是整理了他對杭亭頓「文明
衝突論」的不同見解。[9]從標題可以知道，米勒認為不同文明是可
以共存的，而歐洲文化也能透過與其他文化的對話而獲得成長的養
分，他因而反對杭亭頓以歐洲或美國文明為本位的文明衝突理論。

3　見<https://www.hsfk.de/en/no_cache/staff/employees/harald-mueller/>。

4　見<http://www.fb03.uni-frankfurt.de/42360589/hmueller>。

5　同註 3。

6　見<https://www.sais-jhu.edu/harald-müller>。

7　見<https://www.sais-jhu.edu/sites/default/files/Harald%20Muller.pdf>。

8　哈拉爾德・米勒著，酈紅、那濱譯：《文明的共存：對賽繆爾・亨廷頓
　　「文明衝突論」的批判》（北京：新華出版社，2002）。

9　《文明的共存：對賽繆爾・亨廷頓「文明衝突論」的批判》，頁 1。

　　可惜英語或華語界都不太熟悉米勒這本書，我能接觸到的圖書館也沒有它的德文原著，它亦似乎沒有英文翻譯，這本 2002 年出版的中文翻譯可以說是我們認識米勒「文明共存說」的唯一途徑。因為這個中文翻譯我有讀不懂的地方，而且我不懂德文，無法和原著對照、知道米勒原來的意思，是這次報告的最大缺失。因此，我對「文明共存說」的處理是：先總結杭亭頓的觀點，提出幾個批評他理論的可能切入點，然後按著米勒對國際關係的理解，從幾個切入點，整理米勒對杭亭頓的批評，以及米勒對未來國際關係的展望和建議。如果有遺漏和誤解的地方，請老師和各位同學指正。為了突出米勒的觀點，與杭亭頓比較，我也會加入弗朗西斯・福山（Francis Fukuyama）於其著作《歷史的終結和最後一個人》（*The End of History and the Last Man*）[10]中的主張作參照。

吳汝鈞：福山是誰？

方麗欣：杭亭頓曾是福山的導師。福山是現任美國史丹福大學（Stanford University）弗里曼・斯波哥利國際問題研究所（Freeman Spogli Institute for International Studies）的資深研究員（Senior Fellow）及民主、發展與法治中心（Center on Democracy, Development, and the Rule of Law）的主任（Director）。[11]他曾先後在喬治梅森大學（George Manson University）及約翰霍普金斯大學擔任教授。[12]

---

[10]　Francis Fukuyama, *The End of History and the Last Man*, New York: The Free Press, 1992.

[11]　見<http://cddrl.fsi.stanford.edu/people/fukuyama>。

[12]　見< https://fukuyama.stanford.edu/>。

二、批評杭亭頓「文明衝突論」的切入點

在《文明衝突與世界秩序的重建》[13]（ *The Clash of Civilizations and the Remaking of World Order* ）[14]，杭亭頓主張冷戰後世界的衝突，都會因文明間的文化差異、尤其是宗教差異而觸發，而文明的衝突在未來將會是對世界和平的最大威脅：

首先，杭亭頓認為文明是多元的；他以(1)西方文明的特質（政教分離、法治精神、個人主義等）的存在遠先於西方現代化，說明現代化與西化並不互相等同，不同文明的現代化並不表示一種普世文明（即西方現代文明）正在浮現。

吳汝鈞：你剛提到西化不等於現代化，現在很多人都這樣理解。在五四運動的年代，很多人都談西化，而且是要全盤西化。他們並非主張吸收部分西方文化，而是要把中國傳統裡的東西全部丟棄，然後重新學習西方的種種生活方式、文化表現；主張重新研究西方思想、宗教、哲學等，並且丟棄中國本來的儒教、佛教、道教。如胡適、殷海光等就屬於極端的西化派。這是當時所謂「西化」的意思。而我們現在理解的所謂「現代化」，是有西化的內容，可不是指全盤西化，它還是以「中學為體，西學為用」（為清末張之洞提出）的立場，學習西方文化。可是也有學者提出不同、甚至相反的看法，像李澤厚就提出「西體中用」。

13　Samuel P. Huntington 著，黃裕美譯：《文明衝突與世界秩序的重建》（臺北：聯經出版事業公司，1997）。

14　Samuel P. Huntington, *The Clash of Civilizations and the Remaking of World Order*, New York: Simon & Schuster, 1996.

廖純瑜：老師，「體」是指「中心思想」嗎？

吳汝鈞：「體」就是「本質」、「主要的內涵」。可是李澤厚的「西體中用」，和一般理解不同；他的「西體」是指「馬克思主義」，「中用」是指中國式的吸收、表現。他的意思其實就是目前中共一貫的說法：走中國特式的馬克思主義或社會主義。李澤厚本來是這意思，只是他用「西體中用」的字眼來誤導中國的讀者，以引起激盪；很多人都將「西體中用」理解為「丟棄中國的傳統，以西方文明為體」，公開反駁他的主張。

方麗欣：我繼續。

然後，杭亭頓從冷戰後共產世界的倒台、(2)人民轉移從自身的文明（族裔、宗教等）來自我定位，推論出不同文明中不同文化質體的衝突，成為了最普遍的衝突。由於不同文明的國家的政治和經濟發展模式都不同，它們對各項國際議題的立場也不相同，而西方為了維持自身的優勢和利益，便將自己的價值觀強加於其他文明之上、干預其化文明的事務，因此造成文明的衝突。

為了(3)重建世界的秩序，杭亭頓認為美國及西方應該停止追求普世文明，避免介入其他文明的衝突，核心國也應該去調停它們文明中的斷層線戰爭。

我們不能否認多元文明這個現實。對杭亭頓的理論，可以設想到幾個可能的批評：

(1)質疑他所理解的「西方文明」的概念；

(2)指出文明的差異不是造成衝突的原因，或不足以造成衝突；

(3)質疑他對重建世界秩序的建議；

(4)指出文明衝突論的理論後果或缺點。

　　閱讀米勒的書時，我找到有關(1)至(3)的討論。

吳汝鈞：我們在這裡先作一個總括的理解。杭亭頓提出「文明衝突論」是為美國要成為全球霸主提出文化或文明上的論據：因為文明有衝突，衝突會造成大災難，美國作為世界第一強權，只有它有能力和條件，向不同文明施壓，所以美國就當中間人，使各文明不再衝突，維持和平。換言之，如果美國不插手，世界上不同文明的族群便會有衝突，所以應由美國來領導全球。他的論據無異於日本提出「以建立大東亞共榮圈，來救助中華民族、中國文化」的論述。

三、米勒對杭亭頓的批評

方麗欣：我先報告：

(2)造成衝突的原因

　　米勒對杭亭頓文明衝突論的主要批評，是它過分簡化了國際政治關係。這理論將西方或美國理解為「我們」、其他文明理解為敵對的「他們」，而忽略了「他們」並非封閉的陣營，「他們」也會在過程中調整或回應。而且美國的總統及政治精英也有意識地利用這種過分簡化的敵我思想，去說服納稅人為甚麼他們將龐大的稅款用在外交及安全政策上，而不是用於國內的福利上。[15]米勒直言「文明衝突論」這過分簡化的理論，雖然是媒體或政治文化中的暢銷產品，可是它對國際政治分析來說，是一種不幸。

15　《文明的共存：對賽繆爾・亨廷頓「文明衝突論」的批判》，頁19-24。

吳汝鈞：「不幸」是甚麼意思？

方麗欣：因為米勒認為「文明衝突論」沒有充分考慮到世界在全球化下的現實狀況，例如資本大流通、現代科技廣泛傳播、跨國媒體興起、非國家組織（跨國企業、非政府機構）的影響力提高等，它因而不是解決所有問題的點金石。[16]

　　繼續：據米勒，所謂「文明的衝突」只是比喻，不是政治現實，文化因素在國際政治上不能直接發揮作用。[17]直接發揮作用的是，從 20 世紀末開始以領土劃分為標誌、成為最主要的政治組織的國家。每個國家都有各種權力（例如財政資源、軍隊、警察、法律資源、行政組織資源等），統治者可以使用。因此，想行使權力、得到國際影響力的人，必定會利用其軍隊或政治活動去掌握國家權力（奪權、參與權力核心、或分裂領土而獨立等）。據米勒分析，所有重大的武裝鬥爭，無論其性質上是出於倫理、宗教、社會或意識形態，都是以這種模式進行；[18]倫理、宗教、社會或意識形態可以是團結人民、對抗外敵的工具，也可以是推翻政權的藉口。換句話說，「文明的衝突」只是表象，衝突其實是源於對權力的欲望或野心。

　　米勒進一步指出，優待或虧待某種族，便會增加這種族團體與其他種族團體間的互相排斥；若平等對待所有團體，它們之間的集體意識便會相對削弱。按此，種族的文化差異不是衝突的唯一起因。當團體的集體生存機會受到嚴重威脅（如經濟劣勢、政治歧

16　同上書，頁 28。

17　同上書，頁 44。

18　同上書，頁 43-44。

視、因移民加劇而產生人口壓力、自然環境破壞而導致水源、耕地
問題等），也可以引起暴力衝突。所以衝突的起因，並不在於團體
的身分受到威脅，而是在於生活質量、水平（亦即基本的物質需求
的滿足）受到威脅和損害。按米勒理解，對身分的威脅和對物質生
活需求的威脅通常都同時作用，推動受威脅的團體與入侵者衝突。
[19]因此，就算衝突中有文化的因素，衝突的產生不是只源於文化因
素。

　　從以上可見，文化衝突並非如杭亭頓所言，是冷戰後的產物；
權力鬥爭、資源爭奪在歷史上不斷發生。米勒認為文化衝突的新鮮
之處，是在於世界各地因全球化有了更密切的聯繫，地區性事件也
因而變得更有深遠的世界性意義。只有在這理解下，米勒認同地方
性的衝突存在升級的危機。[20]

(1)有關「西方文明」

　　米勒又同時批評了杭亭頓與福山對西方文明的理解。我先簡單
介紹：

福山於《歷史的終結》中的主張：

　　福山認為隨著冷戰的結束，資本主義戰勝共產主義，人類的歷
史也到此終結，意思是：西方自由民主的來臨，意味著意識形態演
化進程的終點，是人類歷史發展的頂點，而自由民主也是政制的最
終、最理想模式，不會被其他政治系統超越。[21]

吳汝鈞：目前（特別在蘇聯解體以後）東歐國家是否都能不受蘇聯

---

[19]　同上書，頁 90-93。

[20]　同上書，頁 82-83。

[21]　*The End of History and the Last Man*, p. xi.

指令？是的話，就表示資本主義戰勝了共產主義，可這不是普遍的理解。而且現在中共取代了前蘇聯的領導地位，它既不是資本主義，也不是原來的共產主義，它各取其長，發展有中國特色的社會主義，這也很難斷言為美國的勝利。

方麗欣：福山認為，因為自由民主作為政制的最終模式，是歷史的進程使然，就算西方社會未來仍會有重大事件發生，它們也不會再有任何根本性的改變。這主張亦意味著，就算有些社會仍未擁抱資本主義、自由民主，它們最終也會進步至此，而其他制度如冷戰後的共產主義，甚至極端伊斯蘭主張，也不能從外部對社會的進步構成嚴重的影響。由此看出，福山的主張假設了西方（尤其是美國）模式的普遍性，他同時也否定了其他容許多個有效政治系統共存的模式。這亦間接肯定了美國的全球霸權，福山所謂的「歷史」也是以西方（尤其是美國）為本位的歷史。[22]

　　福山與杭亭頓同樣由文明的多元性出發，兩人的基本立場都是在捍衛西方文明。福山認為他與杭亭頓的分別，在於後者認為西方價值觀的形成是有歐洲獨特的歷史因素，因而沒有普遍性，不能在西方文明以外的地方成長。[23]所以杭亭頓並沒有「歷史的終結」的概念，他一方面認為必須保護西方的價值，不受其他文明的威脅，另一方面也否定任何解決文明衝突的終極方法。

　　從米勒的討論可見，他與杭亭頓及福山一樣接受多元文明。可

22　福山提出「歷史終結論」後，曾大幅修正自己的觀點。

23　Francis Fukuyama, "After the 'end of history'", *Open Democracy* <https://www.opendemocracy.net/democracy-fukuyama/revisited_3496.jsp>, dated 2 May 2006, accessed on 7 July 2016.

是，他反對福山的主張，他認為冷戰結束並非歷史的終結。他似乎
認同杭亭頓對福山「西方必將取得最後勝利」的主張的反對態度，
但他也同時批評杭亭頓及福山對「西方文明」的理解（人權、市場
經濟、現代化技術、民主體制、公民權，以及它們所代表的文化多
元化、政教分離、自由和寬容）。米勒認為西方社會也同樣面對全
球化所產生的動盪，及伴隨的身分辯論和認同危機。因此，他認為
必須要對「西方文明」提出質疑。[24]

出於西方自身的利益考慮，米勒認為應該從另一角度，去理解
西方文明與西方社會發展的關係—從兩者間的矛盾、裂痕，以及它
們正在發生的根本性變革等各方面，去探求它們的內在關係。[25]在
書中，米勒說明西方文明並非一成不變，而是隨著考驗逐漸改變，
例如他指出歷史上西方社會如何以集體主義（包括民族主義、法西
斯主義等）為名，為當權者或國家的利益服務、個人主義者如何受
到迫害、人權和公民權如何發展及它們在現代仍存在的缺失。[26]

米勒因而認為：雖然西方文明不是完美，但它相對其他文明更
為靈活、坦率誠懇、自由和具合作性。人權、法制等都是歷史賦予
西方的財富，所以在未有發現更令人信服的選擇前，不應該不經過
審慎考慮而背棄。因此在目前西方面對現實挑戰的情況下，西方自
身的文明仍是最適合尋找出路的選擇。[27]

---

[24] 《文明的共存：對賽繆爾‧亨廷頓「文明衝突論」的批判》，頁 111-
112。

[25] 同上書，頁 112。

[26] 同上書，頁 121-122。

[27] 同上書，頁 112、136。

吳汝鈞：我認為，米勒這個結論的可接受性相當高，這是普遍的看法；民主政治比較接近我們對人性的理解。

共產、社會主義最關心的不是民主、自由、人權，而是穩定，這樣才可以把資源聚合起來，去建構它們的夢想。所以它們也不想看到戰爭，像大陸的流行說法：「穩定壓倒一切」，要實現「中國夢」（習近平提出），便必須穩定的狀態。穩定是指兩個地方：中東、東亞，它們都有造成不穩定的因素（如恐怖主義）。恐怖主義很少講人權、民主、自由，它們以暴力為主，來對待西方國家，人命並不值錢（如自殺式襲擊）。它們的資源都用來擴大恐怖主義活動。

方麗欣：我繼續。按米勒對西方文明的見解，他認為全球化雖然為西方帶來變化，同時也給予西方重大的使命。如果西方能領悟這個使命，便會更容易理解世界上其他地區的人的困難。[28]他說：

> 如果我們認識到自己本身也是處在求索的途中，那麼就可以從其他人的實踐經驗中有所借鑒。誠如此言，我們可能就會選擇更為坦誠的方式，與其他文明的人們進行對話，而不會以西方一貫的教導態度，去對待其他所有的文明集團或國家。[29]

吳汝鈞：米勒提到「對話」，對話（尤其是文化、宗教、思想上的對話）能增加對彼此價值觀的理解。神學家漢斯·昆（Hans

---

[28]　同上書，頁112。

[29]　同上。

Küng）也非常贊成對話，通過對話，我們一方面可以更理解對方，另一方面也可以更理解自己，知道自己的長、短處，使自己轉化。對話也可以避免不必要的衝突及戰爭，Küng 曾說過「沒有對話，便沒有和平」，不同文明間要不斷進行對話，不然便沒有和平，沒有和平便不能生存。所以米勒這句話，在內容上是很重要的。

　　說到「使命」，我們可以翁山蘇姬（Aung San Suu Kyi）為例。她本來在英國留學、結婚生子，丈夫是學者，有穩定的家庭。直到她回緬甸探望生病的母親，之後便被軟禁起來，她才與政治拉上關係。而且緬甸人對她的印象很好，視她為緬甸的希望，這就使她負上了政治上的使命。到最近，緬甸政府才撤銷對她的軟禁，而且容許她到附近重要的國家訪問，包括中國；透過翁山蘇姬的訪問，緬甸政府希望得到中國的援助。這又是使命。那麼，米勒提到的「使命」是指甚麼？

方麗欣：我們可以繼續看下去。我接著報告米勒。

(3)對未來國際關係的展望和建議

　　米勒肯定西方文化的自身價值時，也批評杭亭頓或福山所支持的西方或美國霸權。他因而認為西方文化應該繼續改善自身，也應對其他文化保持較為開放及平等的態度。在這個基礎上，米勒認為不應以文明的衝突理解國際關係，而西方應促進不同文化間的對話。因此，相對於杭亭頓「停止干涉其他文明」的封閉態度，在全球化的影響下，米勒預期不同文化背景的國家之間的共同點會增加，而不是減少，只要西方克服自身的恐懼，便能在世界各地找到

對話和合作的伙伴。[30]

　　米勒提出的國際關係的指導原則，是基於「和解政策」和「緩和政策」：「杜絕國家之間的侵略戰爭或國家內部的種族屠殺，使那些排除在民族共同體之外的重要角色不必感到恐懼。」[31]因此比起恐嚇，米勒認為在民族和種族之間，培養相互之間的信任感更為重要。就算可能出現擾亂社會治安的行為，也不能完全放棄培養彼此的信任。[32]

　　按這個原則實行的措施，涉及在各個層面上的外交往來、對話和談判，其中以首腦定期或不定期的會談、擴大在軍事領域上的信任關係（包括在暴力衝突地區有可能地控制軍備、與某些國家建立軍事合作意向、與不是完全敵對的伊斯蘭國家建立類似的合作方式）尤其重要。[33]在書中，米勒討論了數個具體的建議，以下我簡略地列出其中幾項：

■　幫助邊緣地區（如南非、拉丁美洲）發展經濟；[34]

■　米勒認為西方各國必須時刻留意中國的發展，因為當亞洲各國不必對中國產生恐懼時，亞洲的政治才能自由發展。如中國選擇了實現它的霸權時，西方國家（尤其是美國）便必須協助亞洲維持平衡均勢，直到中國適應與其他國家及民族和平相處為止；[35]

30　同上書，頁 298。

31　同上書，頁 280。

32　同上。

33　同上書，頁 280-281。

34　同上書，頁 282-283。

35　同上書，頁 284。

■ 就算西方國家不信任中國、印度和日本，也應該維持彼此在政治、經濟和社會文化上的雙邊關係，以取得它們的理解和信任，建立持久和多樣化的對話機制，從而防止地區衝突；[36]

■ 應以冷靜的觀察力及客觀的對話態度對待伊斯蘭世界，排斥的態度只會將回教徒（尤其是年青人）推向原教旨主義。西方國家應停止以雙重標準對待回教徒，除了對於它們的人權、自由和民主問題開誠布公地批評外，西方也應支持努力促使伊斯蘭社會現代化、尋求與西方政治及文化一體化的國家。又應與願意改革的回教徒對話，在伊斯蘭世界內部尋求對西方價值的支持；[37]

■ 除了政府間的對話，西方也應認清在全球化的影響下，經濟活動的一致性是促進不同文化融合的要素，甚至是決定性的推動力。所以西方未來應以社會及生態原則監察跨國企業的活動，又應幫助伊斯蘭貿易國家建立經濟發展的基礎。[38]

米勒認為西方也應從其他文化（如伊斯蘭教、印度教和佛教）中吸取養分，以增加對其他文化的認知和理解，從而推動對話。在 21 世紀，文化的差異是劃分人類界限的原因，還是促進合作的原動力？米勒認為這是取決於西方本身，亦即取決於它的民主、自由、開放的多元文明社會如何對待文化。[39]

---

[36] 同上。

[37] 同上書，頁 284-290。

[38] 同上書，頁 290-291。

[39] 同上書，頁 298-299。

四、總結

米勒認為一個多元化的世界帶來的危機和挑戰，是要從一個多元化的視角觀察。因此他提出，在全球化的進程下，理想的國際政治理論應該能有效地評估政治組織（包括國家和它們的國際組織）的形式及重要的非國家組織（如跨國企業、非政府機構），並且確保歷史因素和文化決定的價值體系得到應有的重視。[40]按米勒的準則，杭亭頓的「文明衝突論」便明顯不能達標。

吳汝鈞：米勒提出的那些具體建議，焦點好像偏重兩方面，一方面是中國的發展與它在未來所扮演的角色，另一個是回教。

伊斯蘭國家較多元化，而且分散世界各地。世界上一直未有有代表性的伊斯蘭國家出現，在文化、政治、經濟等方面去領導其他伊斯蘭國家，它們要聯合起來，在國際上有話語權，或發展對話平台處理問題，便比較困難。美國也想先與這代表國家建立關係，從目前的情況來看，我想還是不容易做到。

但是中國不一樣。中國是一直以來都以漢族為主的統一國家、文化系統，而且在經濟、教育等方面也正在進步。如果美國認定中國是往霸權方向發展的，它會怎樣對應、與中國對話呢？我認為美國暫時採取守望的態度，看中國怎樣發展，再去回應。以前美國都在國際間做主角，在聯合國有領導地位。以前中華民國在聯合國也有一席位，現在已改為中國。以前中國虛弱、貧窮，但它不斷發展。我想它到最後一定會追上美國，有資格在政治、文化、經濟、軍事上與美國抗衡。所以現在美國和很多國家都在等，要觀察中國

---

[40] 同上書，頁 28。

怎樣發展下去，再採取相應的措施回應。我想未來中國有機會與美國成為世界最有話語權的國家，兩國勢力漸漸拉近，中國也漸漸接近與美國友好的國家，與它們發展多方面的關係。於是西方（美國）和中國兩個不同的文明在經濟上進行融合，這樣的結果便比較接近米勒的立場。

　　我想美、中在未來將成為朋友，而非敵人；敵人與朋友之間會有一條中間的路線，使兩國互惠互利。而全球性的戰爭則不太會出現，因為這樣會造成兩敗俱傷的局面，對各方都不利。雖然這是我個人的樂觀想法，但我的推想也不乏客觀依據。

參考書目

說明：本參考書目分中文、日文、英文、德文四種。中、日文以作
　　　者姓氏筆劃數目為序，英、德文則以 a、b、c、d、……羅
　　　馬體排列為序。大部分是著書，只有極小部分為論文。

一、中文書目

卞崇道：《融合與共生：東亞視域中的日本哲學》，北京：人民出版社，
　　　2008。

卞崇道主編：《東方文化的現代承諾》，瀋陽：瀋陽出版社，1997。

王宗昱：《梁漱溟》，臺北：東大圖書公司，1992。

王寧：《文學與精神分析學》，臺北：洪葉文化事業公司，2003。

史賓格勒著，陳曉林譯：《西方的沒落》，臺北：遠流出版事業公司，
　　　1986。

史懷哲著，梁祥美譯：《史懷哲自傳：我的生活和思想》，臺北：志文出版
　　　社，1998。

阿爾伯特・史懷哲著，常暄譯：《中國思想史》，北京：社會科學文獻出版
　　　社，2009。

牟宗三：《歷史哲學》，香港：人生出版社，1962。

牟宗三、徐復觀、張君勱、唐君毅：〈中國文化與世界：我們對中國學術研
　　　究及中國文化與世界文化前途之共同認識〉，唐君毅：《中華人文與
　　　當今世界》上、下，臺北：臺灣學生書局，1978，頁 865-929。

李幼蒸：《欲望倫理學：弗洛伊德和拉康》，嘉義：南華管理學院，1998。

李明友：《一本萬殊：黃宗羲的哲學與哲學史觀》，北京：人民出版社，

1994。

李宗桂：《文化批判與文化重構：中國文化出路探討》，西安：陝西人民出版社，1992。

李宗桂：《中國文化概論》，廣州：中山大學出版社，1988。

李振綱、方同根：《和合之境：中國哲學與 21 世紀》，上海：華東師範大學出版社，2001。

李超宗：〈百年升沉──話說馬克思主義〉，《哲學雜誌》第 2 期，1992 年 9 月。

李瑞全：〈論中國文化與後現代化：為勞思光先生之文化哲學進一解〉，《中國文哲研究通訊》第 23 卷第 4 期，臺北：中央研究院中國文哲研究所，2013，頁 3-32。

休斯著，鄧世安編譯：《西方文化的診斷者：史賓格勒》，臺北：允晨文化實業公司，1982。

艾愷著，鄭大華等譯：《梁漱溟傳》，長沙：湖南出版社，1992。

朱謙之：《文化哲學》，北京：商務印書館，1990。

列文森著，鄭大華、任菁譯：《儒教中國及其現代命運》，北京：中國社會科學出版社，2000。

左玉河：《張東蓀文化思想研究》，北京：中國社會科學出版社，1998。

朱婷婷：〈京都學派「世界史」論述：以鈴木成高、西谷啟治為中心〉，國立交通大學碩士學位論文，2013。

佛洛伊德著，車文博主編：《佛洛伊德文集：性學三論與論潛意識》，長春：長春出版社，2004。

佛洛伊德著，徐洋、何桂全、張敦福譯：《論文明》，臺北：國際文化公司，2001。

汪東林：《梁漱溟問答錄》，香港：三聯書店，1988。

保羅・利科著，姜志輝譯：《歷史與真理》，上海：上海譯文出版社，2004。

何兆武、陳啟能主編：《當代西方史學理論》，臺北：五南圖書出版公司，2015。

威廉・狄爾泰著，艾彥、逸飛譯：《歷史中的意義》，北京：中國城市出版

社，2002。

漢斯－格奧爾格・伽達默爾著，洪漢鼎譯：《詮釋學 I：真理與方法》，臺北：時報文化出版企業公司，1996。

金耀基：《中國社會與文化》，香港：牛津大學出版社，1993。

林同濟、雷海宗：《中國之危機》，香港：黃河出版社，1971。

叔本華著，林建國譯：《意志和表象世界》，臺北：遠流出版事業公司，1996。

呂希晨主編：《中國現代文化哲學》，天津：天津人民出版社，1993。

杭廷頓、柏格主編，王柏鴻譯：《杭廷頓&柏格看全球化大趨勢》，臺北：時報文化出版企業公司，2002。

M. 耶律亞德著，楊儒賓譯：《宇宙與歷史：永恆回歸的神話》，臺北：聯經出版事業公司，2000。

「知的發現！探險隊」編撰，陳怡譯：《輕資本論》，新北市：楓樹林出版公司，2011。（按此是大眾叢書）

孫隆基：《中國文化的深層結構》，修訂版，臺北：唐山出版社，1990。

馬一浮：《馬一浮集》上、下，杭州：浙江古籍出版社，浙江教育出版社，1996。

馬一浮：《復性書院講錄》，南京：江蘇教育出版社，2005。

馬一浮：《爾雅台答問・附續編》，臺北：廣文書局，n.d.。

馬勇：《梁漱溟文化理論研究》，上海：上海人民出版社，1991。

馬勇：《梁漱溟評傳》，合肥：安徽人民出版社，1992。

馬鏡泉、趙士華：《馬一浮評傳》，南昌：百花洲文藝出版社，1993。

洪曉南：《文化哲學思潮簡論》，上海：上海三聯書店，2000。

馬克斯・舍勒著，曹衛東譯：《價值的顛覆》，香港：牛津大學出版社，1996。

阿爾貝特・施韋澤著，陳澤環譯：《文化哲學》，上海：上海人民出版社，2008。

柯林烏著，陳明福譯：《歷史的理念》，臺北：桂冠圖書公司，1992。

唐君毅：《人文精神之重建》上、下，香港：新亞研究所，1955。

唐君毅：《文化意識與道德理性》上、下，香港：友聯出版社，1958-60。

唐君毅：《中國文化之精神價值》，臺北：正中書局，1953。

唐君毅：〈中國歷史之哲學的省察〉，唐君毅：《中華人文與當今世界》上、下，臺北：臺灣學生書局，1978，頁159、179。

唐君毅：《生命存在與心靈境界》上、下，臺北：臺灣學生書局，1977。

唐君毅：《哲學概論》上、下，香港：孟氏教育基金會大學教科書編輯委員會，1965。

唐君毅：〈歷史事實與歷史意識〉上、下，唐君毅：《中華人文與當今世界》上、下，臺北：臺灣學生書局，1978，頁110-158。

梁培寬編：《梁漱溟先生紀念文集》，北京：中國工人出版社，1993。

梁培寬編：《梁漱溟自傳》，南京：江蘇文藝出版社，1998。

梁漱溟：《人心與人生》，香港：三聯書店，1991。

梁漱溟：《中國文化要義》，重訂新版本，香港：三聯書店，1990。

梁漱溟：《中國民族自救運動之最後覺悟》，北京：村治月刊社，1932。

梁漱溟：《東方學術概觀》，香港：中華書局，1988。

梁漱溟：《梁漱溟先生近年言論集》，成都：龍山書店，1949。

梁漱溟：《鄉村建設理論》，濟南：濟南鄉村書店，1937。

梁漱溟演講：《東西文化及其哲學》，香港：太平洋圖書公司，n.d.。

梁漱溟講，李淵庭整理：《梁漱溟講孔孟》，北京：中國和平出版社，1993。

陸敬忠：《哲學詮釋學：歷史、義理與對話之「生化」辯證》，臺北：五南圖書出版公司，2004。

烏以風編述：《馬一浮先生學贊》，編者自印，1987。

張世英：《論黑格爾的精神哲學》，臺北：唐山出版社，1995。

張君勱：《辯證唯物主義駁論》，香港：友聯出版社，1958。

張昌山編：《戰國策派文存》上、下，昆明：雲南人民出版社，2013。

張東蓀：《知識與文化》，香港：龍門書店，1968。

張岱年、湯一介等著，李中華等編：《文化的衝突與融合：張申府、梁漱溟、湯用彤百年誕辰紀念文集》，北京：北京大學出版社，1997。

張維安：《文化與經濟：韋伯社會學研究》，臺北：巨流圖書公司，1995。

張慶熊：《自我、主體際性與文化交流》，上海：上海人民出版社，1999。

許紀霖、李瓊編：《天地之間：林同濟文集》，上海：復旦大學出版社，
　　2004。

許寧：《六藝圓融：馬一浮文化哲學研究》，北京：中國社會科學出版社，
　　2008。

華養賽主編：《中國當代理學大師馬一浮》，上海：上海人民出版社，
　　1992。

商戈令：《史賓格勒》，臺北：東大圖書公司，1991。

黃文宏：〈論西田幾多郎中期「絕對無的意義：以《睿智的世界》為線
　　索〉，《臺大文哲學報》第七十八期，2013，頁117-142。

勞思光著，劉國英編註：《文化哲學講演錄》，香港：中文大學出版社，
　　2002。

湯一介：《和而不同》，瀋陽：遼寧人民出版社，2001。

單波：《心通九境：唐君毅哲學的精神空間》，北京：人民出版社，2001。

溫儒敏、丁曉萍編：《時代之波——戰國策派文化論著輯要》，北京：中國
　　廣播電視出版社，1995。

黑格爾著，王太慶、賀麟譯：《哲學史講演錄》一，臺北：谷風出版社，
　　1987。

黑格爾著，王造時譯：《歷史哲學》，上海：上海書店出版社，2001。

黑格爾著，賀麟、王玖興譯：《精神現象學》上、下，北京：商務印書館，
　　1979。

奧斯瓦爾德・斯賓格勒著，齊世榮等譯：《西方的沒落：世界歷史的透視》
　　上、下，北京：商務印書館，2001。

希拉里・普特南著，童世駿、李光程譯：《理性、真理與歷史》，上海：上
　　海譯文出版社，2005。

西格蒙德・弗洛依德著，王獻華、張敦福譯：《論宗教》，北京：國際文化
　　出版公司，2001。

傅科著，劉北成等譯：《瘋癲與文明》，臺北：桂冠圖書公司，1992。

傅偉勳：《西洋哲學史》，臺北：三民書局，2007。

雷海宗：《中國文化與中國的兵》，香港：龍門書店，1968。

楊啟光編著：《文化哲學導論》，廣州：暨南大學出版社，1999。

葉青編：《黑格爾生平及其哲學》，臺北：中華文化出版事業委員會，
　　1955。

葛榮晉主編：《道家文化與現代文明》，北京：中國人民大學出版社，
　　1991。

董立軍：《中國書法家全集：馬一浮》，石家莊：河北教育出版社，2004。

熊十力：《原儒》，臺北：明文書局，1997。

鄭大華：《梁漱溟與現代新儒學》，臺北：文津出版社，1993。

鄧新文：《馬一浮六藝一心論研究》，上海：上海古籍出版社，2008。

齊世榮：〈德意志中心論是比較文化形態學的比較結果：評《西方的沒
　　落》〉，奧斯瓦爾德‧斯賓格勒著，齊世榮、田農、林傳鼎、戚國
　　淦、傅任敢、郝德元譯：《西方的沒落：世界歷史透視》，上冊，北
　　京：商務印書館，2001。

齊澤克著，萬毓澤譯：《神經質主體》，臺北：桂冠圖書公司，2004。

歌德著，郭沫若譯：《浮士德》一、二，北京：人民文學出版社，1978。

蒲羅斯特著，王春華譯：《歷史學十二講》，北京：北京大學出版社，
　　2012。

劉述先：《文化哲學的試探》，臺北：志文出版社，1970。

劉述先：《文化與哲學的探索》，臺北：臺灣學生書局，1986。

劉述先：〈未來文化哲學理論建構的方向〉，景海峰編：《劉述先新儒學論
　　著輯要：儒家思想與現代化》，北京：中國廣播電視出版社，1992。

劉述先：《新時代哲學的信念與方法》，臺北：臺灣商務印書館，1975。

劉述先：《儒家思想意涵之現代闡釋論集》，臺北：中央研究院中國文哲研
　　究所籌備處，2000。

劉進田：《文化哲學導論》，北京：法律出版社，1999。

劉夢溪：《馬一浮與國學》，北京：生活‧讀書‧新知三聯書店，2015。

滕復：《馬一浮思想研究》，北京：中華書局，2001。

謝幼偉等：《黑格爾哲學論文集》一、二，臺北：中華文化出版事業委員
　　會，1956。

魏思齊：《梁漱溟（1893-1988）的文化觀：根據〈東西文化及其哲學〉與
　　〈中國文化要義〉解說》，臺北：輔仁大學出版社，2003。

閻嘉：《愛與生的苦惱：叔本華》，臺北：牧村圖書公司，1999。

龔鵬程：《文化符號學》，臺北：臺灣學生書局，1992。

二、日文書目

三木清：《東亞協同體論集》，東京：こぶし書房，2007。

久松真一：〈平常心〉，《久松真一著作集 2：絕對主體道》，東京：理想社，1972，頁 103-128。

西田幾多郎、西谷啟治等：《世界史の理論：京都學派の歷史哲學論攷》，京都：燈影舍，2000。

町口哲生：《帝國の形而上學：三木清の歷史哲學》，東京：作品社，2004。

花澤哲文：《高坂正顯：京都學派と歷史哲學》，京都：燈影舍，2008。

唐木順三：《現代史への試み》，京都：燈影舍，2001。

高山岩男：《文化類型學・呼應の原理》，京都：燈影舍，2001。

高山岩男：《世界史の哲學》，東京：こぶし書房，2001。

高坂正顯：《歷史の意味とその行方》，東京：こぶし文庫，2002。

高坂正顯：《歷史的世界》，京都：燈影舍，2002。

高坂正顯、西谷啟治、高山岩男、鈴木成高：《世界史的立場と日本》，東京：中央公論社，1943。

徐水生著，阿川修三、佐藤一樹譯：《近代日本の知識人と中國哲學：日本の近代化における中國哲學の影響》，東京：東方書店，2008。

野家啟一：《歷史を哲學する》，東京：岩波書店，2007。

森哲郎解說：《世界史の理論：京都學派の歷史哲學論考》，京都：燈影舍，2000。

森紀子：《轉換期における中國儒教運動》，京都：京都大學學術出版會，2005。

三、英文書目

Burke, Peter, ed. *New Perspectives on Historical Writing.* Pennsylvania: Pennsylvania State University Press, 2001.

Dray, W. H. "Spengler, Oswald," Paul, Edwards, Editor in Chief, *The Encyclopedia of Philosophy*. Vol. 7, Taipei: Rainbow Bridge Book Co., 1968.

Jan van der Dussen. *History as a Science: The Philosophy of R. G. Collingwood*. Springer Science and Business Media, 1981.

Hegel, G. W. F. *The Phenomenology of Mind*. Tr. J. B. Baillie. New York: Harper and Row, Publishers, 1967.

Hegel, G. W. F. *The Philosophy of History*. Tr. J. Sibree. New York: Dover Publications, Inc., 1956.

Heisig, James W. and Maraldo, John C. eds. *Rude Awakenings: Zen, the Kyoto School, and the Question of Nationalism*. Honolulu: University of Hawai'i Press, 1995.

Hisamatsu Shin'ichi. "Ordinary Mind." Tr. Tokiwa Gishin and Howard Curtis. *The Eastern Buddhist*. New Series, Vol. XII, No. 1, 1979, pp.1-29.

Kant, Immanuel, *The Critique of Judgement*. Tr. James Creed Meredith. Oxford: Oxford University Press, 1969.

Kierkegaard, Soren. *The Concept of Anxiety: A Simple Psychologically Orienting Deliberating on the Dogmatic Issue of Hereditary Sin*. Tr. Reidar Thomte. Princeton: Princeton University Press, 1980.

Nakata, S. K. "Translation of Tosaka Jun's *The Philososphy of the Kyoto School*", *Comparative and Continental Philosophy*. Vol. 8, 2016-Issue.1.

Stace, W. T. *The Philosophy of Hegel: A Systematic Exposition*. New York: Dover Publication, Inc. 1955.

四、德文書目

Gadamer, Hans-Georg. *Hermeneutik I: Wahrheit und Methode*. Tübingen: J. C. B. Mohr (Paul Siebeck), 1990.

Hegel, G. W. F. *Vorlesungen über die Philosophie der Geschichte*. Frankfurt am Main: Suhrkamp Verlag, 1970.

Hölderlin, Friedrich, *Sämtliche Gedichte*. Frankfurt am Main: Deutscher Klassiker Verlag, 1992.

Kant, Immanuel. *Kritik der Urteilskraft*. Frankfurt am Main: Suhrkamp Verlag, 1978.

Nietzsche, Friedrich. *Also sprach Zarathustra*. Stuttgart: Philipp Reclam jun. Gmbh u. Co., 1994.

Nietzsche, Friedrich. *Jenseits von Gut und Böse*. Stuttgart: Philipp Reclam jun. Gmbh u. Co., 1988.

Schweitzer, Albert. *Kultur und Ethik*. München: Verlag C. H. Beck, 1990.

Schweitzer, Albert. *Selbstdarstellung*. Leipzig: Felix Meiner Verlag, 1931.

國家圖書館出版品預行編目資料

文化哲學與歷史哲學的對話詮釋

吳汝鈞等著. – 初版. – 臺北市：臺灣學生，2018.03
面；公分

ISBN 978-957-15-1750-6 (平裝)

1. 哲學 2. 歷史哲學 3. 文化研究 4. 文集

107   106024468

文化哲學與歷史哲學的對話詮釋

著　作　者　吳汝鈞等
出　版　者　臺灣學生書局有限公司
發　行　人　楊雲龍
發　行　所　臺灣學生書局有限公司
地　　　址　臺北市和平東路一段 75 巷 11 號
劃　撥　帳　號　00024668
電　　　話　(02)23928185
傳　　　眞　(02)23928105
E - m a i l　student.book@msa.hinet.net
網　　　址　www.studentbook.com.tw
登記證字號　行政院新聞局局版北市業字第玖捌壹號
定　　　價　新臺幣五〇〇元
出　版　日　期　二〇一八年三月初版
I S B N　978-957-15-1750-6